パートナーシップ
国際平和活動

変動する国際社会と紛争解決

Shinoda Hideaki

篠田英朗

勁草書房

はじめに

　本書は，「パートナーシップ国際平和活動」と呼ばれる現象を，国際社会の動向の中で捉え，分析する学術書である。

　近年，平和維持活動や平和構築などを含む「国際平和活動」では，「パートナーシップ」が常態化してきている。国際連合（国連［United Nations］）と，地域組織やその他の地域的な試みによる活動が，さまざまな連携を伴って行われるようになってきている。

　本書は，その現象を，国際政治の制度・歴史・規範・安全保障体制などの諸側面から分析する。そのため，「なぜ今，パートナーシップ国際平和活動なのか」という問いを立てたうえで，多角的な視野で分析を試みていく。

　本書は，特定の政治的主張はもちろん，イデオロギー的な立場も持っていない。また，国際政治学の教科書で説明されている「理想主義」と「現実主義」のどちらの学派にも属さない。本書はただ，近年に顕著に見られるようになった一つの現象としてのパートナーシップ国際平和活動を，国際社会の全体構造の中で捉え，理解することを試みる。

　あえて言えば，本書は，「パートナーシップ国際平和活動」の検討を通じて，現代国際社会のあり方を考え直すための一つの視座を提供しようとはする。

　日本社会には，国連を美化しすぎる傾向がある，と言われることがある。あるいは，国連を無力な存在として見限る傾向もあるかもしれない。二つの極端な見方をする傾向があるということだ。一般の人々の間にそうした傾向があるだけでなく，外交官の間にも，そして学術界にも，一定程度は同じような傾向があると言われることもある。

　本書は，そのような傾向とは関係がない。国際平和活動は，国際社会の規範に従って，国際の平和と安全の維持のために，具体的な文脈で行われるものである。その事情は基本的に諸国の安全保障政策と同じである。もちろん国際平

和活動に特有の事情はある。本書が扱うのも，そのような特徴的な部分ではあるだろう。だがそのことは国際平和活動が，何か異次元に位置づけられるべき程度にまで理想主義的であったり，現実離れしていたりすることを，全く意味しない。

国連は，現代国際社会にさまざまな役割を持って，存在している。非常に貴重な活動実績を残している場合もあれば，乏しい結果しかもたらしていない場合もある。それは他のあらゆる組織体と同じだ。国連にとって国際の平和と安全（international peace and security）の分野は，その存在意義それ自体に関わる重要な領域である。そこで他の組織では代替し得ない際立った活動をしている場合もあるが，力が及ばずに手を出せずにいる場合もあるし，他の組織に手助けを頼んだりする場合もある。その結果として，国連が重要な役割を担いつつ，他の組織も不可欠な役割を担う「パートナーシップ国際平和活動」が発達した。

国際平和活動は，国際社会の平和と安全のために必要であり，その限りにおいて研究され，実施される。反省もされ，改善もされる。政策実務の過程の中から生まれた「パートナーシップ国際平和活動」という現象は，少なくとも現代国際社会の現状に関心を持つ者にとって，分析を試みるに値する重要性を持っている。本書は，そのような思いから，執筆された。

目　　次

目　次

略 語 表

AFISMA African-led International Support Mission to Mali　アフリカ主導マリ国際支援ミッション

AMIB African Union Mission in Burundi　AU ブルンジ・ミッション

AMIS AU Mission in Sudan　スーダン AU ミッション

AMISOM African Union Mission in Somalia　AU ソマリア・ミッション

APSA African Peace and Security Architecture　アフリカ平和安全保障アーキテクチャー

ASEAN Association of Southeast Asian Nations　東南アジア諸国連合

AU African Union　アフリカ連合

AU PSC AU 平和安全保障理事会　AU Peace and Security Council

AURTF/AU-RCI-LRA African Union-led Regional Task Force/Regional Cooperation Initiative for the elimination of the LRA　AU 主導地域タスクフォース・LRA 除去のための地域協力イニシアチブ

BINUB Bureau Intégré des Nations unies au Burundi　国連ブルンジ統合事務所

BINUCA Bureau intégré de l'Organisation des Nation unies en Centrafrique　国連中央アフリカ統合平和構築事務所

CIS Commonwealth of Independent States　独立国家共同体

CSDP Common Security and Defense Policy　共通安全保障防衛政策

CTSAMVM Ceasefire and Transitional Security Arrangements Monitoring and Verification Mechanism　停戦・暫定安全保障極・監視確証メカニズム

DDR Disarmament, Demobilization, and Reintegration　武装解除・動員解除・社会再統合

DPO Department of Peace Operations　国連平和活動局

DPPA Department of Political and Peacebuilding Affairs　国連政務平和構築局

ECCAS Economic Community of Central African States　中部アフリカ諸国経済共同体

ECOMIB ECOWAS Mission in Guinee-Bissau　ECOWAS ギニアビサウ・ミッション

ECOMIG ECOWAS Mission in Gambia　ECOWAS ガンビア・ミッション

ECOMIL ECOWAS Mission in Liberia　ECOWAS リベリア・ミッション

ECOMOG ECOWAS Monitoring Group　ECOWAS 監視団

ECOWAS Economic Community of West African States　西アフリカ諸国経済共同体

ESDP European Security and Defense Policy　欧州安全保障防衛政策

EU European Union　欧州連合

EUAM RCA　EU Advisory Mission in the Central African Republic　EU 中央アフリカ共和国アドバイザリー・ミッション

EUCAP Sahel Mali　EU Capacity Building Mission Sahel Mali　EU サヘル・マリ能力構築ミッション

EUCAP Sahel Niger　EU Capacity Building Mission Sahel Niger　EU サヘル・ニジェール能力構築ミッション

EUFOR　EU Force　EU 軍

EULEX　EU Rule of Law Mission　EU 法の支配ミッション

EUPM　EU Police Mission　EU 警察ミッション

EUTM in Mali　EU Training Mission in Mali　EU マリ訓練ミッション

FIB　Force Intervention Brigade　介入旅団

FOMAC　Force Multinationale de l'Afrique Centrale　中部アフリカ多国籍軍

GCC　Gulf Cooperation Council　湾岸協力会議

ICC　International Criminal Court　国際刑事裁判所

ICRC　International Committee of the Red Cross　赤十字国際委員会

ICTY　International Criminal Tribunal for the former Yugoslavia　旧ユーゴスラビア国際刑事裁判所

IFOR　Implementation Force　和平履行部隊

IGAD　Intergovernmental Authority on Development　政府間開発組織

IGASOM　IGAD Peace Support Mission to Somalia　IGAD ソマリア平和支援ミッション

INTERFET　International Force for East Timor　東ティモール国際軍

IPTF　UN International Police Task Force　国連国際警察タスクフォース

ISAF　International Security Assistance Force　国際治安支援部隊

KFOR　Kosovo Force　コソボ治安維持部隊

MINUCI　Mission des Nations unies en Cote d'Ivoire　国連コートジボワール・ミッション

MINURCAT　Mission des Nations unies en République Centrafricaine et AU Tchad　国連中央アフリカ・チャド・ミッション

MINURSO　Mission des Nations unies pour l'Organisation d'un Référendum au Sahara Occidental　国連西サハラ住民投票ミッション

MINUSCA　Mission multidimensionnelle intégrée des Nations unies pour la stabilisation en République centrafricaine　国連中央アフリカ多面的統合安定化ミッション

MINUSMA　Mission multidimensionnelle intégrée des Nations unies pour la stabilisation au Mali　国連マリ多面的統合安定化ミッション

MINUSTAH　Mission des Nations unies pour la stabilisation en Haïti　国連ハイチ安定化ミッション

MISAC　Mission de l'Union africaine pour la Centrafrique et l'Afrique Centrale　中央アフリカと中部アフリカのための AU ミッション

MISCA　Mission internationale de soutien à la Centrafrique sous conduite africaine　中央

アフリカ支援国際ミッション

MNJTF Multinational Joint Task Force 多国籍共同タスクフォース

MONUSCO Mission de l'Organisation des Nations unies pour la Stabilisation en République démocratique du CONGO) 国連コンゴ民主共和国安定化ミッション

MOUACA Mission d'observateurs militaires de l'Union africaine en République centrafricaine 中央アフリカ共和国における AU 軍事オブザーバー・ミッション

NATO North Atlantic Treaty Organization 北大西洋条約機構

OAS Organization of American States 米州機構

OECD DAC Organisation for Economic Co-operation and Development - Development Assistance Committee 経済協力開発機構・開発援助委員会

OEF Operation Enduring Freedom 永続する自由作戦

OHR Office of High Representative 上級代表事務所

OIC Organisation of Islamic Cooperation イスラム協力機構

ONUB United Nations Operation in Burundi 国連ブルンジ活動

ORS Operation Resolute Support 堅固な決意作戦

OSCE Organization for Security and Cooperation in Europe 欧州安全保障協力機構

PBC Peacebuilding Commission 平和構築委員会

PBF Peacebuilding Fund 平和構築基金

PIC Peace Implementation Council 和平履行評議会

PIF Pacific Island Forum 太平洋諸島フォーラム

PoC Protection of Civilians 文民の保護

RAMSI Regional Assistance Mission to the Solomon Islands ソロモン諸島地域派遣ミッション

RPF Regional Protection Force 地域保護軍

SAARC South Asian Association for Regional Cooperation 南アジア地域協力連合

SADC Southern African Development Community 南部アフリカ開発協同体

SAPSD South African Protection Support Detachment 南アフリカ防御支援隊

SCO Shanghai Cooperation Organization 上海協力機構

SCSL Special Court for Sierra Leone シエラレオネ特別法廷

SFOR Stabilization Force 安定化部隊

SRSG Special Representative of the Secretary-General 国連事務総長特別代表

SSR Security Sector Reform 治安部門改革

UN United Nations 国際連合

UNAMA UN Assistance Mission in Afghanistan 国連アフガニスタン支援ミッション

UNAMET UN Mission in East Timor 国連東ティモール・ミッション

UNAMID African Union/United Nations Hybrid operation in Darfur 国連アフリカ連合ダルフール派遣団

UNAMIR Assistance Mission for Rwanda 国連ルワンダ支援団

UNAMIS　United Nations Advance Mission in Sudan　国連スーダン先遣ミッション

UNAMSIL　United Nations Mission in Sierra Leone　国連シエラレオネ派遣団

UNAVEM　UN Angola Verification Mission　国連アンゴラ検証団

UNDOF　UN Disengagement Observer Force　国連兵力引き離し監視隊

UNFICYP　UN Peacekeeping Force in Cyprus　国連キプロス平和維持軍

UNHCR　UN High Commissioner for Refugees　国連難民高等弁務官事務所

UNIFIL　UN Interim Force in Lebanon　国際連合レバノン暫定駐留軍

UNIOGBIS　United Nations Integrated Peacebuilding Office in Guinea-Bissau　国連ギニア
　ビサウ統合平和構築事務所

UNIOSIL　UN Integrated Office for Sierra Leone　国連シエラレオネ統合事務所

UNMIBH　UN Mission in Bosnia and Herzegovina　国連ボスニア・ヘルツェゴヴィナ・ミ
　ッション

UNMIK　UN Interim Administration Mission in Kosovo　国連コソボ暫定行政ミッション

UNMIL　United Nations Mission in Liberia　国連リベリア・ミッション

UNMIS　UN Mission in Sudan　国連スーダン・ミッション

UNMISS　UN Mission in the Republic of South Sudan　国連南スーダン・ミッション

UNMOGIP　UN Military Observer Group in India and Pakistan　国連インド・パキスタン
　軍事監視団

UNOAU　UN Office to the African Union　国連 AU 事務所

UNOCI　UN Operation in Côte d'Ivoire　国連コートジボワール・ミッション

UNOL　UN Peace-building Support Office in Liberia　国連リベリア平和構築支援事務所

UNOM　UN Office in Mali　国連マリ事務所

UNOMIG　UN Observer Mission in Georgia　国連グルジア監視団

UNOMIL　UN Observer Mission in Liberia　国連リベリア監視団

UNOSOM II　UN Operation in Somalia　第二次国連ソマリア活動

UNOWA　UN Office for West Africa　国連西アフリカ事務所

UNPOB　UN Political Office in Bougainville　国連ブーゲンビル政治ミッション

UNPROFOR　United Nations Protection Force　国連保護軍

UNSMIL　UN Support Mission in Libya　国連リビア支援ミッション

UNSOA　UN Support Office for AMISOM　国連 AMISOM 支援事務所

UNSOM　UN Assistance Mission in Somalia　国連ソマリア支援ミッション

UNSOS　UN Support Office in Somalia　国連ソマリア支援事務所

UNTAC　UN Transitional Authority in Cambodia　国連カンボジア暫定機構

UNTAET　UN Transitional Administration in East Timor　国連東ティモール暫定行政機
　構

UNTAG　UN Transition Assistance Group　国連ナミビア独立支援グループ

UNTSO　UN Truce Supervision Organization　国連休戦監視機構

なぜ今，パートナーシップ国際平和活動なのか？

　本書の分析対象は，「パートナーシップ国際平和活動（partnership international peace operations）」である。ここで「パートナーシップ」とは，国際連合（国連）と地域組織等の間のさまざまな形態の協力関係のことを指している。また，「国際平和活動」とは，紛争社会に平和をもたらすための国際的な活動の総称である。紛争の再発を防ぐために軍事部隊などを紛争地に派遣する「平和維持（peacekeeping）」，紛争が起こった社会に永続的な平和をもたらすための「平和構築（peacebuilding）」，紛争に和平合意をもたらす調停活動などを指す「平和創造（peacemaking）」などのもろもろの活動が，「国際平和活動」に含まれる。したがって，「パートナーシップ国際平和活動」は，国連と地域組織等が協力して行う，紛争社会に平和をもたらすための国際的な活動のことである[1]。

　現代世界において，もはや国連は唯一の国際平和活動組織ではない。地域組織・準地域組織が国際平和活動の担い手として不可欠の役割を担ってきている[2]。国連と（準）地域組織とが協力して行う「パートナーシップ国際平和活動」は，現代世界の国際平和活動の特徴を象徴する一つの現象である[3]。

　この意味での「パートナーシップ」だけに着目しても，その形態は多岐にわたる。個別的な事例に応じて，個別的なやり方が模索され，「パートナーシップ」の形態も個別的なものとなるからだ。それでも現代世界の国際平和活動の一つの大きな特徴が，多様な「パートナーシップ」の構築にあるという認識は広く共有されている。「パートナーシップ」国際平和活動の高まりという大き

な現象の中で，個別性の高いさまざまな形態の活動が行われてきているのである。

　なお「パートナーシップ」の概念は，かつてはきわめて包括的に，平和維持活動の分野で用いられていた。特定の組織間の連携を想定せず，多様な組織が協力しあうことをすべて総称して「パートナーシップ」として概念化していた。2009 年に国連平和維持活動局（DPKO: Department of Peacekeeping Operations）・フィールド支援局（DFS: Department of Field Support）という PKO ミッションを扱う部局（名称は当時）が出した報告書『国連平和維持の新しい地平を描く新しいパートナーシップ・アジェンダ』においては，「パートナーシップ」は，創造的に開拓していくべき，あらゆる異なる組織間のあらゆる協力のことを指していた[4]。だがその後に，より具体的に，国連と（準）地域組織との間の協力関係にもとづいて行われる国際平和活動に対してとくに「パートナーシップ」という概念が用いられる傾向が生まれた。本書が着目するのも，2010 年代以降に確立されたこの意味での国連と地域組織の間の中核的な「パートナーシップ」である。

　2015 年 4 月に公刊された国連事務総長報告書「平和を準備する——パートナーシップ平和維持に向かって（Partnering for Peace: Moving towards Partnership Peacekeeping）」は，安保理決議 2167 の要請にもとづいて，主に国連と地域組織・地域的取極との間のパートナーシップに焦点をあてた。なかでも AU（African Union［アフリカ連合］）と EU（European Union［欧州連合］）に焦点を当てている。多岐にわたる「パートナーシップ」の実績を見渡したうえで，この報告書は，次のように宣言した。国連は，「『パートナーシップ平和維持』の時代に入った。この時代においては，あらゆる危機の段階における多様で多元的なアクター間の緊密な協力は，一つの規範となってきており，各組織の本質的な要素となってきている。」[5]

　その前年の 2014 年 7 月には，国連安全保障理事会が，「国連平和維持——地域的パートナーシップとその発展」という会合を開催していた[6]。こうした認識を受けて，同年 9 月の国連 70 周年サミットに向けて作成された「平和活動に関するハイレベル独立委員会（High-level Independent Panel on Peace Operations: HIPPO）」報告書においても，国連と（準）地域組織の間の協力関係を主

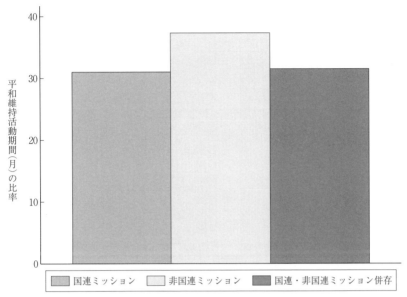

図1　国連ミッション，非国連ミッション，国連・非国連ミッション併存の比率

出典：Corinne Bara and Lisa Hultman, "Just Different Hats? Comparing UN and Non-UN Peacekeeping", *International Peacekeeping*, vol. 27, no. 3, 2020, p. 355.

に意味する「パートナーシップ」の重要性が強調された[7]。

　現在の国連事務総長であるアントニオ・グテレスは，国際平和活動について「平和維持のための行動（Action for Peacekeeping: A4P）」というイニシアチブを掲げているが，そこでも「パートナーシップ」は重要概念の一つである。A4Pにおいては，国連とAUやEUのような地域・準地域的な組織や取り決めとの協力の度合いを高めていくことが謳われている。国連安全保障理事会の国際の平和と安全の維持に関する主要な責任を確認すると同時に，国連憲章第8章「地域的取極」に従って，地域組織との連携も深めていくことが確認されている[8]。

　現代世界の国際政治の構造は複雑さを極めている。冷戦終焉は，国際的な平和を少なくとも普遍的にはもたらさなかった。権威主義的な価値観を持つ中国の超大国としての台頭は目覚ましい。21世紀になって開始された「対テロ戦争」の流れは，世界的に新しい暴力の構図を広めた。「アラブの春」によって

図2　国際平和活動の実施組織形態別の数（2015-2019年）

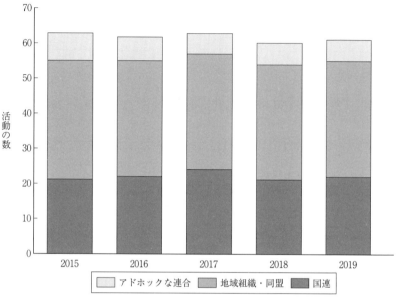

出典：Stockholm International Peace Research Institute（SIPRI），Multilateral Peace Operations Database
〈https://www.sipri.org/databases/pko〉.

動揺した中東は，新たな紛争の波を国際的に引き起こした。今日の世界は，歴史的に見て，非常に高い水準で武力紛争が発生し，その犠牲者が生まれている時代である。しかもその背景には，簡単には整理できない国際政治の複雑な構図が存在している。そのうちに地域紛争が次々と解決されて，安定した平和な社会が生まれていくだろうと安易に期待できるような世界情勢ではない。

　国連は，依然として国際社会の平和と安全の取り組みの中心的なアクターである。しかし十分に強力であるわけでもなく，十分に調整役をこなせているわけでもない。きわめて限定的な意味でのみ，あるいは単に相対的な意味でのみ，国際平和のための取り組みにおいて中心的なアクターとして踏みとどまっている。193の加盟国を持つ国連の国際的な正当性は高いが，だからといって絶対的なわけではなく，地域組織などと比べたときの国際的な正当性の度合いは，程度の違いに過ぎず，状況によっても変わる[9]。

　国連にとっても，困難な政治情勢の中で効果的な平和活動を行うためには，

図3　国際平和活動要員における国連と非国連の人員の数（2015-2019年）

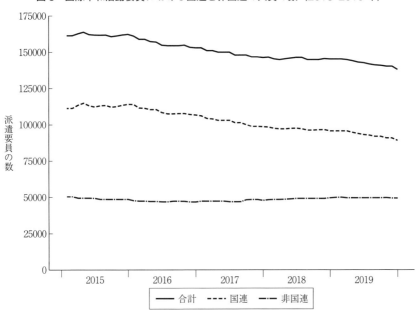

出典：図2と同じ

地域組織・準地域組織との連携が必須になってきている。国連だけでできることの限界があまりにも明らかだからだ。もっともその事情は，地域組織や，その他のアクターにとっても同じだ。国際の平和と安全の維持という課題は，国連という特別な組織だけに任せておけば達成できるようなものではない。ただしだからといって，何か別の地域組織や，アメリカのような超大国の行動に期待すればいいというものでもない。それだけで目に見えるほど違う結果を作り出すことができる組織や国など，ほとんど存在しない。さまざまなアクターが協力をして努力を積み重ねて，ようやく何らかの目に見える結果を出せるかどうかなのである。こうした世界情勢の認識の中で，パートナーシップ国際平和活動は進展してきた。

　図1が示すように，今や国連の平和活動ミッション，非国連組織の平和活動ミッション，そして両者の併存によって成り立っている平和活動ミッションは，それぞれ同じくらいの数になっている。したがって組織形態別にみると，国連

図 4　国連・非国連組織による

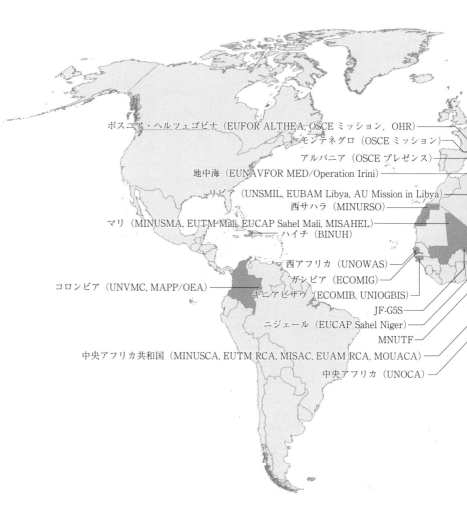

ボスニア・ヘルツェゴビナ（EUFOR ALTHEA, OSCE ミッション， OHR）

モンテネグロ（OSCE ミッション）

アルバニア（OSCE プレゼンス）

地中海（EUNAVFOR MED/Operation Irini）

リビア（UNSMIL, EUBAM Libya, AU Mission in Libya）

西サハラ（MINURSO）

マリ（MINUSMA, EUTM Mali, EUCAP Sahel Mali, MISAHEL）

ハイチ（BINUH）

西アフリカ（UNOWAS）

ガンビア（ECOMIG）

コロンビア（UNVMC, MAPP/OEA）

ギニアビサウ（ECOMIB, UNIOGBIS）

JF-G5S

ニジェール（EUCAP Sahel Niger）

MNUTF

中央アフリカ共和国（MINUSCA, EUTM RCA, MISAC, EUAM RCA, MOUACA）

中央アフリカ（UNOCA）

出典：Stockholm International Peace Research Institute（SIPRI），"Multilateral Peace Operations"〈https://

国際平和活動（2021 年）

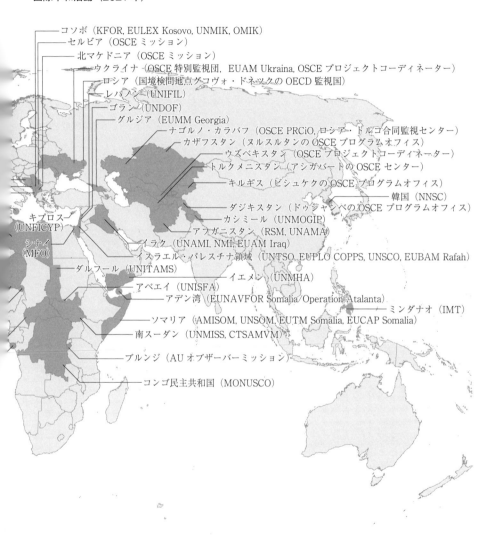

コソボ（KFOR, EULEX Kosovo, UNMIK, OMIK）
セルビア（OSCE ミッション）
北マケドニア（OSCE ミッション）
ウクライナ（OSCE 特別監視団，EUAM Ukraina, OSCE プロジェクトコーディネーター）
ロシア（国境検問地点グコヴォ・ドネツクの OECD 監視国）
レバノン（UNIFIL）
ゴラン（UNDOF）
グルジア（EUMM Georgia）
ナゴルノ・カラバフ（OSCE PRCiO, ロシア・トルコ合同監視センター）
カザフスタン（ヌルスルタンの OSCE プログラムオフィス）
ウズベキスタン（OSCE プロジェクトコーディネーター）
トルクメニスタン（アシガバートの OSCE センター）
キルギス（ビシュケクの OSCE プログラムオフィス）
韓国（NNSC）
ダジキスタン（ドゥシャンベの OSCE プログラムオフィス）
キプロス（UNFICYP）
カシミール（UNMOGIP）
アフガニスタン（RSM, UNAMA）
シナイ（MFO）
イラク（UNAMI, NMI, EUAM Iraq）
イスラエル・パレスチナ領域（UNTSO, EUPLO COPPS, UNSCO, EUBAM Rafah）
ダルフール（UNITAMS）
イエメン（UNMHA）
アベエイ（UNISFA）
アデン湾（EUNAVFOR Somalia/Operation Atalanta）
ミンダナオ（IMT）
ソマリア（AMISOM, UNSOM, EUTM Somalia, EUCAP Somalia）
南スーダン（UNMISS, CTSAMVM）
ブルンジ（AU オブザーバーミッション）
コンゴ民主和国（MONUSCO）

www.sipri.org/sites/default/files/2021-05/mpo21_final.pdf〉

よりも地域組織のほうがより多くの国際平和活動に従事している（図2）。要員数で見ると，国連のほうに大規模ミッションが多いため，国連のほうが上回るが，大きな差はない（図3）。活動範囲は広域に広がっているが，とくにアフリカで多い（図4）。

　このように（準）地域組織の国際平和活動への大々的な参加は，すでに確立された現実として存在している。この現実から目をそらし，あたかも国際平和活動はいまだに国連PKOだけによって動かされているかのように見なすのは，端的に間違っていると言わざるをえない。この大きな潮流の中で，さらに国連と（準）地域組織が協力する「パートナーシップ国際平和活動」の流れも，確固たる傾向として存在している。

パートナーシップ国際平和活動の展開

　パートナーシップ国際平和活動の現象は，1990年代半ばから始まっていた。1995年デイトン合意を受けて始まったボスニア・ヘルツェゴビナにおける平和構築のプロセスにおいては，NATO（North Atlantic Treaty Organization［北大西洋条約機構］）やOSCE（Organization for Security and Cooperation in Europe［欧州安全保障協力機構］）やEUなどのヨーロッパの地域組織に重要な責務を担わせる仕組みがとられた。さらにはヨーロッパ諸国が中心となって運営するOHR（Office of High Representative［上級代表事務所］）という新しい国際機関まで設立して国連主導の平和構築を回避する方法もとられた。この傾向は，コソボに対してNATOの軍事介入が行われた後，EULEX（EU Rule of Law Mission［EU法の支配ミッション］）など地域組織主導で平和構築のプロセスが進展したことによって，いっそう顕著になった[10]。

　その後21世紀に入ると，ヨーロッパの紛争処理はヨーロッパの地域組織が対応するというパターンは，いっそう強固に確立された。EUやOSCEやNATOが数々のミッションをヨーロッパから中央アジアにかけて展開させていく時代となった[11]。また，NATOはアフガニスタンにおいて2003年以降のISAF（International Security Assistance Force［国際治安支援部隊］）の指揮権をとり，平和構築のプロセスに継続的に関与するなど，ヨーロッパ域外においても活動した。EUもまた，アフリカ大陸で，AUなどの地域組織と連携しつつ，

能力構築に焦点をあてた平和活動などを活発に行ってきている。

　アフリカ大陸では，ハイブリッド・ミッションと呼ばれた 2007〜20 年の UNAMID（African Union/United Nations Hybrid Operation in Darfur ［国際連合アフリカ連合ダルフール派遣団］）を実験的な先例として，国連と AU の連携は多岐にわたっている。代表的なのは「引き継ぎ」のパターンである。たとえば，2003 年に設立された AU のブルンジにおける平和活動 AMIB（African Union Mission in Burundi ［AU ブルンジ・ミッション］）が，2004 年に ONUB（United Nations Operation in Burundi ［国際連合ブルンジ活動］）に引き継がれた事例などのパターンである。

　1990 年代には西アフリカで先例が作られていた。ECOWAS（Economic Community of West African States ［西アフリカ諸国経済共同体］）がリベリアやシエラレオネに ECOMOG（ECOWAS Monitoring Group ［ECOWAS 監視団］）という形で軍事介入を行った後，国連が PKO ミッション（1999 年から UNAMSIL ［United Nations Mission in Sierra Leone 〈国連シエラレオネ派遣団〉，2003 年から UNMIL ［United Nations Mission in Liberia 〈国連リベリア・ミッション〉］）を設立して引き継ぐという事例が生じていた。なお ECOWAS はその後も，2013 年にギニアビサウに介入して ECOMIB（ECOWAS Mission in Guinea-Bissau ［ECOWAS ギニアビサウ・ミッション］）を形成したり，2017 年にはガンビアに介入し，ECOMIG（ECOWAS Mission in Gambia ［ECOWAS ガンビア・ミッション］）を設立したりするなど，西アフリカで活発に動いた。

　2013 年に設立された国連の大規模平和活動である MINUSMA（Mission multidimensionnelle intégrée des Nations unies pour la Stabilisation au Mali ［国連マリ多面的統合安定化ミッション］）は，ECOWAS 構成諸国が組織した AFISMA（African-led International Support Mission to Mali ［アフリカ主導マリ国際支援ミッション］）の活動を継承して設立された。AU による MISCA（Mission internationale de soutien à la Centrafrique sous conduite africaine ［中央アフリカ支援国際ミッション］）の機能を継承して設立された国連の大規模平和活動は MINUSCA（Mission multidimensionnelle intégrée des Nations unies pour la stabilisation en République centrafricaine ［国連中央アフリカ多面的統合安定化ミッション］）である。

　ソマリアでは，AU による大規模平和活動である AMISOM（African Union Mission in Somalia［AU ソマリア・ミッション］）が，2007 年から活動している。これに対して国連は，2009 年から UNSOA（UN Support Office for AMISOM［国際連合 AMISOM 支援事務所］），2015 年からは UNSOS（UN Support Office in Somalia［国際連合ソマリア支援事務所］）を通じて，2013 年に設立された政治ミッションである UNSOM（UN Assistance Mission in Somalia［国際連合ソマリア支援ミッション］）とあわせて，側面支援を行って連携している。

　コンゴ民主共和国で展開している国連の大規模平和活動 MONUSCO（Mission de l'Organisation des Nations unies pour la stabilisation en République démocratique du Congo［国連コンゴ民主共和国安定化ミッション］）には，2013 年から FIB（Force Intervention Brigade［介入旅団］）という特別な軍事機能を持った部隊が付与されている。この FIB を実態として形成したのは，南部アフリカの準地域組織である SADC（Southern African Development Community［南部アフリカ開発協同体］）の構成国である。国連 PKO の仕組みの中に，コンゴ民主共和国を含む準地域組織の介入行動を取り込んだ仕組みをとっているのが，FIB である。

　国連が総合的な大規模平和活動を展開させながら，強固な軍事行動をとるアフリカ諸国のイニシアチブを国連からは切り離しておくやり方は，マリにおける MINUSMA と周辺国が構成する G5-Sahel（ブルキナファソ，チャド，モーリタニア，ニジェール，マリが構成する軍事ミッション）が作っているパートナーシップだろう。非常に危険なマリ北部におけるテロ組織掃討作戦は G5-Sahel が担当し，国連はその軍事作戦からは一線を画す立場を維持しながら，行政機構への能力構築支援などを行っている。

　南スーダンに展開する国連大規模平和活動の UNMISS（UN Mission in the Republic of South Sudan［国連南スーダン・ミッション］）の中には，東部アフリカの準地域組織である IGAD（Intergovernmental Authority on Development［政府間開発組織］）の調停監視機能としての MVM（Monitoring and Verification Mechanism［監視確証メカニズム］）が置かれている。国連平和活動が，紛争調停の機能を担う準地域組織を取り込み，支援している仕組みである。

　対テロ戦争の流れの中で，アフリカ諸国は，大湖地方において RCI-LRA

（Regional Co-operation Initiative for the Elimination of the Lord's Resistance Army［神の抵抗軍除去のための地域協力イニシアチブ］）を設置して LRA 対策を進め，西アフリカでは MNJTF（Multinational Joint Task Force［多国籍共同タスクフォース］）を設置してボコ・ハラム対策を進めながら，政治調停をする国連機関とも連携してきている。これらは，引き継ぎというよりも，機能に応じた分業を図る形態のパートナーシップであると言える。

パートナーシップ国際平和活動の背景

　こうしたパートナーシップ国際平和活動の動きは，国連と，アフリカまたはヨーロッパの地域組織との間の連携によって進められてきた。とくにアフリカにおいて際立った現象となった。この地域的特性を看過することは適切ではない。また，パートナーシップ国際平和活動の動きを局地的で取るに足らないものとして軽視するべきではない。パートナーシップ国際平和活動は，現代国際社会の大きな政治動向の中で不可避的な流れとして発生してきている。アフリカで顕著に確認されるのは，アフリカで大規模な国際平和活動が可能になる条件がとくにそろっているからだ。現代世界で大規模で多角的な紛争対応の国際平和活動を展開させようとすれば，どの組織でも単体では実行不可能なので，パートナーシップ国際平和活動が必然になるのである。

　また，パートナーシップ国際平和活動は特異な流行にすぎず，確立された国際社会の秩序とは結びついていないと考えることも，正しくないだろう。むしろ事情は逆で，これまで遮られていた国連憲章が予定していた国際秩序の発展が近年になって進んできた結果として，パートナーシップ国際平和活動が生まれてきていると言える。国連憲章第 7 章が定める強制措置の権限を行使するものとしての集団安全保障は，パートナーシップ国際平和活動を通じて，頻繁に発動されてきている。ところがそこに憲章第 51 条の集団的自衛権を根拠にして活動する地域組織が関わってくることもある。あるいは憲章第 8 章の「地域的取極」にもとづく地域組織の活動が連動してくることもある。これらが相互排他的にならず，重層的に重なり合いながら，一つの総合的な国際平和活動の仕組みを作り出していくのが，パートナーシップ国際平和活動の流れである[12]。

　注目すべきは，事前に安保理から国連憲章第 7 章の強制措置の権限を付与す

る内容を持つ決議が採択されるとき，強制措置の実際の行動主体として，AMISOM のような地域組織ミッションが設定されることもあることだ。もちろんそうした地域組織の役割の拡大の背景には，「対テロ戦争（War on Terror)」の構図などの現代世界特有の安全保障環境の事情も関わっている[13]。いずれにせよ，パートナーシップ国際平和活動は，既存の国際秩序の中で認知を確立させてきている。

　武力紛争は，国際社会に対する脅威である。国際平和活動は，その脅威を取り除き，再発を防ぐための活動である。かつて冷戦時代であれば，国際平和活動は，国連平和維持活動（Peacekeeping Operations: PKO）とほとんど同義であった。国連 PKO 以外に平和を目的に紛争地に展開する活動はなかったからだ。しかし今日では，国連は，（準）地域組織と肩を並べて国際平和活動に従事する一つの機関でしかない。

　国連 PKO が消滅し始めたわけではない。むしろ 21 世紀に入ってから国連 PKO の数は増え続け，2010 年には全世界の PKO 要員は 12 万人を数えるまでに至り，予算は 80 億ドル近くにまで膨れ上がった。1948 年以来組織された 71 の国連 PKO のうち，1989 年の冷戦終焉以降に形成されたものが 56 を数える。2021 年 6 月現在で，12 の PKO ミッションが，約 9 万 5000 人の要員を擁して展開している。その予算は，年間約 65 億ドルである[14]。なお国連は平和活動局（Department of Peace Operations: DPO）指揮下の PKO ミッションだけでなく，政務平和構築局（Department of Political and Peacebuilding Affairs: DPPA）指揮下の「特別政治ミッション（Special Political Mission: SPM)」も多数展開させている。基本的に軍事・警察要員を伴わない文民中心のミッションだ。SPM は，2021 年 6 月の時点で 25 が展開している[15]。

　ただし，国連 PKO を中心とする国際平和活動が 2010 年代半ばから顕著な縮小傾向に入っていることも，重要な点である。依然として 20 世紀の状況と比べたら高い水準で展開している国連 PKO だが，2016 年頃から予算と人員が減少し続けてきている。国連 PKO は伸び切ってから縮小傾向に入り，拡大は望めない状況にあると言える。国連安全保障理事会は，2014 年以降，新規の国連 PKO の展開を決定していないが，もはや余力がないという認識の表れだとも言えるだろう。

　要員の減少率は，国際文民職員でとくに高い傾向が見られた[16]。2010年代半ばまで国連PKOが活動を広げ続けていた時代に，その拡大を支えたのが国際文民職員だったと言えるが[17]，現在は収縮し続けている。COVID-19の影響で2020年には人員がいても活動が見送られている場面も多々あったことも，今後の縮小傾向を後押しする影響を持つと見られる。

　こうした傾向にもかかわらず，依然として世界には武力紛争があふれており，国際平和活動のニーズは発生している。国連PKOだけでは対応が追いつかないことは自明である。そうなると，少なくともパートナーシップ国際平和活動が消滅することは想定されないだろう。

　もし国連PKOだけでは国際平和活動のニーズのすべてに対応していくことができないとすれば，他の方法を通じた対応が模索されるのは当然である。そこで期待されるのが，地域組織・準地域組織の国際平和活動の分野での活躍だ。1990年代の西アフリカ，そしてバルカン半島における（準）地域組織による平和活動での実績が前例となり，21世紀には地域組織・準地域組織による平和活動の事例が飛躍的に発展していくことになった。NATOのように，冷戦時代に生まれた組織が，21世紀に平和活動組織として生まれ変わる，といった現象も起こった。NATOは今や，集団的自衛（collective defence）だけでなく，危機管理（crisis management）や協力的安全保障（cooperative security）を主要な活動領域としてあげる組織になった[18]。アフリカでは，「アフリカの問題に対するアフリカの解決」という呼びかけのもと，2002年にアフリカ統一機構（OAU）を発展させる形で設立されたAUに，「アフリカ平和安全保障アーキテクチャー（African Peace and Security Architecture: APSA）」が作られ，「AU平和安全保障理事会（AU Peace and Security Council: AU PSC）が設置されたことも大きい[19]。21世紀に入って，国連も公式にはっきりと国際平和活動における（準）地域組織の不可欠の役割を認識し，協力関係の発展を望むようになった[20]。

　国際平和活動の内容面を見てみると，現地社会に主導性を持たせるべきだという考え方を意味する「オーナーシップ」が強調されるようになった[21]。そのオーナーシップを強調する文脈の中で，ホスト国の政府だけでなく，地域の諸国から構成される（準）地域組織にも明確な役割を与えることが望ましいとい

図5　国連ミッションと非国連ミッションの軍事要員の比率

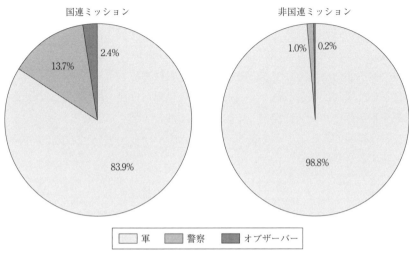

国連ミッション　　　　　　　　　　非国連ミッション

出典：Bara and Hultman, "Just Different Hats?", p. 354

う理解が広まった[22]。そもそも国連 PKO の中でも，21 世紀以降に拡大する要員派遣を支えたのは，アフリカ諸国と南アジア諸国であった。国連を通じた国際平和活動の場合であっても，アフリカ人がアフリカの平和活動を支えるという構図ができあがった。そこには地域情勢に関心を持つ周辺国や，あるいは国連 PKO を利用して自国の軍事要員の規模を維持しようとする諸国を活用するのでなければ，国連 PKO も維持できない，という事情もあるだろう[23]。図5 からわかるように，地域組織が提供しているのは，ほとんどが軍事要員である。

　ただしアフリカ諸国の関与は，軍事要員の提供においてだけではない。政治的な紛争調停の場面でも，地域組織や周辺国の関与が確保されることが通常となっている。国連の政務平和構築局は，AU, EU, さらには OAS（Organization of American States［米州機構］）などの地域組織との間で頻繁に調整と相互理解のための会合を開催したり，人的交流を図ったりしている。たとえば 2017 年には，主に AU の能力向上を目的にして，国連・AU 共同パートナーシップ促進枠組み（Joint UN-AU Framework for Enhanced Partnership）が調印された[24]。

　それにしてもなぜパートナーシップ国際平和活動では，アフリカとヨーロッ

パが特筆されるのか。もちろんアフリカで武力紛争が多発しているという事情はある。ただし武力紛争が起こっているかどうかだけに着目するのであれば，中東をはじめとして，他の地域でも起こっている。国連安全保障理事会は，中東の問題になると大国間の意見調整がつかず，拒否権が発動されがちになり，決議が出せない状態が続いている。「アラブの春」以降も続く「対テロ戦争」の構図の中で，中東では大国間の方針統一ができない状態が続いているので，大規模な平和活動を展開させることができないのだ。その点，アフリカやヨーロッパでは，「対テロ戦争」を遂行する必要性がありながら，国連安保理が路線対立で機能麻痺するというところまでには至りにくい。集団安全保障や集団的自衛権などの国際的な安全保障制度を活用する場合，国際社会の総体的な裏付けがとれるかどうかは，大きな試金石となる。その点，アフリカやヨーロッパでは，活動を差し止める否定的な要素が発生しにくい。

　パートナーシップ国際平和活動がアフリカとヨーロッパで盛んである背景には，さらに冷戦終焉後の国際情勢が関係しているようである。国際平和活動の分野では，冷戦終焉後の国際平和活動が，自由主義的価値規範にそった内容で拡充が進められてきたとする「平和構築の自由主義理論（liberal peacebuilding theory）」に関する議論が盛んになった[25]。国際平和活動における自由主義的価値規範の標準化という現象が発生していることを観察したうえで，それをどう評価すべきかという点をめぐる議論である。国連が「自由主義的な国際平和活動」という概念を用いているわけではない。ただし，「人権」や「法の支配」といった自由主義的な価値観に従って，国際平和活動が重視する政策分野が決定されていることは確かだろう。国連システム内のさまざまな機関は，自由主義的な思想を基盤にした共通の価値規範を確認しながら，相互に「調整」し，「統合」的に活動することを推奨されている。

　実はこの事情は，国連と国連以外の組織との間の「調整」や「統合」にもあてはまる。自由主義的価値規範が共有されている組織同士の連携は活発に進められてきている。他方，そうではない組織間の連携は，必ずしも円滑に進まない。アフリカやヨーロッパにおいて，他の地域と比べて，地域組織の間の連携の度合いが高いのは，同じ自由主義的な価値規範が共有されている度合いが高いから，ということは可能だろう。その点が，パートナーシップ国際平和活

動がアフリカとヨーロッパに集中しているだけでなく，そもそも大規模平和活動それ自体がアフリカとヨーロッパに集中しているという事実の背景にある。

パートナーシップ国際平和活動の類型

　パートナーシップ国際平和活動は多様である。パートナーシップ国際平和活動に，統一的な基準があるわけではない。それぞれの状況における必要性に応じて，個別的なやり方で，パートナーシップの事例が作られてきている。もともと実際上の必要性からパートナーシップが模索されているわけなので，今後も統一的な基準といったものが作られることはないだろう。ただしこれらの事例を，いくつかのパターンに分類することは必ずしも不可能ではない[26]。

　本書では，パートナーシップ国際平和活動の大きな三つの類型を描き出す（表1参照）。第一は，「ハイブリッド型」だ。これは国連と AU という二つの組織が，共同で一つの国際平和活動を運営する UNAMID の形態を想定したタイプである。第二は，「時系列型」だ。これは地域組織と国連などの複数の組織が，国際平和活動の「引き継ぎ」を行い，時系列的な連携を作り出すタイプのパートナーシップである。第三は，「機能分化型」だ。これは国連と地域組織のそれぞれが，異なる役割を担う「役割分担」の仕組みを導入することによって，事実上の分業で協力体制を作り上げるタイプのパートナーシップである。

　なお UNAMID において見られる第一のハイブリッド（hybrid）型のパートナーシップは，きわめて特殊な事例だとみなされており，その困難さから，今後踏襲されていく可能性は乏しいと関係者の間では考えられている[27]。ただし，もちろん一つの平和活動ミッションを国連と共同運用する体制を作り出したことがある地域組織は AU だけであり，UNAMID が歴史的に重要な意味を持っていたことは間違いない。

　国際平和活動の非常に数多くの事例で「引き継ぎ」が発生したが，これは第二の時系列型のパートナーシップが非常に頻繁に実施されてきたことを意味する。時系列的（sequential）な連携とは，地域組織が先行して展開した後，国連がその活動を引き継ぐ，というパターンである。上述の MINUSMA や MINUSCA といった大規模な国連 PKO ミッションにつながった最近の事例は，このパターンの典型例であると言える。

表 1　パートナーシップ国際平和活動の三つの類型

類　　型	ミッション（例示）
ハイブリッド型	UNAMID
時系列（引き継ぎ）型	ECOMOG-UNAMSIL ECOMOG-UNMIL INTERFET-UNTAET ECOWAS-UNOCI AMIB-ONUB AFISMA-MINUSMA MISCA-MINUSCA
機能分化（役割分担）型	OHR/UNMIBH-EUPM/IFOR-SFOR-EUFOR UNMIK/KFOR/EULEX Kosovo/OMIK UNAMA/RSM AMISOM/UNSOM & UNSOS/EUTM Somalia & EUCAP Somalia MONUSCO/FIB（SADC） UNMISS/CTSAMVM MINUSMA/G5-SAHEL/EUTM Mali & EU Sahel Mali/MISAHEL MINUSCA/MISAC & MOUACA/EUTM RCA & EUAM RCA UNSMIL/EUBAM Libya/AU Mission in Libya

出典：筆者作成

　第三の複数の組織が役割を分担する機能分化型のパートナーシップも，非常に実例が多い類型だ。UNAMID 以外のパートナーシップ国際平和活動は，基本的に「時系列型」でなければ「機能分化型」のパートナーシップの仕組みを持つ。機能的（functional）に「役割分担」が図られているパートナーシップとは，国連と（準）地域組織が機能に応じた異なる役割を持つ分業体制を持ちながら，同時に活動するパターンである。たとえばソマリアの AMISOM やマリの G5-Sahel のように，アフリカ諸国がテロ勢力掃討を目的にした軍事作戦を展開しながら，国連は政治調停や行政機構能力構築などの側面支援を担当して，ゆるやかな連携を保っていくようなパートナーシップの形態である。UNMISSが平和維持活動を行いながら，IGAD が調停にあたる南スーダンの事例なども，このパターンの事例として分類することができるだろう。

　これら三つの類型で，ほぼすべてのパートナーシップ国際平和活動を整理して類型化することができるだろう。いずれにしても三つのパートナーシップ国際平和活動の類型を定式化するのは，本書の大きな特徴の一つである。国際平

和活動の既存の研究では，特定のミッションに焦点をあてて研究したり，特定の政策領域に焦点をあてて研究をしたりするものがほとんどであった。多様な形態を持つパートナーシップ国際平和活動のすべてを視野に入れたうえで，大きなパターンを三つ描き出す手法は，まだほかに類例のない試みである。

分析の方法

　本書は，こうした背景や類型を持つパートナーシップ国際平和活動の特徴を分析し，その現代国際社会において持つ意味を探求する試みである。そして，なぜ今，パートナーシップ国際平和活動なのか，という問いに，答えを提示することを試みる。くわえて問い直していくのは，以下のような問いである。どのような事情でパートナーシップ国際平和活動の現象は生まれ，変転してきたのか，どのような制度的な基盤によってパートナーシップ国際平和活動は支えられているのか。

　これらの問いに答えることを試みながら，本書はパートナーシップ国際平和活動を発展させてきている現代国際社会の状況についても考察を加える。パートナーシップ国際平和活動を発展させながら，いったい現代国際社会はどこに向かっているのか，という展望にも一定の示唆を示すことを目指していく。そのようにして，本書は，パートナーシップ国際平和活動が現代の国際社会の特徴を反映する形で作り出されてきていることを論じる。

　分析の方法としては，本書は，パートナーシップ国際平和活動の背景を分析するにあたり，国際社会の歴史，価値規範，安全保障制度の観点から，検討を加えていくことを特徴とする。

　第一に，その歴史について整理を行う。まずはパートナーシップ国際平和活動の歴史そのものを総合的に把握しておく必要がある。ただし単に時系列的にパートナーシップ国際平和活動の事例を見ていくだけでは，歴史的背景を探求しているとは言えない。なぜ冷戦終焉後にパートナーシップ国際平和活動が生まれ，21世紀に発展したのか，その理由について考察することが，パートナーシップ国際平和活動の性質をよりよく知ることにつながる。さらには20世紀以降の現代国際社会の秩序と，19世紀までの国際社会の秩序を比較することによって，現代世界のほうにパートナーシップ国際平和活動の素地があるこ

とも論じる。パートナーシップの基盤が潜んでいる歴史的背景を検討する中で，国際平和活動の原則や実践の展開が，どのようにパートナーシップ国際平和活動と関係しているのかも，検討されていくことになるだろう。

　第二に，本書は，パートナーシップ国際平和活動を支える価値体系があることを指摘する。異なる組織が「引き継ぎ」を行ったり，「役割分担」を行ったりしながら協力関係を構築して進展させていくためには，共通の制度的基盤や価値規範が必要である。何らかの制度や価値を共有しているという意識がなければ，異なる組織が実質的な協力関係を発展させていくことは難しい。複数の組織や部署を統一的に制御する国連憲章や国際人道法・国際人権法などの制度的な基盤がなかったり，人権や法の支配といった規範的な基盤がなかったりすれば，複数の組織の連携は困難を極める。そこで本書は，冷戦終焉後の世界で広まった価値規範の共有度合いを確認しながら，パートナーシップ国際平和活動の基盤となっている制度や価値を探求していく。パートナーシップを可能にする制度や規範の問題として，冷戦終焉後世界における集団安全保障と集団的自衛権の制度運用の拡大と近接，そして自由民主主義の価値規範の普遍化と地域性の問題などを，検討していくことになるだろう。

　第三に，本書は，パートナーシップ国際平和活動が，どのように国際の平和と安全の維持を目指した政策と結びついているのかを分析する。協力のための協力の呼びかけだけでは実質的利益が出るわけはなく，協力は長続きしない。パートナーシップ国際平和活動が広がっている背景には，やはりそれが実質的貢献を果たしていると感じられている背景があるはずである。本書は，そこで普遍的・地域的・国家的レベルでの多元的な安全保障レベルが，パートナーシップ国際平和活動で重層的に結びつき，安全保障政策の効果を高めていると論じる。そのように論じながら，本書は，たとえば「対テロ戦争」の国際安全保障環境の特性に着目する。現代世界のパートナーシップ国際平和活動は，「対テロ戦争」の広がりの中で発展してきている。「対テロ戦争」によって特徴づけられる現代国際社会に特有の安全保障環境の中で，パートナーシップ国際平和活動に何らかの有用性があるはずである。端的に言えば，国連が遂行できない「対テロ戦争」の軍事活動を国連以外の組織が遂行しながら，国連が国際平和活動で側面支援をして全般的な安定化への貢献を図る，というタイプのパー

トナーシップ国際平和活動は，非常に重宝されて多用されている。もっともこのタイプのパートナーシップの有用性は，国際平和活動とテロ掃討軍事作戦の近接というジレンマと表裏一体の関係にあることには注意が払われなければならない。本書は，このように安全保障政策の要請の観点からの検討を進めながら，国際平和活動に期待されている役割と現実との間の乖離を克服する道筋を模索しつつ，国際社会がパートナーシップ国際平和活動を運用している様子を分析していく。

本書の構成

こうした問題意識を持ちながら，本書は以下のような流れで，分析を進めていく。全体は3部構成になっている。第I部は，歴史的展開を辿りながら，パートナーシップ国際平和活動の全体像を整理することを試みる。同時に，歴史の中で確認できる特徴も捉えていく。第1章は，どのように1990年代にパートナーシップ国際平和活動の萌芽的な動きが生まれてきたのかを分析する。第2章は，どのように21世紀になってからパートナーシップ国際平和活動が発展してきたのかを分析する。実際の事例を総覧していくことによって，パートナーシップ国際平和活動という現象の性格を考察していくことが可能になるだろう。

第II部は，パートナーシップ国際平和活動の性質を，制度的・規範的な基盤の面から，そして歴史的側面から，探求していく。第3章は，パートナーシップ国際平和活動が国連憲章の枠組みにそったものであること，さらには国際人権法や国際人道法の共通の基盤を持つ組織の間で発展するものであることを論じる。第4章は，パートナーシップ国際平和活動が，現代世界の普遍的な国際社会の特徴を反映した活動であり，歴史的側面から見たときにより理解できる性格を持っていることを論じる。

第III部は，パートナーシップ国際平和活動が抱える問題群を明らかにしていく。第5章は，自由民主主義的な価値規範を基盤とするパートナーシップ国際平和活動が，平和構築の自由主義理論と呼ばれる議論が抱えるジレンマを深刻に受け止めなければならないことを指摘する。第6章は，21世紀の国際安全保障体制の中で発展しているパートナーシップ国際平和活動が，「対テロ戦

争」の構図が抱えるジレンマを深刻に受け止めなければならないものであることを指摘する。

　結論となる最終章では，本書の議論の整理を行うとともに，パートナーシップ国際平和活動の今後についても考察を加える。あらためて，なぜ今，パートナーシップ国際平和活動なのか，という問いに立ち返って議論を総括し，将来を展望する。

注

1　本書では，「国際平和活動」という概念を使用する。これは 2000 年に国連に提出された『ブラヒミ報告書』以降に，「平和創造（peacemaking）」，「平和維持（peace-keeping）」，「平和構築（peacebuilding）」などの諸範疇を包括する概念として「平和活動（peace operations）」という包括的な名称が用いられるようになったことを反映してのことである。ただし日本語の「平和活動」は，表現として一般性が高すぎて，「平和運動」などの全く別の定着している概念と混同されやすいので，国際社会が協力して国際組織などを通じて行っている活動のことを指していることを明示するために，本書では「国際平和活動（international peace operations）」という表現を用いていくことにする。なおアフリカの地域組織は，一般に「平和支援活動（peace support operations）」という概念を多く用いる。そこには，まだ平和が確立されている前の段階の強制措置を行う平和活動も含むという含意もある。本書では，国連の側に立ったより広範に適用される用語法であるということと，「平和支援活動」も含む包括性を持つ概念であると言えることを考慮して，「国際平和活動」という概念を，国連平和維持活動や地域組織による平和支援活動を含む包括概念として，使用していく。

2　国際法学においては「international organization」に「国際機構」という訳語をあてることが定着している。そこでは「国際機構」の要件とされる条約や事務局の存在も厳密な必要要件として求められる。この用語法に従うと，特定地域に存在する「国際機構」は，「地域機構（regional organization）」となる。しかし，本書では，広範な地域的な連携を対象にして議論を進めるため，あえて「international organization」に「国際組織」，「regional organization」に「地域組織」というより緩やかな訳語をあてていく。国際政治の観点から「国際組織」や「地域組織」を捉えていくためでもある。篠田英朗『国際社会の秩序（シリーズ国際関係論1）』（東京大学出版会，2007年）第 4 章，参照。なおアフリカでは，AU を「地域」組織と分類し，アフリカ域内の諸組織を「Regional Economic Communities（RECs，地域的経済共同体）」及び「Regional Mechanism（RMs，地域的メカニズム）」と呼んだうえで，「sub-regional（準

地域）」組織と分類する。

3　実際の国連における議論では，平和維持活動の文脈で「パートナーシップ平和維持（partnership peacekeeping）」という概念が用いられ，特別政治ミッション（special political mission）と（準）地域組織とのパートナーシップとは区別されたりする。だが本書では，あえて意図的に，より広く「国際平和活動」の領域での国連と地域組織の間のパートナーシップの現象について焦点をあてていく。その理由は，パートナーシップの現象は，平和維持活動だけでなく，国際平和活動の全般において確認されるからである。

4　United Nations Department of Peacekeeping Operations and Department of Field Support, A New Partnership Agenda Charting a New Horizon for UN Peacekeeping, 2009 〈https://www.un.org/ruleoflaw/files/newhorizon.pdf〉.

5　Secretary-General's Report "Partnering for Peace: Moving towards Partnership Peacekeeping", UN Document S/2015/229, 1 April 2015, paragraphs 1, 2, and 57.

6　US Fed News Service Including US State News, "Partnerships Can Improve Peacekeeping through Better, More Predictable Use of Existing Mechanisms, Secretary-General tells Security Council", 30 July 2014.

7　'Report of the High-level Independent Panel on Peace Operations on uniting our Strengths for Peace: Politics, Partnership and People', UN Document, A/70/95 S/2015/446, 17 June 2015.

8　UN Website, "A4P: Our Core Agenda for Peacekeeping" 〈https://www.un.org/en/A4P/〉. いわゆる三角パートナーシップ・プロジェクト（Triangular Partnership Project: TPP）も，A4P では広い意味でのパートナーシップ推進努力の一環として位置づけられている。TPP とは，国連，ドナー国，実施国の間の三者の協力関係を基盤にした能力構築支援のことであり，日本政府はエンジニアリング分野での継続的な貢献をしている。

9　See Sophia Sabrow, "Local Perceptions of the Legitimacy of Peace Operations by the UN, Regional Organizations and Individual States: A Case Study of the Mali Conflict", International Peacekeeping, vol. 24, no. 1, 2017.

10　篠田英朗「紛争（後）社会における『法の支配』の役割をめぐって――アナン国連事務総長報告書からボスニア＝ヘルツェゴビナの平和構築の現況を見る」『広島平和科学』27 号，2005 年，篠田英朗「国際平和活動における『法の支配』の確立――ボスニア＝ヘルツェゴビナを事例にして」『広島平和科学』26 号，2004 年，篠田英朗「コソボ――分断された社会の統治における民軍関係」上杉勇司・青井千由紀編『国家建設における民軍関係――破綻国家再建の理論と実践をつなぐ』（国際書院，2008 年），参照。

11　EU "Ongoing Missions and Operations" 〈http://www.eeas.europa.eu/csdp/mis

sions-and-operations/index_en.htm〉; NATO, "Operations and Missions: Past and Present" 〈http://www.nato.int/cps/en/natohq/topics_52060.htm〉; OSCE "Field Operations" 〈http://www.osce.org/where〉.

12　篠田英朗「重層化する国際安全保障と国連平和活動の変容」『国連研究』20号，2019年，Hideaki Shinoda, "Partnership Peace Operations in Multi-layered International Security: An Examination of the Involvement of Regional and Sub-regional Organizations in International Peace Operations", 「国際関係論叢」8巻1号，2019年，篠田英朗「重層的に発展してきた国際安全保障の到達点」『公明』2020年8月号。

13　本書は，2001年9.11テロ事件の当時のアメリカのジョージ・W.ブッシュ政権幹部が用い始めた「Global War on Terror」という概念の訳語として，「対テロ戦争」という言葉を用いる。「テロとの戦い」と日本語で表記されることもあるが，「Global War on Terror」は明白に軍事的活動を含んでおり，直接的に「対テロ戦争」と表現したほうが適切と考えるからである。「対テロ戦争」においては，アメリカを中心とする国際社会を代表する勢力が，テロリスト集団とみなされる勢力と世界大の戦争を繰り広げており，そこには軍事力だけでなく，外交や諜報や援助の活動なども関わっていると想定される。

14　'Global Peacekeeping Data (as of 31 December 2020),' UN Peacekeeping website 〈https://peacekeeping.un.org/en/data〉.

15　'DPPA Around the World', UN Political and Peacebuilding Affairs website 〈https://dppa.un.org/en/dppa-around-world 〉.

16　See Katharina P. Coleman, "Downsizing in UN Peacekeeping: The Impact on Civilian Peacekeepers and the Missions Employing Them", *International Peacekeeping*, vol. 27, no. 5, 2020.

17　文民職員の充実は，国連PKOの質的拡大の象徴であった。See, for instance, Cedric de Coning, "Civilian Peacekeeping Capacity: Mobilizing Partners to Match Supply and Demand", *International Peacekeeping*, vol. 18, no. 5, 2011.

18　NATO website, "Crisis Management", 〈https://www.nato.int/cps/en/natolive/topics_49192.htm〉. See also, for instance, Yonah Alexander and Richard Prosen (eds.), *NATO: From Regional to Global Security Provider* (Lexington Books, 2015); and Yuki Abe, *Norm Dilemmas in Humanitarian Intervention: How Bosnia Changed NATO* (Routledge, 2019).

19　African Union, "African Peace and Security Architecture (APSA)", 〈https://au.int/en/african-peace-and-security-architecture-apsa〉. See also Mulugeta Gebrehiwot Berhe, "The Norms and Structures for African Peace Efforts: The African Peace and Security Architecture", *International Peacekeeping*, vol. 24, no. 4, 2017.

20　"The United Nations is no longer the only actor conducting peace operations....

The growing involvement of regional agencies and arrangements in the mainte-
nance of international peace and security, as envisaged in Chapter VIII of the Char-
ter, has created new opportunities for combining the capabilities of the United Na-
tions and non-United Nations actors to manage complex crises." （国連はもはや平和
活動を行う唯一のアクターではない。国際の平和と安全の維持における地域的機関や
取極の拡大する関与は，国連憲章第 8 章で予定されていたように，複合的な危機に対
応する国連及び非国連アクターの能力を結合する新しい機会を作り出した。）United
Nations, *United Nations Peacekeeping Operations: Principles and Guidelines (Cap-
stone Doctrine)* (2008), pp. 85-86.

21　Hideaki Shinoda, "Local Ownership as a Strategic Guideline for Peacebuilding", in
Sung Yong Lee and Alpaslan Özerdem (eds.), *Local Ownership in International
Peacebuilding: Key Theoretical and Practical Issues* (Routledge, 2015).

22　Cedric de Coning, "Challenges and Priorities for Peace Operations Partnerships
between the UN and Regional Organizations—the African Union Example", Back-
ground Paper Challenges Forum 20th Anniversary, 8-9 May 2016, New York, USA;
and Cedric de Coning, "How UN Peacekeeping Operations Can Adapt to a New
Multipolar World Order", *International Peacekeeping*, vol. 26, no. 5, 2019.

23　*Capstone Doctrine*, p. 50.

24　"Partnerships and Cooperation" at UN Political and Peacebuilding Affairs website
⟨https://dppa.un.org/en/partnerships-and-cooperation⟩.

25　Roland Paris, *At War's End: Building Peace after Civil Conflict* (Cambridge Uni-
versity Press, 2004); Oliver Richmond, *A Post-Liberal Peace* (Routledge, 2011); Da-
vid Roberts, *Liberal Peacebuilding and Global Governance: Beyond the Metropolis*
(Routledge, 2011); David Roberts (ed.), *Liberal Peacebuilding and the Locus of Le-
gitimacy* (Routledge, 2015).

26　See Hideaki Shinoda, "Peace-building and State-building from the Perspective of
the Historical Development of International Society", *International Relations of the
Asia-Pacific*, vol. 18, issue 1, 2018.

27　ニューヨーク国連本部平和活動局（DPO）における匿名の国連職員に対する聞き
取り調査（2017～2020 年）。

第I部

パートナーシップ国際平和活動の展開

第1章

パートナーシップ国際平和活動の萌芽

　本章では主に1990年代におけるパートナーシップ国際平和活動の勃興を振り返り，その経緯を分析することに焦点をあてる。当時は，パートナーシップ国際平和活動の実例はもちろん，そのような概念も存在していなかった。ただ，今日から見て先駆的な例だったと描写することができる活動例が，パートナーシップ国際平和活動として意識化されることなく，時代状況の中で生まれていた。それらの活動の内容は，萌芽的なものであった。それにもかかわらず，先駆的な例を確認しておくことが重要なのは，なぜパートナーシップ国際平和活動が生まれてきたのかを考察するにあたって，現場の活動の要請にもとづいて生まれた先行例を見ておくことが有益だからである。しかも先駆的な実例は，今日にいたるまで続くパートナーシップ国際平和活動の伝統を形成する影響を持つものでもあった。

　パートナーシップ国際平和活動がいつ頃から生まれてきたのかと問えば，その答えは，1990年代から，ということになる。ただしそれは何らかの政策文書の公刊に促されて一夜にして始まったものではない。その後の時代にパートナーシップ国際平和活動として発展していく大きな流れが予見されていたわけでもない。それは，特有の時代・地域の情勢の中で，いわば自然発生的に，ほとんど無意識的に，生まれてきた。そのため残念ながら，1990年代の先例が，その後の発展とのつながりの視点から検証されることはまれである。個々の事例の研究は進んでいるものの，パートナーシップ国際平和活動の発展という観点からの検証が乏しいのである。

　それでは，なぜ1990年代なのだろうか。まず明瞭なのは，パートナーシップ国際平和活動は，冷戦時代には見ることができなかったが，冷戦終焉後に進展してきた現象だ，という点である。そもそも冷戦時代には，国連の平和維持活動（peace keeping operation:　PKO）以外には，目立った国際的な平和活動は存在していなかった。国連PKOこそが国際的な平和活動であり，国連PKO以外には国際的な平和活動が認識されることもなかった。しかもその国連PKOとは，停戦監視を主目的にした小規模な部隊派遣が行われるだけのもので，今日の国連PKOと比べて，非常に活動範囲が小さいものだった。21世紀に入ってからの国連PKOは，武装解除・動員解除・社会再統合（disarmament, demobilization, and reintegration: DDR），治安部門改革（security sector reform: SSR）などの当該国の国家機構の改革を促す活動や，文民の保護（protection of civilians: PoC）や法の支配（rule of law）にもとづく法執行（law enforcement）などを武力行使を用いた強制力を伴って実施するようにもなった。時には暫定統治や，国連憲章第7章の強制措置の権限も国連PKOが持つようになった背景には，国連安全保障理事会の中核を構成する大国群が，政策面で共同歩調をとれる余地が増えたという事情があった。それは冷戦終焉に伴って，大国間のイデオロギー対立の時代が終わりを迎えたことによって生まれてきた事情であった[1]。

　ただし国連PKOの活動範囲が広がったことは，国連PKOで期待される活動をすべて遂行できるわけではないという現実をかえって明らかにする効果も持った。クウェートを侵略したイラクを追い払うために多国籍軍が編成された冷戦終焉直後の1991年の湾岸戦争が，国連の枠外で国際社会が協調して軍事行動をとれることを示したように，そもそも国際平和活動のすそ野の拡大は，国連PKOだけで対応できるものではなかった。そのため国連PKOは，1990年代前半に失敗を繰り返して挫折し，1990年代後半に停滞した。

　そもそも国際社会の構造転換は，国連にだけ影響を与えたわけではなく，国際社会全体への影響が国連にも及んだにすぎない。国際社会の変化がもたらす新しい要請に，国連PKOだけで対応することは不可能だった。

　拡大した国際平和活動のニーズに国連だけで対応できないとすれば，国連以外の他の機関で対応することができないのか。国際社会に存在するのが国連と，

諸国家だけであれば，国連が対応しないのであれば，個々の国家が対応するしかない。しかし実際には，現代国際社会には，もっと多様な組織がある。たとえば地域組織である。地域組織は，国連でも，国家でもない。地域的な国際組織として存在しているものである。国連のように平和活動を主要な活動だとは位置づけていないかもしれない。しかしそれでもひとたび危機が地域内の国家に訪れれば，地域組織は対応できるかもしれないし，国連や個々の国家よりも適切に対応できることもあるかもしれない。冷戦終焉後の世界において，地域組織による国際平和活動が開始されたのは，国際社会の構造転換に伴う必然的な流れであったということもできるだろう。

　時には国連を凌駕する規模で国際平和活動を担う地域組織は，国連と併存し，国連と連携し，国際平和活動の全体的なすそ野を広げていった。国連がもはや唯一の国際平和活動の担い手ではない現代国際社会とは，必ずしも国連が排除されたり，国連が無視されたりするような社会ではない。21世紀の国際社会とは，国連と国連以外の国際組織が，パートナーシップを築いて，国際平和活動の全体領域を拡張していく国際社会なのであった。

1　ECOWASによる平和活動の始まり

　1990年代以前にパートナーシップ国際平和活動の前例を見つけることができないとしても，何が最初の事例になるのかを識別するのは，必ずしも簡単ではないかもしれない。なぜなら萌芽的な事例は徐々に現れてきたのであり，何らかの宣言によって突然パートナーシップ国際平和活動が出現したわけではないからである。それでも1990年代にアフリカとヨーロッパにおいて，先例となる地域組織の活動が生まれてきていた，ということは間違いではないと思われる。アフリカとヨーロッパは，今日においても依然として最も活発にパートナーシップ国際平和活動が行われている地域である。この二つの地域において，冷戦終焉の余韻が冷めやらぬなか，パートナーシップ国際平和活動の萌芽的活動が誕生した。

　アフリカにおける最初の「準地域組織」による国際平和活動の事例は，西アフリカにおいて作られた[2]。1990年代を通じて，ECOWAS（西アフリカ経済共

同体）が，リベリアとシエラレオネなどの西アフリカ諸国において，活発な国際平和活動を行った。ECOWAS とは，域内の経済活動を促進するために西アフリカの 15 カ国が 1975 年に設立した「準地域組織」である。それが西アフリカ地域の大国であるナイジェリアの主導で，1990 年代に入ってから突如として平和維持部隊の派遣を実施することになった。

　この動きは，現在に至ってもなお，国連 PKO とは異なる活動であるという事情から，国際平和活動の一環として認識されないか，せいぜい例外的で異端の動きとみなされがちである。とくに 1990 年代当時は，ECOWAS の活動が，後にパートナーシップ国際平和活動と呼ばれるような大きな動きにつながるとは想像されていなかった。後述する同時代のヨーロッパの事例と比しても，国際的な注目度は非常に低かった。だが ECOWAS の活動の歴史的意義は，あまりに過小評価されていると言わざるを得ない。ECOWAS の事例を振り返ることとなくして，パートナーシップ国際平和活動の歴史を検討することはできない。

リベリアの事例

　ECOWAS による平和活動の事例は，リベリアで始まった。1989 年にチャールズ・テイラー（Charles Taylor）が率いる反政府武装勢力 NPFL（National Patriotic Front of Liberia［リベリア国民愛国者戦線］）の蜂起によって勃発した内戦に対して，ECOWAS 構成諸国は，1990 年に ECOMOG（ECOWAS Monitoring Group［ECOWAS 監視団］）をリベリアに派遣した。ECOWAS 加盟国は，1981 年 5 月に相互防衛支援議定書を交わし，防衛委員会，防衛評議会，共同体同盟軍（Allied Armed Force of the Community: AAFC）などを設立していた。それも踏まえて，リベリアで最終的には人口の 1 割に相当する 25 万人の命を奪うことになる凄惨な戦争が始まった直後に，ECOMOG が設立された。ECOMOG の主要目的は，停戦を達成することであった。さらには暫定政権を作り，選挙を実施して本格的な統一政権を作る努力を支援することであった。そして市民を保護し，外国民の安全な脱出を確保し，紛争が周辺国に飛び火していかないようにすることであった。

　このように平和維持部隊の体裁をとり，野心的な活動目的を持つ ECOMOG の主要構成部隊は，ナイジェリア軍であった。また，その他の部隊も英語圏の

図6　リベリアの位置

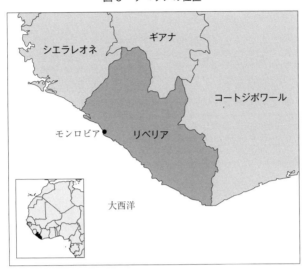

ECOWAS 加盟国から派遣されたものであった。実際のところ，英語圏西アフリカ諸国の中の覇権国といってもいいナイジェリアが，仏語圏諸国の反対を押し切って，他の英語圏諸国に呼び掛けて設立したのが ECOMOG だった。ナイジェリアが，同じ英語圏国であるリベリアのサミュエル・ドゥー（Samuel Doe）政権の維持に強い関心を持っているために介入を推進したことは明らかであった。そのため，ECOMOG は，先駆的な国際平和活動とみなされるどころか，国際法上の合法性が希薄な周辺国による介入軍とみなされることが多かった[3]。そもそも当時の国連安全保障理事会は，同時期に発生したイラク軍によるクウェート侵攻に注意を奪われ，ECOMOG のリベリア介入に関心を向けることもなかった。

　ようやく 1993 年にベナンのコトノーで和平合意が結ばれると，国連安全保障理事会は UNOMIL（UN Observer Mission in Liberia［国連リベリア監視団］）を設立し，ECOMOG を支援するようになる。UNOMIL は 1994 年に展開を開始し，軍事監視員と文民要員がコトノー和平合意の履行を監視することになった。しかしすぐに内戦が再発してしまい，要員が拘束される事件も起こった。また，1994 年に乱立する武装集団が新たにガーナで結んだ二つの合意は，ア

コソンボ合意（Akosombo Agreement）及びアクラ合意（Accra Agreement）と呼ばれたが，紛争の停止には効果を持たなかった。

　1997 年に内戦を開始した反政府勢力の首領であるチャールズ・テイラーが選挙で勝利して大統領に就任すると，国連安全保障理事会は UNOL（UN Peace-building Support Office in Liberia［国連リベリア平和構築支援事務所］）を設立し，新政府の支援を主目的とする活動への転換を図った。ECOMOG は 1998 年に撤収する。

　UNOMIL と ECOMOG が，互いに異なる役割を分担する「分業」の仕組みをとりながら併存した 1990 年代のリベリアの事例は，国際平和活動の歴史において画期的な先例となった。ただし両者の活動が成功したとは言いがたい。度重なる和平合意の破綻を目撃しながら，両者は実質的な変化をもたらすような活動を行うことはできなかった。戦争を終結させたのは，最大軍閥の領袖と言ってもいいチャールズ・テイラーの大統領就任であった。しかもテイラーは大統領就任後にもシエラレオネなどの周辺国の混乱を助長し続け，国内でも抑圧的な支配を確立しようとした。このようなリベリア情勢を見て，UNOMIL と ECOMOG の先例を模倣しようと主張する者がほとんどいなかったのは，驚くべきこととは言えない[4]。ところが，それにもかかわらず，実際には，UNOMIL と ECOMOG の組み合わせに近い国連と地域組織の活動の併存の事例は，21 世紀以降に繰り返されていくことになる。結局のところ，個別事例の成功・不成功にかかわらず，国連と地域組織が異なる役割を持ちながら併存していくという仕組みは，現代国際社会の実情に合致するものなのであった。

　なおリベリアでは，アメリカ合衆国国務省によるトラックや輸送機の提供による ECOMOG への支援があった[5]。アメリカは，アフリカ大陸に戻った北米からの解放奴隷が到着した場所であるリベリアに歴史的に長い関わりを持つ。他のアフリカ諸国では，旧宗主国である欧州諸国が，歴史的に長い関わりを持っていると言えるだろう。国連とアフリカの地域組織が協力関係を持つ国において，欧米諸国が支援を提供していくというパターンは，やはり 21 世紀になってから繰り返し観察されていくものである。中心的な役割を担う国や機関が変わるとしても，このパターンは基本的構図である。

　リベリアでは，2003 年に内戦が再発した。そのとき，国連と ECOWAS の

間の協力関係も復活した。チャールズ・テイラー大統領に反旗を翻した反政府軍が首都モンロビアに迫ると，まず ECOWAS がナイジェリア軍の二大隊による平和維持を目的にした ECOMIL（ECOWAS Mission in Liberia［ECOWAS リベリア・ミッション]）を展開させた。くわえて 200 人のアメリカ兵が派遣されて，特殊作戦で ECOMIL を支援した。2003 年 8 月に包括的和平合意が締結されると，国連安保理は ECOMIL を国連国際安定化軍（UN International Stabilisation Force）へと転換させる決定を行った。さらに同年 9 月に，国連安保理決議 1509 で UNMIL（UN Mission in Liberia［国連リベリア・ミッション]）の設立を決定した[6]。

　2003 年のリベリアの事例は，その後のパートナーシップ国際平和活動の発展の観点から見ると，非常に重要な先例であった。アフリカの（準）地域組織が，まず早期展開のミッションを派遣する。その後に国連が大規模ミッションを設立し，早期展開したアフリカ諸国の部隊を吸収してしまう。当初は緑の帽子をかぶった（準）地域組織の枠組みで展開したアフリカ諸国の部隊が，国連PKO ミッションの設立とともに青い帽子にかぶり直して国連平和維持部隊となる。このようにパートナーシップ国際平和活動の「引き継ぎ」の先例は，西アフリカで早くも 21 世紀初頭に作られていたのであった。

シエラレオネの事例

　シエラレオネの内戦は，リベリア内戦に誘発される形で，1991 年 3 月に勃発した。反乱軍である RUF（Revolutionary United Front［革命統一戦線]）は，リベリアの反政府勢力の首領であったチャールズ・テイラーの NPFL の支援を受けていた。テイラーは，シエラレオネ政府がリベリア政府を支援する行動に出たことに対抗して，シエラレオネ国内に内戦を引き起こそうと画策したのである。内戦勃発後のシエラレオネ情勢は混乱を極め，クーデターなどが繰り返された。内戦下で実施された 1996 年 3 月の大統領選挙に当選したアフマド・テジャン・カバー（Ahmad Tejan Kabbah）は，1995 年から軍事展開をしていたナイジェリアに，RUF に対抗するための追加的な軍事支援を要請したが，1997 年のクーデターでギニアに亡命した。ナイジェリアは，リベリアに駐留していた ECOMOG 軍をシエラレオネに振り向け，1998 年に RUF と

図7　シエラレオネの位置

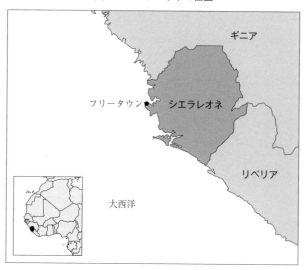

AFRC（Armed Forces Revolutionary Council［革命評議会軍］）を駆逐して1998
年2月に首都フリータウンを奪還した。カバー大統領は翌月にフリータウンに
戻ったが，1999年1月にまたしてもフリータウンは反乱軍によって制圧され
た。

　こうした情勢が続くなか，ジェシー・ジャクソン（Jesse Jackson）を特使と
するアメリカの調停努力が1997年から開始され，1999年にロメ和平合意
（Lome Peace Agreement）として結実した。これは長年にわたる紛争を終結さ
せる和平合意として大きな意味を持ったが，その内容は大きな論争を呼ぶもの
であった。数々の残虐行為を行ったフォディ・サンコー（Foday Sankoh）をは
じめとするRUFの指導者層に犯罪を不問とする恩赦を与えたからである。サ
ンコーはダイヤモンドなどの天然資源を管理する委員会の委員長のポストも得
ることになった。しかしまがりなりにも和平合意が成立したことを受けて，
ECOMOGに代わり，1999年10月の国連安保理決議1270で，大規模な国連
PKOミッションであるUNAMSIL（UN Mission in Sierra Leone［国連シエラレ
オネ派遣団］）が展開することになった7。

　UNAMSIL設立の背景には，シエラレオネへの関与を批判する勢力に押さ

れてナイジェリアのオバサンジョ大統領が決定したナイジェリア軍の ECO-MOG からの撤収問題があった。ナイジェリア軍がいなくなってしまえば，ECOMOG は有名無実化する。結局，新たに設立された UNAMSIL が 3500 人のナイジェリア兵士を吸収した。UNAMSIL は，財政的にも政治的にも限界に達しつつあった ECOMOG を引き継ぐ形で展開したのである。

　しかし国連 PKO の展開は，事態の完全な好転を約束しなかった。それどころか UNAMSIL は数々の危機に直面することになる。2000 年 5 月には，RUF が 500 人の UNAMSIL 兵士を拘束するという事件が起きた。これを受けて，イギリスが約 800 人の海兵隊を派遣する事態となった。フリータウンも騒然とするなか，5 月 8 日にサンコーの私邸を取り囲んだ抗議の群衆に RUF の兵士が発砲し，19 人の死者を出す事件が起きた。シエラレオネ政府は，ロメ和平合意後の事件は恩赦の対象ではないと考え，5 月 17 日にサンコーの逮捕に踏み切った。その一方，イギリス軍は，RUF に攻勢をかけ，拘束されていた UNAMSIL 兵士も解放した。

　この後，RUF の勢力は著しく減退し，シエラレオネの和平プロセスは着実な進展を見せていくようになる。2 万人の要員を擁する世界最大の国連 PKOとなった UNAMSIL は，シエラレオネ政府が国土の全域を支配下に置いていくのを助け，DDR などの改革も進めた。サンコーは，国連とシエラレオネ政府との間の特別協定で設立された SCSL（シエラレオネ特別法廷 [Special Court for Sierra Leone]）によって，人道に対する罪などの戦争犯罪で訴追され，公判中の 2003 年に病死した。

　シエラレオネの事例は，リベリアと同様に，準地域組織の ECOWAS が，即効性を狙った軍事部隊を派遣し，大規模国連 PKO がそれを引き継ぐというパターンの確立に大きく寄与する重要事例となった。リベリアにおける 1990 年代の最初の試みが成功したとは言えなかったが，2003 年の政変の際に劇的な「引き継ぎ」が行われた。リベリアの 2003 年の事例が生まれたのは，隣国のシエラレオネにおける ECOMOG から UNAMSIL への円滑な移行の事例があったからこそだろう。シエラレオネにおける国際平和活動は，1990 年代のリベリアの事例に影響を受けて進んだが，2000 年代には逆にシエラレオネの成功例がリベリアに影響を与えた。シエラレオネで行われた効果的なイギリスの短

期の単独介入と，リベリアで行われたアメリカの短期の単独介入は，規模も性
格も異なるものだったが，欧米の軍事大国が国連とアフリカの準地域組織の側
面支援にあたり，さらなる役割分担を引き受けたという点では，比較すべき類
似性を持っていた[8]。

　いずれにせよ，シエラレオネとリベリアの事例は，ECOWAS にとって大胆
な成果を出した活動であっただけでなく，国連にとっても大きな成果となった
活動として記憶されている。UNAMSIL は 2005 年まで活動し，基本的にその
目的を達成した。UNAMSIL の活動終了後に設立された UNIOSIL（UN Inte-
grated Office for Sierra Leone［国連シエラレオネ統合事務所］）は，平和維持活動
後の平和構築を主導するミッションとして位置づけられ，2005 年末に設立さ
れた PBC（Peacebuilding Commission［平和構築委員会］）の勧告や，PBF（Peace-
building Fund［平和構築基金］）の現地における受け皿としての意味も持った。
シエラレオネは，ブルンジとともに，PBC が最初に討議対象として扱った国
であった。国連にとって大規模ミッションを派遣し，継続的に関与し続けたシ
エラレオネはきわめて重要な事例であり，その記録は国連が関与した国際平和
活動の歴史の中でも際立った位置づけを持つ。そのためシエラレオネで試みら
れた国連と準地域組織の連携の記憶は，その後の国際平和活動の行方にも大き
な影響を与えたのである。

ギニアビサウの事例

　1998 年 6 月，西アフリカのギニアビサウで反政府集団の武装蜂起が起こっ
た。これに対して隣国のギニアとセネガルが，ギニアビサウ政府を支援するた
めの部隊派遣を行った。その結果として，反乱軍は，ECOWAS の平和維持軍
の展開を含む内容を持つ和平合意に調印をした。これを受けて 1999 年 3 月に，
ベナン，ガンビア，ニジェール，トーゴという西アフリカ諸国からなる
ECOWAS 部隊がギニアビサウに到着した。しかし反政府軍は 5 月に政権を倒
し，ジョアン・ヴィエイラ（João Vieira）大統領はポルトガルに亡命した。
ECOWAS 部隊もこの混乱の中で撤収せざるを得なくなった。2012 年にクーデ
ターが発生した際も，ECOWAS は介入を試みた。ギニアビサウは，繰り返し
クーデターなどの政情不安を経験し続け，そのたびに ECOWAS は調停活動な

図8　ギニアビサウの位置

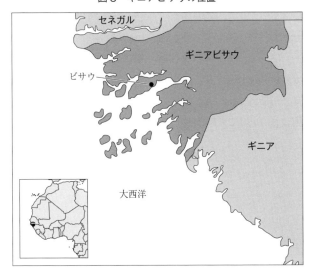

どを通じたギニアビサウへの関与を続けた。その努力は，2016年9月に主要
な政治勢力が参加して署名された「コナクリ合意」に結実した。

　国連は，UNOGBIS（UN Peacebuilding Support Office in Guinea-Bissau［国連ギ
ニアビサウ平和構築支援事務所］）を1999年に設立し，2009年にはUNIOGBIS
（United Nations Integrated Peacebuilding Office in Guinea-Bissau［国連ギニアビサ
ウ統合平和構築事務所］）を設立し，ECOWASの調停活動を支援し，さらには
政府機構の改革を支援した。

　ギニアビサウは，大規模な平和活動ミッションが展開した地域ではなく，
ECOWASや国連の役割も必ずしも派手なものではない。しかし両者は継続し
て協力しあい，調停活動にあたり，改革プロセスを支援した。ギニアビサウの
事例は，準地域組織であるECOWASが忍耐強く政治調停活動を続け，国連が
それを尊重しながら側面支援を提供していくという新しいパターンを作り出し
た。これは大規模な軍事介入がない状況での準地域組織と国連の分業体制の協
力の事例である。ギニアビサウは，リベリアやシエラレオネとは異なるパター
ンではあったが，しかしやはりパートナーシップ国際平和活動に寄与する事例
であった。

2　NATOによる平和活動の始まり

　NATOは，現代の国際社会において，最も実効性の高い軍事活動を行うことができる地域組織だということができる。もちろんそれはアメリカ合衆国という世界最大の軍事大国や，欧州の軍事的先進国が形成している軍事同盟だからであり，比較すべきはアメリカの単独での軍事行動と，NATOの枠組みで行った場合の軍事行動の実効性の違いなのかもしれない。重要なのは，アメリカも，高次の国際的な正当性を得たいときには国連安保理に訴えるし，NATOの枠組みを通じた行動を好む，ということである。これは国際平和活動に関与する場合，アメリカがNATOを通じた行動を有力な選択肢の一つとして持つ，ということを意味する。

　NATOが国際平和活動を行う状況は，冷戦時代には考えられないものだった。ソ連を中心としたワルシャワ条約機構（Warsaw Treaty Organization: WTO）に代表される共産圏諸国と対立する二つの軍事ブロックの一つを形成していたNATOは，ひとたび行動すれば，自動的に東西対立の冷戦構造を持ち込むような組織であった。万が一にも，中立性が求められる国際平和活動に従事すべき組織ではなかった。ところがNATOは冷戦終焉後の世界では，主要な国際平和活動の担い手の一つとして登場するようになった。

　その背景には，冷戦終焉時にNATOが直面した，存在意義に関する問いかけがあった。著名な国際政治学者のケネス・ウォルツ（Kenneth Waltz）は，冷戦が終焉したからには，NATOはもはや存在意義を失い，消滅する運命にある，と述べた。結果的には，ウォルツは現実に裏切られたのだが，当初の考え方が破綻したわけではないだろう。たしかにNATOは東西対立の冷戦構造を前提にして誕生した組織なので，冷戦終焉に伴って主要な存在意義を失ったこと自体は事実であったと言える。

　NATOが今日に至るまで存続し続けているのは，あるいはむしろ冷戦終焉後に拡大さえしたのは，冷戦構造を超えた存在意義を見出したからにほかならない。1990年代以降のNATOの東方拡大は，旧ソ連を構成していて，冷戦後に分離独立した国を除く，すべてのワルシャワ条約機構加盟国をNATOの中

に飲み込んでしまうという劇的な結果をもたらした。NATO は，冷戦時代の二極分化の構造を前提にした勢力均衡の一翼を担う組織から，事実上の欧州の地域的な集団安全保障メカニズムへと生まれ変わった。ロシアとの対抗は，欧州の安全保障空間の線引きの問題となった。ウクライナのようにロシアの影響圏との境界線において摩擦が起こるとしても，それは基本的には欧州と欧州域外との関係の問題となった。NATO の欧州では，集団的な安全保障の空間が形成され，もはや分断はない。

　こうなると欧州域内はもちろん，欧州と欧州域外との境界線にあたる地帯で紛争が発生した場合には，NATO は特別な使命を持つ安全保障組織として関与することになる。つまり，NATO は，地域内及び周辺地域において，国際的な平和のための活動に従事する使命を持ち始めることになる。ちょうどECOWAS が，西アフリカにおいて特別な安全保障上の使命を持つことになり，つねに域内の紛争問題に対して国際平和活動を通じて対応することが期待される組織になったことと，同じような流れである。

　折しも 1990 年代には，1991 年の湾岸戦争の影響もあり，国連側でも「平和執行（peace enforcement）」への関心が高まった時期であった。1992 年のブトロス・ブトロス＝ガリ国連事務総長の『平和への課題（*An Agenda for Peace*）』によって有名になった「平和執行」とは，国連憲章第 7 章の「強制措置」の権限にもとづいて強制力を行使して平和を作り出す活動のことを指していた[9]。しかし，よく知られているように，1993 年に史上初めて平和執行の権限が付与されたソマリアの国連 PKO である UNOSOM II（UN Operation in Somalia II ［第二次国連ソマリア活動］）は，現地軍閥勢力との武力衝突を招き，兵士 18 人の殉職者を出したアメリカ軍の撤収によって失敗に終わった。それ以来，「平和執行」の概念は用いられなくなった。しかし強制力を伴う国際平和活動への要請がなくなったわけではなかった。

　いわばその間隙に現れたのが，NATO であった。国連を批判し続ける当時のアメリカのクリントン政権の姿勢に直面して，国連が「平和執行」を模索することはできなくなった。しかし実は，時と場合によっては，国連安全保障理事会の主要国は，国連憲章第 7 章の強制措置の権限を発動してでも，軍事介入を行うことを決断する可能性はあった。国連は「平和執行」を行わないが，時

には「強制措置」の権限を行使することはある。この半ば矛盾しているかのように思われる立場を可能にするのが，国連安保理の授権を受けて強制措置を執行する国連以外の組織であった。NATO は，この繊細な事情が引き起こす困難を解決してくれる能力を持つ貴重な地域組織であったと言ってよい。

　冷戦終焉後の国際社会で，新しい役割を追い求めた NATO は，数々の作戦行動を展開し，国際平和活動や人道援助活動に従事するようになった。1990年代初期の萌芽的な作戦としては，湾岸戦争に至るまでの時期及び湾岸戦争中にトルコ南東部で早期警戒体制を敷いた「アンカーガード作戦（Operation Anchor Guard）」（1990 年 8 月 10 日～1991 年 3 月 9 日）や，航空防御態勢をとった「エースガード作戦（Operation Ace Guard）」（1991 年 1 月 3 日～1991 年 3 月 8 日），ソ連邦崩壊直後の混乱期にロシア及び旧ソ連独立共和国に対して人道援助物資や医療支援を提供した「同盟の善意作戦（Operation Allied Goodwill）」I & II（1992 年 2 月 4～9 日，2 月 27 日～3 月 24 日），リビアとの関係の緊迫化に伴って北アフリカ沿岸部からの航空路となる地中海中央部を監視した「迅速な精霊作戦（Operation Agile Genie）」（1992 年 5 月 1 日～19 日）などがある。ただし本格的な国際平和活動の開始は，バルカン半島における危機への対応で生まれた出来事であった。

NATO のボスニア・ヘルツェゴビナへの関与

　NATO は，ユーゴスラビア連邦共和国の解体に伴って 1992 年に勃発したボスニア・ヘルツェゴビナにおける戦争に，深く関わることになった[10]。NATOは，1992 年 7 月に，国連安保理決議 713（1991 年）と 757（1992 年）によって導入された禁輸措置を確証する監視活動を行うため，モンテネグロ沖において「海洋の監視作戦（Operation Maritime Monitor）」を，西欧同盟（Western European Union）のオトラント海峡における「鋭敏な警戒作戦（Operation Sharp Guard）」と協調して，実施した。1992 年 10 月に国連安保理決議 781 が，ボスニア・ヘルツェゴビナ上空を飛行禁止地域とすると，NATO は「空中の監視作戦（Operation Sky Monitor）」を実施して，決議の遵守を監視した。1992 年 11 月の国連安保理決議 787 が，制裁禁輸を確証するために海上輸送を停止する要請を加盟国に行うと，NATO は新たに強制措置の権限を持って

図9　ボスニア・ヘルツェゴビナの位置

「海洋の警戒作戦（Operation Maritime Guard）」を導入して決議の実効性を担保する活動を行った。これはやはり西欧同盟の「鋭敏な警戒作戦」と一体化させて運用するものとなった。さらに1993年3月に国連安保理が，飛行禁止措置の遵守を求める決議816を採択すると，NATO はその実効性を担保する「飛行禁止作戦（Operation Deny Flight）」を開始した。そのための NATO の航空機は，同年6月からは，国連の要請にもとづいて UNPROFOR（国連保護軍［United Nations Protection Force］）に対する支援でも用いられることになった。

　1994年2月，ボスニア・ヘルツェゴビナ北部のバニャルカ上空で，「飛行禁止作戦」に従事していた NATO の戦闘機が，4機のセルビア共和国のジェット機を撃墜するという事件が起こった。これは NATO の歴史において初めての戦闘行為であったとされる。だが収まる気配がないセルビア人勢力の攻勢によるボスニア・ヘルツェゴビナの戦闘状況に対して，NATO は作戦行動のレベルを上げ，セルビア人勢力に対する空爆を実施するようになる。1995年7月にスレブレニッツアにおいて約8000人がセルビア人勢力によって虐殺される事件が起こると[11]，国連事務総長特別代表である文民の明石康ではなく，

UNPROFOR の部隊司令官が NATO に対して空爆を要請することができるようになり，NATO の航空兵力はさらに頻繁に活用されるようになった。部隊司令官は，フランス人将校のベルナール・ジェンヴィエ（Bernard Janvier）だったので，国連による NATO に対する統制は有名無実化した。8 月にサラエボの市場に爆撃が行われて 37 名の死者が出ると，NATO は「思慮のある力作戦（Operation Deliberate Force）」を実行してセルビア人勢力に対する大規模な報復的な空爆を実施した。こうした NATO の軍事介入は，ボスニア紛争の様相を変え，結果として 1995 年 12 月のデイトン合意を生み出した。

　このようにボスニア紛争において，国連と NATO は，明確な役割分担の仕組みをとりながら，当初は国連主導で文民統制の考え方を適用して一体化の運用を目指していた。しかし結果として，国連はボスニア紛争の悪化に対してなすすべがなく無力さを露呈したのに対して，NATO はその圧倒的な航空兵力を駆使することによって戦争を終わらせる強制力を発揮した。この事実は，デイトン合意後の和平プロセスを履行する体制にも大きな影響を与えた。

　紛争後に展開した平和維持部隊は，国連 PKO という体裁をとらず，6 万人の NATO 軍兵士が IFOR（Implementation Force［和平履行部隊］）として展開することになった。NATO は，デイトン合意締結直後に，「共同の努力作戦（Operation Joint Endeavor）」として，IFOR の兵力を派遣した。IFOR は，1995 年 12 月の国連安保理決議 1031 によって，国連憲章第 7 章の強制措置の権限を持ち，ボスニア・ヘルツェゴビナ連邦とスルプスカ共和国の兵力の分離などの活動を行った。また新設された国際機関である OHR（Office of the High Representative［上級代表事務所］）や OSCE（Organization for Security and Co-operation in Europe［欧州安全保障協力機構］），国連などのデイトン合意の履行にあたる各国際機関を支援する活動も行った。

　NATO の平和維持部隊は，1996 年 12 月には SFOR（Stabilization Force［安定化部隊］）と改称して活動を続け，2004 年まで駐留した。SFOR にも，国連安保理決議 1088 によって，国連憲章第 7 章の強制措置の権限が与えられた。SFOR は，ボスニア・ヘルツェゴビナの治安維持を目的とした活動を行いながら，難民の帰還の支援など多角的な活動を行った。SFOR は，MSU（Multinational Specialised Units［多国籍特別ユニット］）と呼ばれる機能を駆使して，

EUPM（EU Police Mission［EU警察ミッション］）を支援する活動も行った。SFORは，ICTY（International Criminal Tribunal for the former Yugoslavia［旧ユーゴスラビア国際刑事裁判所］）を支援して協力し，39人の戦争犯罪人を逮捕する活動も行った。NATOはまた，ボスニア・ヘルツェゴビナ政府との間で「平和のためのパートナーシップ（Partnership for Peace: PfP）」と呼ばれる協力関係を結び，二つの「エンティティ」と呼ばれた政治体に分離しているボスニア・ヘルツェゴビナの軍機構を，統一的な指揮命令系統や訓練や装備を持つものに発展させていく改革の支援も行った。

　このように国連の威信が失墜したボスニア・ヘルツェゴビナにおいて，NATOは代替的に深く関与していっただけでなく，国連が行ったこともないような活動まで行う積極性を見せた。その背景には，ボスニア・ヘルツェゴビナが欧州に位置していたためにNATO構成諸国内の世論の関心も高かった事情や，冷戦終焉直後でNATO構成国以外の国連安保理常任理事国であるロシアと中国が拒否権を発動する余力を持っていなかった事情もあった。いずれにせよ国連安保理が野心的な決議を乱発し，実行することのできない任務を与えられた国連ミッションが現地社会の信頼を失っていくのを横目で見ながら，NATOが安保理決議を強制力の行使も辞さず実行していく経験が，ボスニア・ヘルツェゴビナでは一つの歴史的な教訓として確立された。

　地域組織が，国連と協調しながら，実態としては国連を圧倒する活動を行って主導権を持つ事例は，ボスニア・ヘルツェゴビナにおけるNATOの活動より前には存在していなかった。しかし欧米諸国の大々的な資金的・物的・人的資源の投入を通じた類例のない介入体制によって，ボスニア・ヘルツェゴビナの事例は，その後の国際平和活動の展開に大きな影響を与えた。パートナーシップ国際平和活動の歴史においても，ボスニア・ヘルツェゴビナは，きわめて大きな意味を持つ重要な事例の一つであったと言える。

ボスニア・ヘルツェゴビナにおけるその他の地域組織

　ボスニア・ヘルツェゴビナでは，国連の権威の失墜と欧米諸国主導のデイトン合意の調停が顕著であったため，NATO以外の欧州の地域組織が，活発に紛争後の平和構築活動に関わった。包括的に平和構築に関わる能力を持ってい

表2　デイトン合意で定められた担当分野

デイトン合意附属書番号	領　　域	履　行　組　織
1A	軍　　事	NATO軍（Implementation Force：IFOR）（1996年よりStabilization Force：SFORと改称）
1B	地域安定	OSCE
2	構成体間境界線問題	国際調停者
3	選　　挙	OSCE
4	憲　　法	欧州人権裁判所，国際通貨基金（IMF）
5	調　　停	
6	人　　権	OSCE，欧州評議会，UNHCR，欧州人権裁判所
7	難民・国内避難民	UNHCR
8	国家遺産	UNESCO
9	公共事業	欧州復興開発銀行
10	文民行政	OHR
11	国際警察	国連（International Police Task Force：IPTF［United Nations Mission in Bosnia and Herzegovina：UNMIBH]）

出典：筆者作成

　る地域組織は存在していなかったため，多数の地域組織がそれぞれの専門分野を担当領域としていくような仕組みがとられた。デイトン合意で定められた各組織の担当分野は，表2のとおりである。

　デイトン合意履行プロセスの全体を監督するのは，ボスニア・ヘルツェゴビナのために新設された国際機関であるOHRである[12]。OHRは，厳密には地域組織とは言えない。日本のような地域外からの加盟国が含まれている。しかしOHRは，ボスニア・ヘルツェゴビナにおけるデイトン合意履行プロセスの監督のためだけに作られた国際機関であり，仮に地域組織ではないとしても，特定地域のためだけに活動する国際組織ではある。デイトン合意第10付属議定書第2条は，上級代表が，当事者の関係を調整しながら，和平を監視する業務にあたることを定めている。また上級代表は，ボスニア・ヘルツェゴビナで活動するさまざまな文民組織を調整する役目も担う。上級代表は，デイトン合意の文言解釈の最終決定者であり，それにもとづいて各当事者や各機関の活動

を調整していく特別な権限を持つ人物である。上級代表は，デイトン合意を履行するように各当事者に求めることができ，必要であれば強制的な手段を使ってでも履行を要請することができる。上級代表の権威は，支援国が集まった機関である PIC（Peace Implementation Council［和平履行評議会］）によって支えられている。1997 年 12 月に PIC はボンで開催された会合において，デイトン合意の介入主義的な解釈を示し，それにそって行動するように上級代表に求めた。のちに「ボン・パワーズ（Bonn Powers）」と呼ばれることになる上級代表に与えられた特別な権限を行使すると，デイトン合意履行を阻む人物を公職から追放したり，立法府が怠慢で導入しない必要な法を制定したりすることができる。

　当初，OHR に次ぐ存在感を見せた文民組織は，OSCE であった。OSCE は，冷戦時代に東西両陣営の信頼醸成を図るための仕組みとして設立された。そのため NATO 以上に，冷戦の終焉によって存在意義を失いかけていた組織であった。しかしソ連の崩壊に伴って，旧ソ連を構成していた共和国が独立すると，それらの脆弱な諸国の支援をするという役割が生まれるようになった。旧共産圏諸国と西側諸国がともに加入している地域組織としての特性に期待が集まったわけである。この事情はボスニア・ヘルツェゴビナにおいても同じであった。戦争の終結とともに，OSCE はその重要性を認知され，デイトン合意履行プロセスで数々の重要な役割を与えられることになった[13]。選挙実施，人権擁護促進，民主化支援などの政治行政分野で，中立性が高い性格を持つ OSCE は重視されることになった。

平和活動の担い手としての EU の登場

　EU の役割は，デイトン合意が締結されてからしばらくの間はそれほど大きくなかった。NATO，OHR，OSCE の巨大な存在感のために，EU の関与は必ずしも必要ではなかったともいえるだろう。しかしボスニア・ヘルツェゴビナの治安情勢が安定化し，NATO の役割が低下し，その規模が縮小していくと，代わって EU の関与が高まっていくことになった。少数の NATO 非加盟国が参加していたとはいえ，事実上 NATO が担っていた SFOR は，2004 年に活動を終了させた。代わって展開することになったのが「アルテア作戦（Operation Althea）」を実施する EUFOR（EU Force［EU 軍］）であった[14]。国連安保理も 2004 年 11 月の決議 1575 で，EUFOR が SFOR を引き継ぐことを承認し，法的基盤を整備した。EUFOR は，ボスニア・ヘルツェゴビナ国軍の能力強化のための訓練などに活動の焦点を移しながら，15 年以上にわたってボスニア・ヘルツェゴビナに駐留し続けている。その規模は，当初は SFOR と同じ 7000 人程度だったが，現在は 600 人程度である。

　2003 年 6 月のテッサロニキ宣言によって，西バルカン地域が EU への統合を目指すことが正式に定められた。安定化・結合合意（Stabilization and Association Agreement: SAA）と呼ばれた文書は，ボスニア・ヘルツェゴビナの EU への統合に向けた枠組みを定めたものである。EU は，ボスニア・ヘルツェゴビナの将来の EU への統合を既定路線として，その条件を整えるために展開していると理解された。EUFOR の活動は，EU 全体の欧州安全保障防衛政策（European Security and Defense Policy: ESDP）（2009 年に発展して CSDP［共通安全保障防衛政策〈Common Security and Defense Policy〉］に変更）の中で位置づけられ，他の EU のボスニア・ヘルツェゴビナにおける活動と関連付けられることが期待された。

UNMIBH から EUPM に引き継がれた警察活動

　このように地域組織が大々的な活躍を見せてきたボスニア・ヘルツェゴビナのデイトン合意履行プロセスだが，国連の役割が皆無だったというわけではない。難民帰還で UNHCR（UN High Commissioner for Refugees［国連難民高等弁務官事務所］）が主導的な役割を担うなど，社会経済活動分野では国連の各機関は動いていた。デイトン合意の枠組みにおいても，国際警察部隊の展開については，国連が責任を担うことになった。そこで 1995 年 12 月の国連安保理決議 1035 で，警察活動に特化した国連 PKO である UNMIBH（UN Mission in Bosnia and Herzegovina［国連ボスニア・ヘルツェゴヴィナ・ミッション］）が生まれた。UNMIBH を構成したのは，国連国際警察タスクフォース（UN International Police Task Force: IPTF）である[15]。UNMIBH は，法執行活動や，ボスニア・ヘルツェゴビナの警察機構の改革支援活動を行った。また国連機関として，人道・開発分野で活動する他の国連機関との調整にもあたった。ただし UN-

MIBH の権限は OHR を上回るようなものではなく，2002 年 12 月末に活動を終了させた。

　UNMIBH を引き継ぐ形で 2003 年 1 月から展開し始めたのが，EUPM（European Union Police Mission［欧州連合警察ミッション］）である[16]。EUPM は，EUFOR よりも先にボスニア・ヘルツェゴビナに展開し，ESDP の最初の適用例であった。EUPM は，ボスニア・ヘルツェゴビナ駐在の EU 特別代表の下で欧州水準の警察機構をボスニア・ヘルツェゴビナに設立する目的で，2012 年 6 月まで活動した。

3　1999 年の国連 PKO の再建

東ティモールの場合

　1999 年は，国連 PKO の歴史における大きな転換点であった。冷戦終焉によって安全保障理事会常任理事国が共同歩調をとれるようになり，1990 年代初頭には国連 PKO の発展に大きな期待が集まった。その時期に設立された PKO ミッションの中には，最終的な評価という点では意見が分かれるものの，堅実と言える成果は出したナミビアやカンボジアにおける UNTAG（UN Transition Assistance Group［国連ナミビア独立支援グループ］）や UNTAC（UN Transitional Authority in Cambodia［国連カンボジア暫定統治機構］）の活動もあった。しかし旧ユーゴスラビア，ソマリア，アンゴラ，ルワンダなどにおける UN-PROFOR, UNOSOM, UNAVEM（UN Angola Verification Mission［国連アンゴラ検証団］），UNAMIR（UN Assistance Mission for Rwanda［国連ルワンダ支援団］）などが，次々と明白な失敗例となり，国連 PKO に対する期待はしぼんでしまった。また，加盟国からの批判も高まった。とくにソマリアで 18 名の殉職者を出した後のアメリカのクリントン政権の国連批判は厳しいもので，事務総長のブトロス = ガリは，アメリカの拒否権で任期の更新を果たすことができなかった。

　代わって 1997 年に史上初めて事務局の内部昇進で事務総長に就任したのは，平和維持活動局（Department of Peacekeeping Operations: DPKO）の局長を務めていたコフィ・アナン（Kofi Annan）であった。アナンは国際平和活動に誰よ

図 10 東ティモールの位置

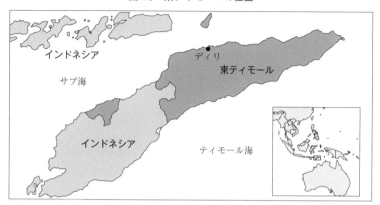

りも精通した人物であったことから，事務総長直轄と言ってもいい PKO 改革が進められることになった。アナンはまずルワンダとボスニア・ヘルツェゴビナにおける国連 PKO の失敗を分析する報告書を作成し，さらにアフリカの紛争の原因を分析する報告書なども公刊し，高い評価を得た[17]。アナンは，満を持して 2000 年に開催されたミレニアム・サミットに『ブラヒミ・レポート』を提出して絶賛された。その後は国連 PKO の量的拡大と質的深化に対して，米英仏をはじめとする有力な加盟国の強力な支持が与えられるようになった。

　この大きな時代の転換の年となったのは，実際のミッションの展開という点では，1999 年であった。この年，二つの大規模かつ野心的な国連 PKO ミッションが，東ティモールとコソボで設立された。インドネシアの東ティモールをめぐっては，長期にわたる独立闘争が続いていた。インドネシアの民主化を契機にして調停がなされ，国連主導で UNAMET（UN Mission in East Timor［国連東ティモール・ミッション］）が展開し，同年 8 月に住民投票が行われた。その結果，圧倒的多数の住民が東ティモールの独立を望んでいることがわかった。ところが結果に反発した人々が東ティモールで残虐な破壊行為を開始した。翌9 月になってようやく国際支援の受け入れにインドネシア政府が合意したため，国連安保理決議 1264 を経て，オーストラリア軍やニュージーランド軍が中心になった多国籍軍である INTERFET（International Force for East Timor［東ティモール国際軍］）が治安維持の目的で東ティモールに展開することになった。

10月になって治安が落ち着いてくると，国連安保理は決議1272で，UN-TAET（UN Transitional Administration in East Timor［国連東ティモール暫定行政機構］）の設立を決めた[18]。UNTAET は，独立を果たすまでの東ティモールの行政機能を代行することを目的にした大規模ミッションであり，法と秩序を回復し，行政機構を発展させ，人道援助や開発援助を調整するための活動を行うミッションであった。2000年2月には，INTERFET が持っていた平和維持部隊に関する権限も UNTAET に委譲された[19]。

INTERFET は何らかの地域組織によって担われたものではなかった。しかしそれに非常に近い形を持っていた。東ティモールからオーストラリアのダーウィンまでは，海を挟んで500キロの距離であり，ティモール島は限りなくオセアニアに近い。東ティモールは独立後，オーストラリアを盟主とする地域組織といってよい PIF（Pacific Island Forum［太平洋諸島フォーラム］）にオブザーバーとして参加するようになるが，つねにオセアニアのオーストラリアとアジアの中国の影響の双方を受けていくようになる。ニュージーランドやオーストラリアは，1997年にパプアニューギニアのブーゲンビルにおける紛争を調停し，非武装の TMG（Truce Monitoring Group［停戦監視団］）を派遣した経験を持っていた。TMG は1998年に PMG（Peace Monitoring Group［和平監視団］）に発展し，それを受けて国連は UNPOB（UN Political Office in Bougainville［国連ブーゲンビル政治ミッション］）を設立して政治調停活動を充実させる体制をとった。

PIF は，INTERFET におけるオーストラリア軍やニュージーランド軍の経験も踏まえて，2000年代にソロモン諸島（2003年～2017年）とナウル（2004～2009年）で平和維持活動を展開させることになる。とくにソロモン諸島における RAMSI（Regional Assistance Mission to the Solomon Islands［ソロモン諸島地域派遣ミッション］）（Helpem Fren 作戦及び Anode 作戦）は，14年にわたって活動した本格的な平和維持活動であった[20]。

こうした点も考えれば，東ティモールの INTERFET の展開には，国連PKO の展開を待たず，地域組織主導の即応部隊が展開していくという，西アフリカで ECOWAS が1990年代に作り出していたパターンを踏襲する性格があったと言える。あるいは，地域組織の即応部隊の活動を，後に国連の大規模

ミッションが引き継ぐという点に着目すれば，西アフリカの UNAMSIL や UNMIL よりも早く，UNTAET は国連大規模ミッションによる地域組織の即応部隊の引き継ぎを行っていたと言える。ただし，アジアでもオセアニアでも，同じようなパートナーシップ国際平和活動の事例はその後現在にいたるまで見られていない。そもそも国際平和活動そのものがほとんど行われなくなった。オセアニアにおける国際平和活動の不在は，対応すべき紛争が起こっていないことに起因していると言える。アジアにおける国際平和活動の不在は，国連安保理で拒否権を持ち，21 世紀に超大国化した中国の存在や，経済発展をして自信をつけながら国際平和活動には慎重な ASEAN（Association of Southeast Asian Nations［東南アジア諸国連合］）諸国の意向によるところが大きいだろう。

コソボの場合

コソボは旧ユーゴスラビア連邦の解体の際には，セルビアの一部として分離独立の単位にはならなかった。しかし実際にはコソボの住民の大多数がアルバニア系のイスラム教徒であるために，独立に向けた動きは存在しており，それを強権的なスロボダン・ミロシェビッチ（Slobodan Milošević）大統領のセルビア政府が抑え込み続けている構造であった。しかしセルビア政府の抑圧的行動が度を越すようになったと判断した NATO 構成諸国は，1999 年 3 月 24 日に，「同盟の力作戦（Operation Allied Force）」として，ユーゴスラビア連邦軍及び関連施設に対する空爆を開始した。この作戦は 6 月になってミロシェビッチ大統領がユーゴスラビア軍のコソボからの撤退を表明するまで続いた[21]。国連安保理は決議 1244 を採択し，大規模 PKO ミッションである UNMIK（UN Interim Administration Mission in Kosovo［国連コソボ暫定行政ミッション］）を設立した[22]。

UNMIK は，コソボにおける行政・立法・司法の三権を行使する権限を持つ強力なミッションであった。平和維持軍としては NATO が指揮権を持つ KFOR（Kosovo Force［コソボ治安維持部隊］）が展開することになった。KFOR は当初，NATO 構成諸国・非構成諸国からなる 5 万人の要員を擁する大きなプレゼンスを見せた。2021 年現在でも 3500 人程度にまで規模を縮小させているが，まだなお展開し続けてはいる。コソボの治安は比較的落ち着いて

図11　コソボの位置

いるが，2011年には北部ミトロビッツア周辺で暴力的事件が深刻なレベルで勃発し，NATOの作戦予備隊（Operational Reserve Force）が出動するに至った。

　国際的な介入によって，コソボは事実上の独立国となった。しかしコソボの法的地位は大きな懸案事項であった。とくにNATOの「同盟の力作戦」が明示的な国連安保理決議の授権を経ることなく行われたこともあり，ロシアや中国は，コソボを独立国とみなすことに反対し続けている。EU，アメリカ，ロシアの三者は，「トロイカ」と呼ばれるグループを作り，コソボの将来の地位を協議したりしたが，結論は得られなかった。業を煮やしたコソボのアルバニア人勢力が形成するコソボ議会は，ついに2008年2月に独立を宣言した。欧米諸国を中心とする諸国は，コソボを独立国家として承認した。しかしセルビアのみならず，ロシアや中国をはじめとする世界の数多くの諸国が，コソボの国家承認を拒んでいる[23]。

　EU は，2008 年から，EULEX（EU Rule and Law mission ［EU 法の支配ミッション］）とい文民のミッションを，CSDP にもとづいてコソボに置いている[24]。その目的は，コソボに EU 基準を満たすレベルで法の支配にもとづく諸制度を根付かせることである。そのために EULEX は，コソボの法執行手続きを，裁判手続きのみならず矯正サービスなどについても，監視している。あわせて証言者の保護といった裁判手続きを適切に行うための支援を行っている。また EULEX は，コソボとセルビアの間の関係正常化に向けた対話の促進，コソボ警察の能力構築，コソボ政府を支援するための輸送調達などにも従事している。

4　結　　論

　本章では，21 世紀のパートナーシップ国際平和活動の隆盛につながっていく萌芽的な動きを見た。西アフリカの ECOWAS や，ヨーロッパの NATO などが，注目すべき先例と言える活動を，1990 年代に行っていた。ECOWAS は西アフリカで，まず（準）地域組織が即応部隊を派遣し，後に国連が大規模ミッションでそれを吸収するという「時系列型」の展開を見せる「引き継ぎ」のパートナーシップ国際平和活動の事例を作り出していた。NATO はヨーロッパで，国連が行うことができない大規模な軍事行動などを担当しつつ，国連やその他の組織と併存して「役割分担」をして国際平和活動を行う「機能分化型」のパートナーシップ国際平和活動の事例を作り出していた。

　1999 年に東ティモールとコソボで大規模な国連 PKO が設立されたときにも，地域組織と国連の連携は，新しい発展を見せていた。東ティモールでは IN-TERFET から UNTAET への「引き継ぎ」が明確になされ，コソボでは KFOR と UNMIK の「役割分担」が明確になされていた。いずれの場合も，パートナーシップ国際平和活動の概念が成立する前に，必要性に応じて，自然発生的に，地域組織と国連との間の連携が図られた。しかし結果として，それら二つの事例とも，「時系列型」と「機能分化型」のパートナーシップ国際平和活動へと展開する大きな流れを推進した。

　冷戦終焉後の 20 世紀の最後の 10 年間ほどの間に生まれた国際平和活動の事例は，21 世紀になってからさらに明確に発展していくパートナーシップ国際

平和活動の流れを決定づけるような性格を持っていた。これらの先行例を見る
ことによって，21世紀のパートナーシップ国際平和活動がどのように生まれ
てきたのか，それらはどのような性格を持っているのか，それらにどのような
政策意図が含まれているのか，などをよりいっそうはっきりと把握することが
できるようになる。

注

1　篠田英朗『平和構築と法の支配——国際平和活動の理論的・機能的分析』（創文社，
2003年），篠田英朗『平和構築入門——その思想と方法を問いなおす』（ちくま新書，
2013年）などを参照。

2　アフリカでは大陸全域を対象とするAU（アフリカ連合［African Union］）が「地
域組織（regional organization）」と位置づけられるため，大陸の一部を対象とする組
織を「準地域組織（sub-regional organization）」と呼ぶ習慣が確立している。

3　Adekeye Adebajo, *Liberia's Civil War: Nigeria, ECOMOG, and Regional Security
in West Africa* (Lynne Rienner/International Peace Academy, 2002), pp. 64-65. See
also David Wippman, "Enforcing Peace: ECOWAS and the Liberian Civil War", in
Lori Fisler Damrosch (ed.), *Enforcing Restraint, Collective Interventions in Internal
Conflicts* (Council on Foreign Relations, 1993); Moutrada Deme, *Law, Morality, and
International Armed Intervention: The UN and ECOWAS in Liberia* (Routledge,
2006).

4　Clement E. Adibe, "The Liberian Conflict and the ECOWAS-UN Partnership",
Third World Quarterly, vol. 18, no. 3, 1997 (Beyond UN Subcontracting: Task-Shar-
ing with Regional Security Arrangements and Service-Providing NGOs); Kodjoe W.
Ofuatey, "Regional Organizations and the Resolution of Internal Conflict: The
ECOWAS Intervention in Liberia", *International Peacekeeping*, vol. 1, 1994; Thomas
Jaye, "ECOWAS and Liberia: Implications for Regional Intervention in Intra-state
Conflicts", in Bakut tswah Bakut and Sagarika Dutt (eds.), *Africa at the Millenni-
um: An Agenda for Mature Development* (Palgrave Macmillan, 2000).

5　Mitikishe Maxwell Khobe, "The Evolution and Conduct of ECOMOG Operations",
in *West Africa Archived 2013-04-05* at the Wayback Machine, in Monograph, No.
44, Institute for Security Studies, South Africa. See also http://www.globalsecurity.
org/military/ops/assured_lift.htm.

6　UN Document S/RES/1509, 19 September 2003. 1 万 5000 人の軍事要員，1115 人の警察要員から成り，停戦監視から DDR や SSR に至る多岐にわたる活動を行うミッションであった。

7　UN Document S/RES/1270, 22 October 1999. 6000 人の軍事要員を擁して停戦監視から DDR などの多岐にわたる活動を行うミッションであった。

8　Peter A. Dumbuya, "ECOWAS Military Intervention in Sierra Leone: Anglophone-Francophone Bipolarity or Multipolarity?", *Journal of Third World Studies*, vol. 25, no. 2, 2008; Roberto Rodriguez, "Peace Operations in West Africa: ECOWAS Successes and Failures in Liberia, Sierra Leone, Cote d'Ivoire, Guinea, and Guinea-Bissau", *World Mediation Organization*, 11, September 2018 〈https://worldmedia tion.org/peace-operations-in-west-africa-ecowas-successes-and-failures-in-liberia-sierra -leone-cote-divoire-guinea-and-guinea-bissau/〉; David Keen, *Conflict and Collusion in Sierra Leone*（James Curry, 2005）; Tanja Schumer, *New Humanitarianism; Britain and Sierra Leone, 1997-2003*（Palgrave Macmillan, 2008）; Andrew M. Dorman, *Blair's Successful War: British Military Intervention in Sierra Leone*（Ashgate, 2009）; Funmi Olonisakin, *Peacekeeping in Sierra Leone: The Story of UNAMSIL*（Lynne Rienner, 2007）.

9　United Nations, Report of the Secretary-General, "An Agenda for Peace: Preventive Diplomacy, Peacemaking and Peace-keeping", UN Document, A/47/277-S/24111, 17 June 1992, 〈http://www.un.org/en/ga/search/view_doc.asp?symbol=A/47/277〉.

10　'Peace Support Operations in Bosnia and Herzegovina' at NATO website 〈https:// www.nato.int/cps/en/natolive/topics_52122.htm〉.

11　篠田英朗「スレブレニツァと『文民保護』の現在──憲章 7 章の柔軟運用と地域組織の役割」長有紀枝編『スレブレニツァ・ジェノサイド──25 年目の教訓と課題』（東信堂，2020 年）参照。

12　OHR website 〈http://www.ohr.int/?lang=en〉.

13　"OSCE Mission to Bosnia and Herzegovina" at OSCE website 〈https://www.osce .org/mission-to-bosnia-and-herzegovina〉.

14　"European Union Force in BiH: Operation ALTHEA" at 〈http://euforbih.org/eu for/〉. See also Niklas I. M. Nováky, "The Credibility of European Union Military Operations' Deterrence Postures", *International Peacekeeping*, vol. 25, no. 2, 2018, pp. 202-206.

15　UN Document S/RES/1035, 21 December 1995. デイトン合意の附属書 11 を参照する形で設立が決められた。1721 名の要員の派遣が実施された。

16　"European Union Police Mission in Bosnia and Herzegovina（EUPM）" at 〈http:// www.eeas.europa.eu/archives/csdp/missions-and-operations/eupm-bih/

pdf/25062012_factsheet_eupm-bih_en.pdf#search=%27EUPM+bosnia%27〉.

17　United Nations, "Report of the Independent Inquiry into the Actions of the United Nations during the 1994 Genocide in Rwanda", UN Document, S/1999/1257, 15 December 1999; United Nations, "Report of the Secretary-General pursuant to General Assembly Resolution 53/35: The Fall of Srebrenica", UN Document, A/54/549, 15 November 1999; United Nations, "Report of the Secretary-General: The Causes of Conflict and the Promotion of Durable Peace and Sustainable Development in Africa", UN Document A/52/871-S/1998/318, 13 April 1998.

18　UN Document S/RES/1272, 25 October 1999. 8950 人の軍事要員と 200 人の軍事オブザーバー，1640 人の警察要員らを派遣し，東ティモールに治安と法と秩序をもたらす目的で活動するミッションであった。

19　See, for instance, "United Nations Transitional Administration in East Timor (UNTAET)" at UN website 〈https://peacekeeping.un.org/en/mission/past/etimor/etimor.htm〉; Paul Hainsworth and Stephen McCloskey (eds.), *The East Timor Question: The Struggle for Independence from Indonesia* (I. B. Tauris, 2000); Ian Martin, *Self-Determination in East Timor: The United Nations, the Ballot, and International Intervention* (Lynne Rienner, 2001); Michael G. Smith, *Peacekeeping in East Timor: The Path to Independence* (Lynne Rienner, 2002); James Cotton, *East Timor, Australia and Regional Order: Intervention and its Aftermath in Southeast Asia* (RoutledgeCurzon, 2004); John R. Ballard, *Triumph of Self-Determination: Operation Stabilise and United Nations Peacemaking in East Timor* (Praeger Security Insitute, 2008).

20　M. Anne Brown (ed.), *Security and Development in the Pacific Islands: Social Resilience in Emerging States* (Lynne Rienner, 2007).

21　Independent International Commission on Kosovo, *Kosovo Report: Conflict, International Response, Lessons Learned* (Oxford University Press, 2000); Ivo H. Daalder and Michael E. O'Hanlon, *Winning Ugly: NATO's War to Save Kosovo* (Brookings Institution Press, 2000); Andrew J. Bacevich and Eliot A. Cohen (eds.), *War over Kosovo: Politics and Strategy in a Global Age* (Columbia University Press, 2001); Michael Waller, et al (eds.), *Kosovo: The Politics of Delusion* (Frank Cass, 2001); Aleksandar Jokic (ed.), *Lessons of Kosovo: The Dangers of Humanitarian Intervention* (Broadview Press, 2003); Paul Latawski and Martin A. Smith, *The Kosovo Crisis and the Evolution of Post-Cold War European Security* (Manchester University Press, 2003); Florian Bieber and Zidas Daskalovski (eds.), *Understanding the War in Kosovo* (Frank Cass, 2003).

22　UN Document, S/RES/1244, 10 June 1999. See "United Nations Mission in Kosovo

（UNMIK）" at UN website 〈https://unmik.unmissions.org/〉.

23　Henry H. Perritt, Jr., *The Road to Independence for Kosovo: A Chronicle of the Ahtisaari Plan* (Cambridge University Press, 2010); Aidan Hehir (ed.), Kosovo, *Intervention and Statebuilding: The International Community and the Transition to Independence* (Routledge, 2010).

24　"EULEX" at EU External Action website 〈https://www.eulex-kosovo.eu/?page =2, 1〉.

第 2 章

パートナーシップ国際平和活動の発展

　本章は，21 世紀になってからの 20 年で発展したパートナーシップ国際平和
活動の軌跡を追う。まず背景にある『ブラヒミ・レポート』や AU（アフリカ
連合）設立の経緯を見た後，21 世紀にアフリカ諸国やアフガニスタンで次々
と生まれたパートナーシップ国際平和活動の事例を歴史的な流れを踏まえて確
認する。本章は，さらにパートナーシップ国際平和活動の三つの類型を抽出す
る作業も進める。すでに序論で論じたように，本書では，パートナーシップ国
際平和活動を「ハイブリッド型」，「時系列型」，「機能分化型」の三つの類型に
分ける視点を用いている。「ハイブリッド型」は，スーダンのダルフールで導
入されたもので，国連と地域組織が一つの平和活動ミッションを共同で運用す
るという方式である。「時系列型」とは，時間軸にそって地域組織と国連が
「引き継ぎ」関係を作って連携する方式である。地域組織が即応部隊を派遣し，
後に国連がそれを吸収するというパターンが基本である。「機能分化型」とは，
異なる役割を国連と地域組織が分け合う役割分担の仕組みをとる方式である。
なおこれらのうち，「ハイブリッド方式」は一つしか事例がない。頻繁に用い
られてきたのは，「時系列型」と「機能分化型」である。それを踏まえながら，
本章では，さまざまな応用パターンを事例ごとに見ていくことにする。

1　新しい国際平和活動の時代

パートナーシップ国際平和活動の必要性の意識化

　1999 年に東ティモールとコソボで二つの大規模な国連 PKO ミッションが設立された後，国連事務総長のコフィ・アナンが立ち上げたある委員会が，翌 2000 年の 9 月に開催予定であったミレニアム・サミットに向けて，国連平和活動が必要とする改革の内容を報告書にした。後にその報告書は，その委員会の委員長であるラクダル・ブラヒミ（Lakhdar Brahimi）の名をとって，『ブラヒミ・レポート』と呼ばれることになる。『ブラヒミ・レポート』は，その内容の精緻さから，加盟国などからの絶賛を受け，その後の国際平和活動の進展にも大きな影響を与えた。

　『ブラヒミ・レポート』は，国連と地域組織との間の協力の重要性を謳っていた。それは，次のように述べていた。

　「国連憲章は明らかに，紛争を解決して平和と安全を確立して維持するための地域組織・準地域組織との協力を促進している。国連は，世界のさまざまな場所で，紛争予防・平和創造・選挙支援・人権監視・人道活動・その他の平和構築活動の分野で，能動的かつ成功裏に，たくさんの協力プログラムに従事している。しかし平和維持が関わる分野では，注意が必要になる。なぜなら軍事的な資源と能力は，世界中で不平等に配分されているからだ。そして危機に瀕している地域の軍隊は，その他の地域の場合と比べて，現代平和維持の要求に対する準備ができていない。訓練・装備・兵站支援・その他の資源を，地域組織・準地域組織に提供することは，すべての地域の平和維持従事者を国連の平和維持活動に参加することを可能にする。あるいは安全保障理事会決議にもとづいて地域的な平和維持活動を作り出すことを可能にする」[1]。

　『ブラヒミ・レポート』は，国際平和活動における地域組織の関与の拡大という傾向をはっきりと認識していた。そして国連は，地域組織の役割拡大をさらに促進していくべきだと論じていた。ただし『ブラヒミ・レポート』は，地域組織の積極的な貢献が，国連側の資源の枯渇を招くだろうことも，指摘していた。『ブラヒミ・レポート』によれば，「国軍の縮小と欧州の地域的な平和維

持の試みの拡大は，よく訓練され，よく装備されている先進国の軍隊が，さらに国連主導の活動から枯渇することを示している」[2]。そこで『ブラヒミ・レポート』は，この冷戦終焉後の世界の傾向に抗うのではなく，そこに歩調をあわせる方向性を示す。より具体的には，平和維持に従事する要員の訓練の重要性である。とくにアフリカ諸国から派遣されて貢献する平和維持活動の要員に対する能力構築を充実させることが重要だとされた。『ブラヒミ・レポート』は，能力構築を重視する流れがすでに生まれていることを特筆し，それを加速化させていくべきだと論じた。

　21世紀に入り，国連PKOの数は飛躍的な拡大を見せ始める。しかも活動の内容も野心的なまでに大幅に拡充が図られた。すでにアナン事務総長のもとで，DDR, SSR, PoCなどの新しい概念をふんだんに取り入れた新しい国際平和活動の戦略的な考え方が推進されるようになった。『ブラヒミ・レポート』は，その拡大を裏付ける論理を提供した。その拡大を可能とする論理の中で，国連と地域組織との連携が，重要な政策領域の一つとして論じられていたことは，本書のパートナーシップ国際平和活動への関心からは，やはり特筆すべき点である。

　すでに前章で見たように，パートナーシップ国際平和活動の萌芽的な事例は，すでに1990年代にも存在してはいた。『ブラヒミ・レポート』が指摘したように，たとえば欧州諸国が国連ではなくNATOを通じて行動したいときには，そのように行動する選択肢が実際にあった。冷戦時代とは異なる政治環境が，冷戦終焉後の世界には存在していた。自然に，あるいは無意識的に，パートナーシップ国際平和活動の萌芽的流れと描写することができる事象が，すでに1990年代に起こっていた。

　自然発生的に生まれてきた出来事は，その歴史的必然性を政策当事者が認識して意識化したときに，さらに頻繁に繰り返されるようになる。『ブラヒミ・レポート』は，その意識化作業に大きく貢献した。欧州諸国の軍隊が国連PKOから引き揚げて地域組織の枠組みで行動する流れは，冷戦終焉後の国際社会の構造的事情によって発生している事象であった。そうだとすれば，その流れに抗うことは，きわめて困難であろう。必要とされる政策は，その流れを新しい所与の現実として受け止め，むしろその新しい流れにそった政策を充実

させていくことだ。アフリカでアフリカ諸国が国際平和活動を行う度合いが高まっていくのであれば、なすべきことはアフリカ諸国の国際平和活動を遂行する能力を向上させることである。『ブラヒミ・レポート』は、半ば無意識的に進んでいた傾向を意識化したと同時に、その傾向を意識的に円滑に進めていくべきことを説いた。こうして『ブラヒミ・レポート』以降の 21 世紀の国際平和活動においては、パートナーシップ国際平和活動は異端であるどころか標準であり、阻止すべきものどころか円滑に運用していくべきものとなった。いよいよパートナーシップ国際平和活動の本格的な拡充の時期が始まるのである。

AU（アフリカ連合）の誕生

　21 世紀におけるパートナーシップ国際平和活動の発展を見る際に、さらに振り返っておくべき国際政治上の変化は、2002 年の AU の創設であろう。AU 以前には、OAU（アフリカ統一機構）がアフリカ大陸レベルの地域組織として存在していた。しかし内政不干渉原則を厳格に捉える伝統を持っており、たとえば西アフリカで ECOWAS が活発に動いていたとしても、それに OAU が連動していくことはなかった。他国の内政事項に干渉しないように相互に約束しあうことは、冷戦時代には特有の合理性があっただろう。しかし冷戦終焉の影響は、アフリカ大陸にも及んでいた。冷戦構造を前提にした超大国からの援助に依存していた諸国の政府は、冷戦終焉とともに急速に脆弱化し、危機を迎えていった。国際機関は、その機会を捉えて、融資や援助の条件として、構造改革や民主化を強く要請した。多くのアフリカ諸国の政府は、その要請を受け入れざるを得なかったが、改革は容易ではなく、次々と政情不安を抱え込んでいくことになった。その結果が、リベリアやシエラレオネ、ルワンダやザイール（現コンゴ民主共和国）などにおける紛争であった。

　混乱の 1990 年代を経た後、アフリカ諸国の指導者自身の考えの中にも、OAU の仕組みを変えるべきだという認識が生まれた。そこに有力な欧米の支援国の後押しがあったことも、事実だろう。とくに平和と安全の分野では、アフリカ諸国の努力を通じたアフリカの平和の達成が、一つの大きな目標となっていた。欧米諸国の支援も、そうした自助努力に優先的に注がれることになっていた。そのような大きな潮流の中で、AU が生まれた。AU の創設にあたっ

て，ジェノサイドなどの甚大な人権侵害の予防を含む平和と安全の問題は，中心的な議題であった。

AU 制定法の第 4 条（h）は，「戦争犯罪・ジェノサイド・人道に対する罪といった深刻な事態に関する総会の決定を追求するために加盟国に介入する連合の権利」を定めた。また AU 制定法第 4 条（j）は，「平和と安全を回復するための連合の介入を要請する加盟国の権利」も定めた[3]。

AU が新たに設立した PSC（Peace and Security Council［平和安全理事会］）の創設議定書は，2003 年 12 月に発効した。この議定書第 3 条が定める PSC の目的とは，まず「アフリカの平和・安全・安定」であり，平和創造，平和構築，紛争後復興，予防，国際テロとの戦い，共通防衛政策の発展，民主的実践の促進・良い統治と法の支配・人権擁護と基本的自由・人間の命の神聖性と国際人道法の尊重などの紛争予防の努力，などを達成することであった[4]。

2004 年には AU は，APSA（African Peace and Security Architecture［アフリカ平和安全アーキテクチャー］）を設定した。APSA は五つの構成要素から成立する。まず APSA の中心である PSC，そして賢人委員会（Panel of the Wise: PoW），大陸早期警戒システム（Continental Early Warning System: CEWS），アフリカ待機軍（African Standby Force: ASF），平和基金（Peace Fund）である。さらに APSA は，AU 及び ECOWAS などの準地域組織を含む地域的経済共同体（Regional Economic Communities: RECs）や地域的メカニズム（Regional Mechanisms: RMs）を含みこんで存在するとされた。AU と RECs との間の協力は，補完性（subsidiarity），相補性（complementarity），比較優位（comparative advantages）の原則によって調整される[5]。なお AU は国連安全保障理事会と「緊密に協力して協働していく」ことも，制度的な前提とした[6]。国連側も AU の動きに対応し，2010 年には UNOAU（UN Office to the African Union［国連 AU 事務所］）をアディスアベバの AU 本部に設置した。

このように AU の APSA の確立は，平和と安全に関するアフリカ諸国の取り組みを一元的な仕組みに統一させる効果を持った。そして地域組織と準地域組織もまたその一元的な体系図の中に組み込まれるようになった。今や ECOWAS は APSA の中の一つの要素として存在するものとなった。それは ECOWAS が APSA の枠組みにそって行動することを求められるようになっ

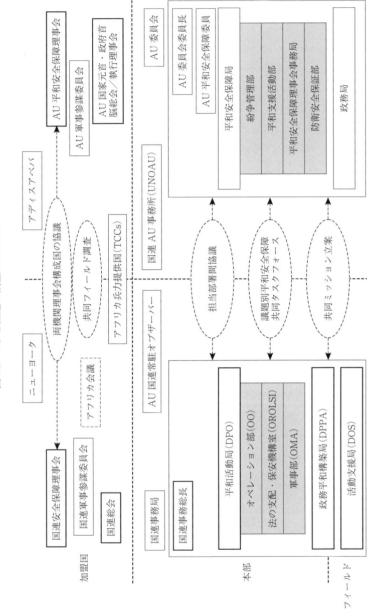

図12　AUと国連の調整メカニズム

出典：Paul D. Williams and Arthur Boutellis, "Partnership Peacekeeping: Challenges and Opportunities in the United Nations-African Union Relationship", *African Affairs*, vol 113, no. 451, 2014, p. 256.

たということと同時に，それ以外の準地域組織もまた APSA の目的にそって
行動することを期待されるようになったということでもあった。理論的には，
アフリカ大陸に存在するあらゆる地域組織が，APSA の要請を意識しながら
運営されるべきものとなったのである。もちろん，本当に APSA の立案通り
にすべての物事が進むようになったわけではない。21 世紀になってもなお，
国際平和活動に関与するようになった準地域組織は一握りに過ぎないと言えば，
その通りである。むしろ野心的な APSA と現実とのギャップは大きい。たと
えば 2021 年現在，待機軍の構想は，仕組みとしては導入されているものの，
実践されるものとはなっていない。しかし，それにもかかわらず，きわめて包
括的な枠組みを作り出した AU の APSA は，アフリカ大陸全域にわたって国
際平和活動に対する考え方を変えていく効果をもたらした。そのことがパート
ナーシップ国際平和活動の隆盛に与えた影響を過小評価することはできない[7]。

2　ハイブリッド型のパートナーシップ国際平和活動

ダルフールにおけるハイブリッド型のミッション

　AU 創設からしばらくして，きわめて劇的な展開が，2007 年にスーダンの
ダルフールをめぐって起こった。ハイブリッド型と呼ぶべき AU と国連の共
同運営の平和維持ミッションが生まれたのである。UNAMID（UN-AU Hybrid
Operation in Darfur［ダルフール国連・AU 合同ミッション］）は，きわめて特異
な性格を持つ PKO ミッションであり，歴史上唯一のハイブリッド型の平和維
持ミッションであった[8]。

　UNAMID 誕生には，AU が存在していたという大きな時代背景があるが，
スーダン特有の政治事情もあった。2003 年に本格的な内戦として勃発したダ
ルフール紛争は，スーダン西部において何万人もの犠牲者と 200 万人とも言わ
れた国内避難民を生み出した。ハルツームの政府軍または政府系のジャンジャ
ウィードと呼ばれた武装勢力と，ダルフールの武装勢力の間の内戦は，多くの
場合，前者による一般住民に対する殺戮・強奪・レイプなどの残虐行為として
立ち現れた。この情勢を受けてまず 2004 年に設立されたのが，AMIS（AU
Mission in Sudan［スーダン AU ミッション］）であった。当初は 150 名の部隊か

図13　ダルフールの位置

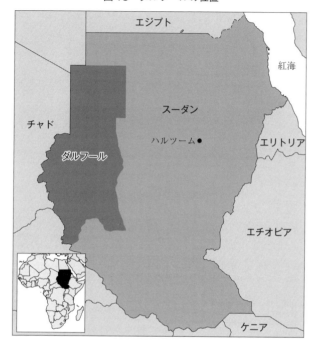

　ら始まった AMIS の活動は，2005 年には 7000 人の要員を擁するまでに拡大し
た。その頃，国連は UNAMIS（United Nations Advance Mission in Sudan［国連
スーダン先遣ミッション］）を通じてダルフール紛争の政治調停の糸口を模索し
ていた。2005 年にはスーダン政府と南部スーダンの武装勢力である SSLM
（South Sudan Liberation Movement［南スーダン解放運動］）との間の包括的和平
合意（Comprehensive Peace Agreement: CPA）の締結に至る和平交渉進展の機
運を受けて，UNMIS（UN Mission in Sudan［国連スーダン・ミッション］）が設
立された。国連安保理決議 1564 は，AMIS と UNMIS が「緊密かつ継続的に
連携し調整する」ことを求めた。
　AMIS は，ダルフールに展開する唯一の外部介入軍であった。2006 年 9 月
により規模の大きい国連平和維持部隊の派遣が提案されたが，スーダン政府が
これを拒絶した。やむなく AMIS の活動が延長されていったが，AU の枠を

越えた平和維持ミッションの創設が必要であるという認識は強くなっていった。そこで 2007 年 12 月に創設されたのが，UNAMID であった。さまざまな方面からスーダン政府に対して行われた外交攻勢の結果，スーダン政府は AU による AMIS を進化させた平和維持ミッションであれば受け入れるという立場まで譲歩した。そこで 2007 年 7 月の国連安保理決議 1769 で国連憲章第 7 章の強制措置の権限も伴って設立されたのが，UNAMID であった[9]。AU によるミッションであることは，スーダン政府の要請であった。しかし AU だけで扱うにはダルフール問題が大きくなりすぎ，国連を通じた国際社会全体の資源活用を求める必要もあったため，「ハイブリッド型」のミッションが新設されることになったのである。UNAMID は同年 12 月に正式に AMIS に代わってダルフールに展開することとなった。

　ダルフール和平合意の履行支援を目的に掲げる UNAMID の実際の主な任務は，文民を保護することであった。ただし文民保護の主要な責任はスーダン政府にあるので，それを阻害しないようにするという配慮はなされなければならなかった。UNAMID にはさらに，国連機関やその他の援助組織の人道援助活動及び援助従事者の安全を促進すること，スーダン政府と武装勢力の間の調停を促進すること，コミュニティ紛争の調停を支援することなどの任務が与えられた。UNAMID に認められた制服要員数は 2 万 5987 人であり，その内訳は，1 万 9555 人の軍事部隊，360 人の軍事オブザーバーとリエゾン（連携）要員，3772 人の警察アドバイザーと 2660 人（140 人ずつ 19）の組織警察隊（formed police units: FPU）というものであった。事態の深刻さを反映して，国際平和活動の歴史の中でも最大級の規模であった。

　ハイブリッド型のミッションとして設立された UNAMID の仕組みにおいては，すべてが国連と AU で共同運営される体裁がとられた。たとえば UNAMID の最高責任者は，「共同特別代表（Joint Special Representative）」と呼ばれ，国連と AU の双方を同時に代表することとされた。ただし実態としては，国連が財政的資源を提供し，AU が人的資源を提供する，というのが基本的な構図ではあった。

　実際には，二つの組織の連携は円滑とはいいがたく，どちらがどこまで何を負担するかについては，調整が容易にはまとまらないことが多かった。結果と

して，UNAMID は，輸送・装備・施設・航空能力等の面において恒常的な不足や不備を抱え続けることになり，それは活動の大きな足かせにもなった。調整の窓口や方法そのものが確立されておらず，ハイブリッド方式の運営は困難を極めた。そのため関係者の間では，ハイブリッド方式の国際平和活動は繰り返されてはならない，という意見が総意となっている[10]。そのような評価は変わることなく，UNAMID は 2020 年末に活動を終了させた。

　最も野心的だったハイブリット型ミッションの構造的な不備は，しかし，パートナーシップ国際平和活動全般に対する関心の喪失を招くことはなかった。むしろより良い形でパートナーシップが模索されなければならないという意識が強まった。その結果，本書が「時系列型」及び「機能分化型」と呼ぶ種類のパートナーシップ国際平和活動が推進されていくようになった。

3　時系列型パートナーシップ国際平和活動

コートジボワールにおける時系列型パートナーシップ国際平和活動

　21 世紀の初頭において ECOWAS はまだ活発であった。2002 年にコートジボワールでローラン・バグボ（Laurent Gbagbo）大統領に対するクーデターの試みが起こり（結果は失敗），それに伴って政府軍と反乱兵の間で武力衝突が発生した際，ECOWAS とフランスが治安維持のための部隊派遣を行った。この軍事介入は武力衝突を停止させる効果をもたらした。ただし国土は，反乱兵が掌握する北部と政府支配地域の南部とに分断された。和平交渉の結果，2003 年 1 月にパリ近郊のリナス・マルクシスで和平合意が締結された（リナス・マルクシス合意）。その後 2004 年になってから，国連安保理決議 1528 によって UNOCI（UN Operation in Côte d'Ivoire［国連コートジボワール・ミッション］）が設立され，ECOWAS 部隊（ECOMICI: ECOWAS Mission in Côte d'Ivoire）はそれに吸収されることになった[11]。UNOCI は 6240 人の要員から構成されるとされ，軍事部隊は 5570 人とされた。これは，いわゆる「かぶり直し（re-hatting）」と呼ばれる「引き継ぎ」であり，同じ平和維持部隊の要員が，ECOWAS 要員としての帽子から，国連要員としての帽子にかぶり直す，という行為が象徴的にとられた。これによって，ECOWAS は引き続き要員提供を

図14　コートジボワールの位置

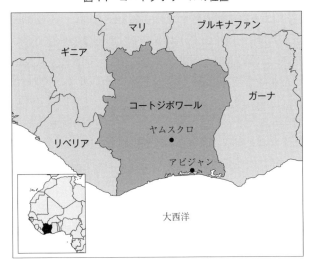

続けながら，財政負担を免れることができるわけである。なお2003年から政治調停にあたっていたMINUCI（Mission des Nations unies en Cote d'Ivoire［国連コートジボワール・ミッション］）もまたUNOCIに統合されて吸収された。UNOCIの任務は，国民和解政府の確立を支援し，DDRプロセスの後の選挙実施を支援することとされた。

　この「引き継ぎ」方式のECOWASと国連との間のパートナーシップは，すでにシエラレオネとリベリアで実施されていた形態であった。先行するECOWASの即応部隊の存在があり，国連PKOが拡大基調に入っていた時代であったこともあり，「引き継ぎ」方式が採用されたのはきわめて自然な流れであった。数年の間に連続的に行われた「かぶり直し」の実践によって，「引き継ぎ」方式のパートナーシップ国際平和活動は，確立されたパターンとして強く印象づけられることになった。ECOWASには国際平和活動の経験値が集積し始めており，即応部隊を送ることが比較的容易になってきていた。しかし同時に，複数のミッションを長期にわたって維持し続けることは，加盟国の少ない準地域組織にとっては多大な負担であった。そこで国際平和活動を続けるのであれば，ECOWASに大規模な財政支援を行うのでなければ，国連などの

より大きな組織が引き継ぎを行っていくしかなかった。21 世紀に入った時期の国連には，PKO 活動を拡大させていく余力があった。ただ問題は，国連にとっては PKO の展開には時間がかかるので，即応はできないということであった。ECOWAS に即応部隊を展開してもらい，時間がかかっても国連が後から大規模ミッションで引き継ぎを行うというのは，非常に合理的な仕組みであった。

　ただし ECOWAS と国連の協力の形態は，つねに必ず「引き継ぎ」方式に限定されるわけではない。ECOWAS の地域情勢への関心と，累積した国連との協力関係の経験は，和平調停などの活動を通じても，重要性を持つものであった[12]。

ブルンジにおける時系列型パートナーシップ国際平和活動

　ブルンジでは 1993 年から 30 万人以上が犠牲になった凄惨な戦争が続いていた[13]。これに対してまずタンザニアのジュリウス・ニエレレ（Julius Kambarage Nyerere）大統領が調停を試み，次に南アフリカのネルソン・マンデラ（Nelson Mandela）元大統領が調停を行った。こうした努力が実を結んで，ようやく 2000 年 8 月にアルーシャ合意（Arusha Agreement）が調印されたが，戦争の終結には至らなかった。2001 年 10 月に南アフリカはついに軍隊を派遣する決断を行った。SAPSD（South African Protection Support Detachment［南アフリカ防御支援隊］）は，和平プロセスに参加した政治家たちを守るための部隊であった。なおガーナ，ナイジェリア，セネガルも参加する予定だったが，ブルンジの治安情勢があまりにも劣悪だという理由で，派遣を見送った[14]。

　2000 年にアルーシャ合意が締結された際には，国連 PKO ミッションの設置が要請されていた。しかし 2002 年 12 月にあらためて異なる武装組織間での新たな和平合意が結ばれた際には，「停戦の監視と確証にはアフリカのミッションが責任を持つ」とされた。そこで 2003 年 4 月に AMIB（AU Mission in Burundi［AU ブルンジ・ミッション］）が派遣されることになった。AMIB は，南アフリカ，モザンビーク，エチオピアからの 2870 名の兵士から構成された。それは，OAU の MCPMR（Central Organ of the Mechanism for Conflict Prevention, Management and Resolution［紛争予防・管理・解決のためのメカニズムの中

図15　ブルンジの位置

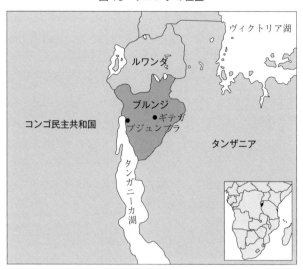

央機関])と呼ばれる機能の中で運営されることとなった。AMIBの任務は，停戦合意の実施を監視し，武装解除・動員解除を支援し，兵士の社会再統合に関して助言し，国連PKOミッションの展開を可能にする環境を整備して，ブルンジの政治的・経済的安定に貢献することであった[15]。

AMIBは約1年にわたって活動し，2004年6月に国連のミッションであるONUB（Opération des Nations unies au Burundi［国連ブルンジ活動］）に引き継がれた。このAMIBとONUBの事例は，AUが国連との間で行った引き継ぎ型のパートナーシップの初の事例としての重要性を持っている。ただしAMIBを構成していた南アフリカ軍はONUBには吸収されず，AU STF（African Union Special Task Force［AU特別タスクフォース]）として残存した[16]。ブルンジの劣悪な治安情勢に鑑みて，南アフリカ軍を国連の枠の中に入れ込んで制約をかけるよりも，より自由に行動できるAUの特別部隊として引き続き位置づけたほうが，より望ましいという配慮が働いた結果だと言える。

ONUBは，2004年5月の国連安保理決議1545によって設立された国連PKOミッションである[17]。この決議によって，ONUBには，永続的な平和を回復して国民的和解をもたらすブルンジ人たちの努力を助けるという2000年

のアルーシャ合意にそった内容の任務が与えられた。ONUB の長である国連
事務総長特別代表（Special Representative of the Secretary-General: SRSG）は，
アルーシャ合意履行監視委員会の議長という役目も兼ねることが定められた。
ONUB には，国連憲章第 7 章の強制措置の権限にもとづいて，停戦合意違反
に対処する際に武力行使に訴える権限も与えられた。DDR プロセスのうちの
武装解除・動員解除の部分を受け持ち，不法武器取り締まりの権限も与えられ
た。さらには人道援助の遂行に適した治安環境の創出，難民・国内避難民の自
発的な帰還，自由で透明性が確保されていて平和な選挙の実施などに貢献する
任務が与えられた。

　ONUB の活動は約 2 年半続き，2006 年 12 月には国連の政治ミッションであ
る BINUB（Bureau Intégré des Nations unies au Burundi［国連ブルンジ統合事務
所］）に引き継がれた。BINUB の長は ERSG（Executive Representative of the
Secretary-General［国連事務総長執行代表］）と呼ばれ，国連の開発援助機関を調
整する RC（Resident Coordinator［常駐調整官］）と人道援助機関を調整する HC
（Humanitarian Coordinator［人道調整官］）の役職を兼務した。政治ミッション
の上級職保持者が RC と HC を兼務することによって国連活動の「統合」を図
るという仕組みは，21 世紀以降の国連活動の特徴である[18]。

　ブルンジの AMIB と ONUB の経験は，AU が本格的に国際平和活動に乗り
出した初の事例となった。そして AU と国連の間で引き継ぎ型のパートナー
シップが形成された初の事例であった。創設期の AU が，本格的な国際平和
活動に従事し，破綻することなくその活動を国連に引き継がせた経験は，貴重
なものだった。ただし，AMIB が APSA の仕組みが想定した通りに進んだと
は言えない。ブルンジはアフリカ中央部に位置し，必ずしも南部アフリカ諸国
が責任をもって対処すべき地域に位置しているわけではない。それにもかかわ
らず，マンデラ元大統領の熱意ある調停努力を尊重する形で，南アフリカが突
出して大きな貢献をすることによって成し遂げられたのが，AMIB に至る国
際平和活動の展開であった。当時のブルンジの治安状況は劣悪であり，南アフ
リカ軍の主導的な役割が重要性を持っていた。代わりに西アフリカで活発な国
際平和活動を行ってきていたナイジェリアなどの ECOWAS 構成諸国は，ブル
ンジでの活動に加わらなかった。ブルンジの事例で観察できるのは，パートナ

ーシップ国際平和活動におけるアフリカ側の準地域組織の位置づけが，地域的なブロックで自然に区分けられていく一方で，しかしそのブロック分けはAPSA で想定されているブロック分けと必ずしも完全には一致しない，ということであった。

マリにおける時系列型パートナーシップ国際平和活動

　時系列型のパートナーシップ国際平和活動の代表的な事例と言ってもよいのが，マリと中央アフリカ共和国の事例である。この二つの事例は，かつてない大きな規模で行われたということと，2021 年現在でまだ大規模国連 PKO が展開中であるという点で，本書の視点から見て際立った重要性を持っている事例である。21 世紀に入ってから量的な拡大と質的な深化を遂げ続けた国際平和活動が，マリと中央アフリカ共和国の事例において，一つの到達点に達した。2010 年代半ば以降の国際平和活動は，全般的に低調である。ミッションの数が増えることも，新たな活動内容が加えられることも，あまりない。いわばマリと中央アフリカ共和国に関与した時期に，ある種の飽和点に達したと言うことも，あながち的外れではないだろう。そうした観点からも，これら二つの事例を見ておくことには，際立った現代的な重要性がある。

　2010 年から 11 年にかけて，北アフリカから中東にかけての地域で，いわゆる「アラブの春」と呼ばれる一連の政変が起こった。少なからぬ数の諸国が政治的変動を経験することになったが，その一つがリビアであった。リビアでは1969 年以来アンマル・アル゠カッザーフィー（mu'ammar' abū minyār al-qaddāfī）大佐の独裁政権が続いていたが，2011 年のリビア内戦によって崩壊した。それを後押ししたのは，NATO によるカッザーフィー政権施設に対する空爆であった。NATO の軍事介入は，国連安保理決議が初めて「保護する責任（responsibility to protect: R2P）」という概念を決議文に入れて，文民保護を目的にした地域組織による軍事行動を正当化した事例として知られる[19]。ただし2011 年以降のリビアでは，政治的混乱と内戦が続いており，NATO の軍事介入はリビアの平和的安定をもたらしたとは言えない。また地域組織の軍事介入の後に，国連 PKO またはその他の組織による国際平和活動がほとんど行われなかったという点で[20]，リビアはパートナーシップ国際平和活動の事例として

図 16　マリの位置

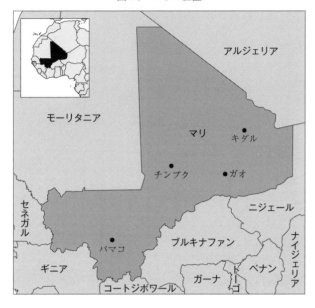

参照することも難しい。

　ここで指摘したいのは，リビアはアフリカ有数の軍事大国であったため，政権崩壊の余波が，国境を越えて広がったということである。リビアにおける国際平和活動の不在の影響が，周辺国にも広がったとも言える。リビアにおける政変の衝撃を受けた代表例が，マリである。リビアにおけるカッザーフィー政権の崩壊に伴って，大量の武器や兵士が，国境を越えて近隣国を通過して，マリにも流入した。

　もっともマリに隣接するアルジェリアにおけるジハーディスト（イスラム過激派）組織の影響も大きい。2000 年代に北アフリカのアルジェリアで組織化され，2010 年代にサヘルに流入した AQIM（Al-Qaida in the Islamic Maghreb ［イスラム・マグレブ諸国のアル＝カイダ]）などは，今日に至るまで地域の混乱をもたらしている。なおアフリカのテロリスト組織として国際的に認定されているイスラム過激派集団あるいはジハーディスト組織は，アル＝カイダやイスラム国に忠誠を誓い，中東を起点とした国際的なネットワークに結びついてい

る。しかし実際には土着の司令官が地域の状況に応じた活動をしているのが実情である。この傾向は，2010年代後半にアル＝カイダ及びイスラム国の勢力が中東で衰えるにつれて，さらにいっそう顕著になった[21]。

　マリ北部には，トゥアレグと呼ばれる少数民族の帰属問題が存在していた。2012年1月，このトゥアレグの人々の中から，MNLA（Mouvement national pour la libération de l'Azawad［アザワド解放国民運動］）と呼ばれる武装集団が出現し，反政府の武装行動を始めた。これに加えて，複数のイスラム過激派集団も武装行動を開始した。主にアル＝カイダ系のネットワークに連なっていると見られた，Ansar Dine（Anṣār ad-Dīn［アンサール・アッ＝ディーン］），AQIM，MUJAO（Mouvement pour l'unicité et le jihad en Afrique de l'Ouest［西アフリカ統一聖戦運動］）などの諸組織である。3月にはアマドゥ・サノゴ（Amadou Sanogo）大尉が率いる将校たちがクーデターを起こし，CNRDRE（Comité national pour le redressement de la démocratie et la restauration de l'État［民主主義の回復と国家の回復のための全国委員会]）なる組織を作り，権力を掌握した。CNRDRE は，憲法を停止し，政府機関を解散させた[22]。この混乱で，北部地域では中央政府の統制がきかない状態となり，MNLA が政府軍を駆逐し，4月にアザワド国の独立を宣言した。ところが今度は Ansar Dine と MUJAO が，北部の主要都市であるガオ，チンブク，キダルなどから，MNLA を追い払った。

　3月のクーデターの直後，ECOWAS はブルキナファソのブレーズ・コンパオレ（Blaise Compaoré）大統領を調停のための特使として任命した。ECOWAS の調停の結果，4月になってアマドゥ・トゥマニ・トゥーレ（Amadou Toumani Touré）大統領が退陣し，ディオンクンダ・トラオレ（Dioncounda Traoré）国民議会議長の暫定大統領への就任が決まった。行政権限を持って移行政府を率いる首相にはシェイック・モディボ・ディアラ（Cheick Modibo Diarra）が就任した。

　国連からは，サイード・ジニット（Said Djinnit）事務総長特別代表・UNOWA（UN Office for West Africa［国連西アフリカ事務所］）代表が，移行政府への支援の調整にあたった。国連には，政治調停，選挙支援，行政支援，治安部門支援，人道援助などが期待された。そこで国連安保理は，2012年12月

の決議 2085 で, UNOM (UN Office in Mali [国連マリ事務所]) を設立し, 政治プロセスの支援を調整する役目を与えた。UNOM の任務の中には, AFISMA (African-led International Support Mission in Mali [アフリカ主導マリ国際支援ミッション]) の活動の立案・展開も含まれていた。AFISMA の派遣も同じ国連安保理決議 2085 で授権されたのだが, その主な任務はマリ防衛治安部隊の能力の再構築, マリ政府の北部地域での実効統治の回復, 安定化に向けたマリ政府の治安維持と政府機能強化の取り組みへの支援, マリ政府による文民の保護の活動への支援, 人道援助活動及び国内避難民・難民の自発的帰還のための安全な環境を確保するマリ政府への支援, などであった。

　マリの治安情勢は, 2013 年初頭にさらに悪化した。Ansar Dine, AQUIM, MUJAO が南下を始めたのである。これを受けてマリ政府は, フランスに支援を要請した。介入部隊を派遣したフランスは, マリ防衛治安部隊とともに, テロリスト組織に対抗して「セルヴァル作戦 (Opération Serval)」を開始した。あわせて AFISMA も, 2 月になって北部に展開を始めた。この作戦の結果として, 治安状況は大幅に改善し, 北部地域における中央政府の機能も回復した。上記のテロリスト組織は, 北部に撤収していく形となった。ただし「セルヴァル作戦」開始後もテロリスト組織の活動は続いた。

　こうした情勢のなか, 2013 年 4 月に, 国連安保理決議 2100 によって, MINUSMA (Mission multidimensionnelle intégrée des Nations unies pour la stabilisation au Mali [国連マリ多元統合安定化ミッション]) が設立された。MINUSMA の主任務は, 政治プロセスの進展, 文民の保護, 人道援助や難民帰還のための環境の整備, 国家機能の拡張, 自由で包括的かつ平和的な選挙の準備などのマリ政府の諸活動を支援することであった。MINUSMA は, その展開地域で能力の許す限り, 国連職員及びその他の文民を切迫した物理的な脅威から保護するために武力を行使することも許された。MINUSMA は, 切迫した深刻な脅威に直面した場合には, マリ防衛治安部隊やフランス軍と協力することにもなっていた。2013 年 7 月には, MINUSMA は AFISMA の権限を譲り受け, 1万 1200 人の軍事要員と, 1440 人の警察要員を展開させた[23]。

　マリの事例は, もう一つの典型的な時系列型パートナーシップ国際平和活動の事例である。アフリカ諸国による即応先遣部隊が展開したしばらく後に, 国

連が大規模ミッションを設立して引き継ぐというパターンは，すでに 10 年以上にわたって西アフリカで実践されていた。もっともマリは西アフリカの事例であり，ECOWAS はマリでも調停活動を行ったが，AFISMA が ECOWAS のミッションとして位置づけられることはなかった。1200 人のナイジェリア軍をはじめとして，10 カ国の ECOWAS 構成諸国から約 4000 人の兵力が AFISMA に提供された。ただし，ECOWAS 域外のチャドも約 1500 人の兵力を AFISMA に提供した。AFISMA は，かなりの部分を調停活動にもあたった ECOWAS に依存していたが，しかし必ずしも ECOWAS だけによって成り立ったものではなかった。AU が創設され，APSA がアフリカ全域の共通の枠組みとして存在している時代においては，より多くのアフリカ諸国が国際平和活動に参画するようになった，と言うこともできるだろう。

　ただしそれだけに AU は国連安保理に高い次元の認知を求めるようになった。アフリカはつねに 3 カ国が国連安全保障理事会に議席に持つが，ほとんどの国連 PKO がアフリカに展開していることを考えれば，15 分の 3 の議席配分は少ない。またアフリカには常任理事国がないため，発言権が大きいとは言えない。そのためしばしばアフリカ諸国は国連安保理に意見を反映させることができないという不満を持つ。MINUSMA を設立した安保理決議 2100 に対しては，公式に不満が表明された。MIUSMA の実際の展開時期が不明瞭だったこと，テロ組織掃討の任務が回避されたこと，SRSG がオランダ人になることなどアフリカ諸国の希望を反映した人事や人員配置がなされなったこと等が理由であった[24]。

　なおフランス軍の存在も，マリの事例の独自性を象徴する点ではある。マリでは，政府支援を主眼とする AFISMA や MINUSMA に加えて，テロリスト組織の掃討作戦を行う役割を，フランス軍が担った。なお砂漠での戦いに精通していると言われるチャド軍は，フランス軍と行動を共にして「セルヴァル作戦」にも 500 人を従事させていた。20 世紀では想定されていなかった大胆な活動を行うようになってきた国連 PKO だが，「対テロ戦争」に正面から加担し，テロリスト組織の掃討作戦への従事に踏み込むことまではできなかった。2021 年現在も活動中の MINUSMA は，テロリスト組織の掃討作戦に加担はしないが，実態として協力はするという立ち位置で，自らの役割を維持し続けよ

うとする。MINUSMA は,「機能分化型」国際平和活動としての性格を色濃く出していくことになるのである。この点については,後述する。

中央アフリカ共和国における時系列型パートナーシップ国際平和活動

　中央アフリカ共和国は,2012 年以来,武力紛争に苛まれている。もっとも現在進行中の紛争の伏線となった紛争は 2004 年に起こっていた。前年にクーデターで権力を掌握したフランソワ・ボジゼ・ヤングヴォンダ（François Bozizé Yangouvonda）大統領の政府に反対する勢力が武装蜂起したのだ。2006 年以降,フランスが軍事介入を行い,反政府勢力に対する空爆も行った。2007 年に締結された和平合意では,反政府勢力側指導者の恩赦や政治的囚人の解放,反政府勢力と政府の統合などが定められた。ただし反政府勢力には諸派があり,和平に応じた集団と武装闘争を続けた集団とが乱立していた。

　2007 年には文民の保護を主目的にした国連 PKO である MINURCAT（Mission des Nations unies en République Centrafricaine et AU Tchad［国連中央アフリカ・チャド・ミッション］）が国連安保理決議 1778 で設立された[25]。MINURCAT は当初 300 人の警察要員と 50 人の軍事リエゾン・オフィサーからなる小規模のミッションであったため,実際には,EUFOR Tchad/RCA（République centrafricaine）と呼ばれた EU ミッションが同時に派遣されるというパートナーシップの仕組みがとられていた。EUFOR Tchad/RCA は,2000 人のフランス部隊を中核とする 3700 人の軍事要員から構成されていた。ただしこの EUFOR Tchad/RCA は,予定よりも実際の展開が半年遅れるといった混乱も見せた[26]。そこで 2009 年には国連安保理決議 1861 によって,EUFOR Tchad/RCA が持っていた軍事活動の権限が MINURCAT に移管された[27]。同決議によって MINURCAT は 5200 人の軍事要員を擁することが定められ,EUFOR Tchad/RCA は MINURCAT によって吸収される形となった。つまり EU ミッションが,国連ミッションに引き継がれたのである。フランスはチャドに 1980 年代半ばからリビアからの防衛を目的にして軍事部隊を展開させていた。これは「エペルヴィエ作戦（Opération Épevier）」と呼ばれる活動であったが,新たに別の任務を持った EUFOR Tchad/RCA がフランス軍を主力部隊として展開してきたとき,両者が混同されがちになる問題が発生した[28]。

図 17　中央アフリカ共和国の位置

2009 年の MINURCAT への引き継ぎによって，欧州以外の地域からの諸国の
軍事要員の派遣が実現し，問題の軽減が図られた。MINURCAT は 2010 年ま
で活動した後，政治ミッションである BINUCA（Bureau intégré de l'Organisa-
tion des Nations unies en Centrafrique［国連中央アフリカ統合平和構築事務所］）に
引き継がれた。MINURCAT から BINUCA への引き継ぎは，国連の PKO ミ
ッションから国連特別政治ミッションへの引き継ぎであった。

　しかし中央アフリカ共和国では，さらに新たな危機が勃発した。2012 年に
セレカ（Séléka）（土着言語のサンゴにおいて「同盟」を意味する）と呼ばれる
イスラム教系の武装集団が，武装蜂起した。セレカは，2007 年の和平合意の
内容が履行されていないことを不満として，その履行の遵守を主張していた。
2013 年 1 月にリーブル合意（Libreville Agreement）が結ばれたが，実際には戦
闘はやまず，3 月には反乱軍は首都バンギを制圧した。ボジゼ大統領は国外逃
亡を図った。しかしそれでも武力紛争は収まらず，キリスト教徒を中心とする
人々がアンチ・バラカ（anti-Balaka［anti-machete］）と呼ばれる武装集団を形成
して，セレカに対する戦闘を仕掛ける展開が生まれた。

　調停には，国連，ECCAS（Economic Community of Central African States［中
部アフリカ諸国経済共同体］），AU, EU，フランスなどがあたった。2010 年から
展開していた BINUCA は，平和の強化のための活動を任務としていた。そこ

でまず，事態の悪化に伴って BINUCA の任務を拡大する措置がとられた。国連安保理決議 2121 は，2013 年 10 月に，新たな五つの BINUCA の任務を定めた。移行プロセス履行への支援，紛争予防・人道援助への支援，治安安定化への支援，人権促進擁護への支援，国際的組織の調整である[29]。ECCAS は，やはり 2012 年 10 月，FOMAC（Force multinationale de l'Afrique Centrale ［中部アフリカ多国籍軍］）と呼ばれる治安維持部隊を派遣し，MICOPAX（Mission de consolidation de la paix en Centrafrique ［中部アフリカ平和定着ミッション］）を設立した。

　しかし中央アフリカ共和国の治安状況は悪化の一途をたどった。そこで国連安保理は，12 月には決議 2127 を採択し，AU が主体となった MISCA（Mission internationale de soutien à la Centrafrique sous conduite africaine ［中央アフリカ支援国際ミッション］）を設立し，FOMAC/MICOPAX の活動を引き継がせた。あわせてフランス軍の平和維持部隊が「サンガリス作戦（Operation Sangaris）」と呼ばれた治安回復作戦を遂行するのに必要なあらゆる手段をとることも認めた。MISCA はアフリカの 7 カ国から派遣された 5137 人の軍事要員と 602 人の警察要員からなるミッションであった[30]。「サンガリス作戦」に従事するフランス軍は約 2000 人の兵力で，速やかに派兵された。

　2014 年 3 月に提出された事務総長報告書を受けて，国連安保理は，複合的な任務を持つ新たな国連 PKO を設立することを，4 月の決議 2149 で決めた[31]。MINUSCA（Mission multidimensionnelle intégrée des Nations unies pour la stabilization en République centrafricaine ［国連中央アフリカ多面的統合安定化ミッション］）と呼ばれることになった新たなミッションは，BINUCA の権限を引き継ぐことになった。また，MINUSCA は，ECCAS や AU の調停活動と協力しながら活動を進める仕組みをとった[32]。

　MINUSCA は，1 万人の軍事要員，240 人の軍事オブザーバー，1800 人の警察要員（FPU が 1400 人）という構成で設立された。文民の保護を行う国連憲章第 7 章の強制措置の権限が付与された大規模ミッションであった。MINUSCA は，さらに MISCA の権限も引き継ぎ，フランス軍とは協力関係を保ちながら，活動することとなった[33]。

　中央アフリカ共和国の事例もまた，典型的な時系列型パートナーシップ国際

平和活動だと言えよう。フランス語圏のサヘルのアフリカの国であり，フランス軍の介入も行われたという点で，とくにマリの事例と非常に類似した性格を持っていると言える[34]。あるいはマリの事例と比しても，さらに複雑化したものだとも言えるかもしれない。準地域組織が主体となったミッションが，地域組織が主体となったミッションに引き継がれた後，さらに国連のミッションに引き継がれたという点で，三重構造の引き継ぎがなされた。このパターンは，AU の直接的な介在が見られない西アフリカでは発生しない構造であった。中央アフリカ共和国では，スーダンの場合などと同じように，AU のすばやい介在が見られた点で，西アフリカの事例とは異なる特徴がある。ただし，それは逆に言えば，準地域組織の実力が非常に弱いということも意味している。ECOWAS と比して，中央アフリカ共和国と関わりの深いチャドと，ガボン，コンゴ共和国，カメルーンからなる FOMAC は，部隊展開能力や戦闘能力において，限界を露呈せざるを得ないものであった。AU の APSA の仕組みにそって中部アフリカで ECCAS が平和活動を行う姿勢を見せたわけだが，現実とのギャップは大きかった。MISCA から MINUSCA へとミッションが引き継がれ，現在の MINUSCA の軍事部隊は，ルワンダ，バングラデシュ，パキスタン，エジプト，カメルーン，ザンビア，モロッコ，モーリタニア，ブルンジ，ネパールなどによって構成されており，FOMAC からのつながりは希薄となっている。

　なお，マリと中部アフリカ共和国の事例には，「機能分化型」の役割分担の仕組みも見られる。「機能分化型」の事例については，次節で見ていくことにする。

4　機能分化型のパートナーシップ国際平和活動

アフガニスタンにおける機能分化

　1990 年代のボスニア・ヘルツェゴビナでは，ヨーロッパの地域組織が主導する国際平和活動の仕組みが導入され，NATO が平和維持部隊を提供する試みがなされていた。このパターンがあらためて大規模に導入されたのは，ヨーロッパ域外のアフガニスタンの事例であった。

図 18　アフガニスタンの位置

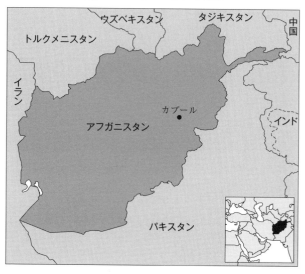

　2001 年 9 月 11 日のアメリカ同時多発テロ事件を受けて，同年 10 月にはア
メリカはアフガニスタンに対する軍事攻撃を開始した。国際的な承認はほとん
ど受けていなかったとはいえ，国土の 9 割を実効支配していたタリバン政権は，
テロ事件の実行犯であるオサマ・ビン・ラディンをはじめとするアル＝カイダ
をかくまっているという理由で攻撃対象となった。アメリカの圧倒的な航空兵
力の前にタリバン勢力は首都カブールを放棄して敗走する。代わってカブール
を制圧したのは，タリバンとの間で長期にわたる内戦を繰り広げていた北部同
盟軍の勢力であった。アフガニスタン問題に関する国連事務総長特別代表であ
ったラクダル・ブラヒミは，ドイツのボンで戦後の国家建設の道筋を決めるた
めの会議を開く。そこで北部同盟軍やその他の勢力の指導者が合意した内容は，
ボン合意と呼ばれ，その後のアフガニスタンの国家建設の枠組みを形成するも
のとなった。

　アメリカとその同盟軍は，「合同軍 (Coalition)」と呼ばれ，引き続きタリバ
ン勢力との交戦を続ける「永続する自由作戦 (Operation Enduring Freedom:
OEF)」を続行した。国家建設を支援するための平和維持部隊は，2001 年 12
月の国連安保理決議 1386 によって NATO を中心に設立された ISAF が行っ

ていくことになった。ISAF は最大規模で 13 万人の大軍を擁する大規模な国際平和ミッションであり，国連憲章第 7 章の強制措置の権限を付与された軍事ミッションであった。しかも 2014 年に戦闘作戦を終えて活動を終了させるまで，長期にわたってアフガニスタンで活動し，400 とも言われる軍事拠点も作り上げた。ただし ISAF の終了によって NATO のアフガニスタンにおける活動が終了したわけではなく，2015 年 1 月以降は，「堅固な決意作戦（Operation Resolute Support: ORS）」が NATO 主導で行われることになった。ORS は，NATO とアフガニスタン政府との間の合意によって実施されることになったものだが，国連安保理も 2014 年 12 月の決議 2189 でこれを歓迎した。ORS の主要な任務は，アフガニスタン政府の治安部隊・制度を，訓練・助言・支援することであった。側面支援のミッションと位置づけられるが，約 9500 人の規模で展開し，国際平和活動の水準で言えば，大規模ミッションの一つであった。

このような NATO 主導の軍事部隊の展開とは別に，政治調整の機能を果たすための国連の政治ミッションが UNAMA（UN Assistance Mission in Afghanistan ［国連アフガニスタン支援ミッション］）である。アフガニスタンにおける平和と安定の促進，人権・法の支配・良い統治の確立の支援，国際的な支援活動の主導・調整を図ることを目的としている[35]。ただし UNAMA が調整するのは，主に国連機関の援助活動であり，ORS などの NATO の活動を調整するわけではない。

UNAMA, NATO の ORS，そしてアメリカが主導する合同軍の活動は，緩やかな連携がないわけではないが，制度的には結びついていない。政治調整，治安維持，戦闘作戦という異なる活動領域を持つ，異なる組織として，アフガニスタンで併存している。全体的な協働体制の度合いは希薄だと言えるが，アフガニスタンの平和という目的を共有していることもまた事実である。アフガニスタンにおいて，国際社会のアクターは，それぞれの組織が独自の役割を持ちながら，緩やかな分業体制をとっているのだと言える。

このアフガニスタンにおける「機能分化型」の国際平和活動は，アメリカという超大国が仕掛けた「対テロ戦争」という特異な文脈の中で，生まれてきたものである。この分業体制が最も望ましいと事前に計画されて作り上げられたものだったとは言えない。しかしバルカン半島における NATO の活動の影響

もあり，地域組織が軍事部隊を提供し，国連が政治調整にあたるという機能分化した分業体制は，その後のパートナーシップ国際平和活動の行方にも大きな影響を与えた。アフガニスタンの事例は，きわめて特異な例ではあるが，非常に影響力の大きい事例であったとも言える[36]。

AU が主体の平和活動――AMISOM

AMISOM（African Union Mission in Somalia［アフリカ連合ソマリア・ミッション］）は，国際平和活動ミッションの中でも特異な存在感を持っている。なぜなら AU が運営するミッションでありながら，国連安全保障理事会の授権を受けて，ソマリアにおける国際的な平和活動の中枢を担っているからである。2007 年 1 月に設立されてから，一貫してソマリアにおける軍事部隊を伴う国際平和活動は AMISOM が担っている。必ずしも最初からこの形が目指されてAMISOM が作られたわけではない。それでも結果的にはほとんど不可避的と思われるような経緯で，AU が国際平和活動の歴史の中でも最も危険と言ってよいミッションを長期にわたって担って活動し続けている[37]。

　AMISOM が展開する前には，IGAD（Inter-Governmental Authority on Development［政府間開発機構］）の平和活動ミッションである IGASOM（IGAD Peace Support Mission to Somalia［IGAD ソマリア平和支援ミッション］）が，2006 年 9 月に AU の承認を受けて，展開していた。IGASOM は国連安保理の承認も受けていた。もともと IGASOM は，長期にわたるソマリア内戦の終結が見えてきたという見込みで，移行連邦政府（Transitional Federal Government: T-FG）を支援するために 2005 年に展開する予定のミッションであった。だがソマリア情勢はそれほど容易に好転するものではなかった。すでに 2006 年 5 月の段階で，原理主義勢力である ICU（Islamic Courts Union［イスラム法廷連合］）が形成されていた。アメリカが支援した軍閥が構成した ARPCT（Alliance for the Restoration of Peace and Counter Terrorism［平和の回復と反テロリズムの同盟］）が，ICU との間で「モガデシュの戦い」と呼ばれる戦闘を行ったが，結局，首都モガデシュは ICU によって陥落させられてしまう。

　これに危機意識を抱いた隣国のエチオピアは，ソマリアに侵攻する。その際，移行連邦政府とプントランドというソマリア領内の勢力は，エチオピアに味方

図 19　ソマリアの位置

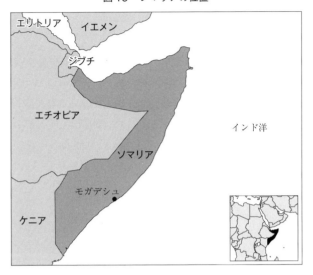

した。軍事的に敗北した ICU は，2006 年 12 月にモガデシュから撤退し，組織としての ICU も解散となった。これによってモガデシュは，約 2 年間の事実上のエチオピアの占領体制に置かれた。なおアメリカは「9・11」直後の2001 年 10 月当初から「対テロ戦争」の文脈でアフリカの角の地域のアル＝カイダのネットワークの掃討作戦に従事し始めた。エチオピアは，ソマリアのイスラム主義者がエチオピア国内の反政府勢力や当時敵対していたエリトリアと結びつくのを恐れていた。そこでアメリカとエチオピアの協力体制が生まれたのである。ただし，この構図がソマリアのイスラム原理主義の伝統を刺激し，かえってアル・シャバブ（Al-Shabaab）の台頭を促す動きにつながったことは否めない[38]。

　事態の急変に対応して，AU の PSC は 2007 年 1 月に AMISOM を設立した。翌 2 月には，国連安保理が決議 1744 で AMISOM を承認する。AMISOM の目的は，ソマリアの国民和解とされた。AMISOM には国連憲章第 7 章の強制措置の権限が付与され，国民和解会議の構成員の安全を確保するためにはあらゆる手段をとることができるとされた。なおこの時点では，AMISOM が国連PKO によって引き継がれるという見込みもあった。しかし国連側の反応は鈍

く，この見込みは今日に至るまで実現していない。2017 年に採択された安保
理決議 2372 では，AMISOM の治安維持の権限は，ソマリア連邦政府の治安
部隊に移管される見込みとされた。

　国連は，PKO ミッションを設立する代わりに，AMISOM を支援するミッ
ションを設立した。UNSOA（UN Support Office for AMISOM［国連 AMISOM
支援事務所］）は，2009 年の国連安保理決議 1863 で設立され，ロジスティクス
の面で AMISOM を支援することを目的とした。2015 年 11 月には UNSOA を
引き継ぐものとして UNSOS（UN Support Office in Somalia［国連ソマリア支援事
務所］）が安保理決議 2245 で設立されたが，国連は引き続き AMISOM を支援
する役割を担った。さらに 2013 年 6 月には安保理決議 2102 で UNSOM（UN
Assistance Mission in Somalia［国連ソマリア支援ミッション］）が設立された。
UNSOM は，政府機能を拡大させるソマリア連邦政府を支援して，ソマリア
に平和をもたらすための政治調整を扱うミッションとして生まれた。人権促進，
女性のエンパワーメント，子どもの保護，紛争中の性暴力の予防，司法制度の
強化，国際人権法・人道法違反の調査などに取り組んでいる。ソマリア連邦政
府は，2017 年に国家安全保障アーキテクチャーを採択し，治安改善に取り組
んでいる。そこで UNSOM は，治安部門改革や法の支配に関するソマリア連
邦政府の機能を強化させる活動を行い，AMISOM も支援する。そして連邦政
府と AMISOM だけでなく，国連諸機関（カントリー・チーム）や IGAD や EU
及びその他の地域組織や二国間・多国間援助組織の活動の調整を行う役目を持
っている。

　AMISOM の位置づけは，「機能分化型」パートナーシップ国際平和活動の
観点から見たときに，よく理解できるだろう。国連の複数のミッションが，
AMISOM とソマリア連邦政府を支援するために存在し，側面支援を提供する
役割を担っている。現地社会を代表しているのは，ソマリア連邦政府である。
そして，AMISOM が国際社会の治安面での支援の中心である。AU では，こ
うした国連 PKO が行えない軍事的活動を任務に持つミッションを「平和支援
ミッション（peace support mission）」と呼んでいる。すでに存在している平和
を維持するだけのミッションではなく，むしろ積極的に不足している平和を作
り出していくミッションだという含意である。これに対して UNSOM は政治

調整を行うミッションであり，UNSOS はロジスティクス支援を行うミッションである。政治調整に加わる準地域組織の IGAD，財政支援を提供する地域外の支援組織の EU なども，AMISOM の特別な役割を前提にしたうえで，それぞれが果たすべき側面支援の役割を追求する。ソマリアの激烈な治安状況に鑑みると，戦闘作戦を遂行しない方針を持つ国連 PKO がソマリアに展開するのは非常に困難である[39]。しかし治安面で踏み込んだ作戦を遂行する組織が存在しなければ，ほかの活動も停滞せざるを得ないという場合，AU のような地域組織が，その特別な役割を担わなければならないこともある。もし他の組織が，誰かがやるべきだと考えていても自分ではやりたくないと考えている仕事を，AU があえて引き受けているのだとすれば，他の組織は AU に対して財政面や技術面での側面支援を提供していくべきだということになる[40]。機能分化の分業体制は，やむにやまれぬ現実の要請から生まれている。それが良いことかであるどうかにかかわらず，このようなやり方でなければ対応ができないというのが実際の事情なのである。

　ただしもちろんこのことは，分業体制がつねに包括的で漏れのないものとして構築されていることを全く意味しない。むしろパートナーシップを構築すればするほど，漏れが見えてくるという事情はあるだろう。ある意味で，漏れの許容と管理が，パートナーシップ国際平和活動の大きな課題である[41]。パートナーシップ国際平和活動の分業体制は，鳥瞰的に総合管理者がすべての必要業務を関係者に割り振って成立しているわけではなく，あくまでも積み増し方式でパートナーシップが構築された結果として生まれる分業体制である。

AURTF・MNJTP・G5-Sahel における機能分化型パートナーシップ国際平和活動

　アフリカの地域組織・準地域組織によって構成された機能分化型のパートナーシップの事例としては，AURTF/AU-RCI-LRA（African Union-led Regional Task Force/Regional Cooperation Initiative for the Elimination of the LRA［AU 主導地域タスクフォース・LRA 除去のための地域協力イニシアチブ］）や，MNJTF（Multinational Joint Task Force［多国籍共同タスクフォース］），G5-Sahel（G5 サヘル）などがある。これらのミッションは，アフリカ諸国の地域的な有志連合が，

図20　ウガンダの位置

LRA（Lord Resistance Army［神の抵抗軍］やボコ・ハラム（Boko Haram［Jamāʻat Ahl as-Sunnah lid-daʻwa wal-Jihād]））といったゲリラ組織やテロ組織に対して，武力を用いた掃討作戦を行うために作られたものである。これらのミッションの展開地域に，国連PKOは存在しない。ただしAUやEUなどの地域内外の組織の支援は提供されていたりする。国連の政治ミッションは非公式には連携して側面支援を提供する。したがって緩やかなパートナーシップが，組織間に広がっているとも言える。こうした事情もまた，現実的な役割分担に応じた機能分化の仕組みを模索するところから生まれてくるものである。

　AU-RCI-LRAは，ウガンダのゲリラ組織であるLRAの掃討作戦を中部アフリカ諸国が遂行した軍事ミッションであった。2011年11月にAUのPSCが承認し，国連安全保障理事会も承認し，2012年9月から活動を開始した。LRAは，子どもの誘拐，子ども兵士，性奴隷，広範で残虐な殺人や拷問を繰り返した集団である。当初の活動地域であるウガンダから追い払われたため，スーダン南部，コンゴ民主共和国，中央アフリカ共和国などの領域を徘徊し，

悪行を地域大に広げた。そのため AU-RCI-LRA の形成以前には，ウガンダ軍がコンゴ民主共和国領に侵入して LRA 掃討作戦を行うといった出来事も起こっていた。AU-RCI-LRA の共同調整メカニズム（Joint Co-ordination Mechanism）は，AU 平和・安全コミッショナーが議長を務め，ウガンダ，南スーダン，コンゴ民主共和国，中央アフリカ共和国という影響を受けた 4 カ国の防衛大臣によって構成された。そして地域タスクフォース本部のもとに，4 カ国からの 5000 人の兵士で構成される地域タスクフォースが展開した。

　なおアメリカ合衆国の特殊部隊は，2010 年から 2017 年まで，コンゴ民主共和国と中央アフリカ共和国領内のウガンダ軍の行動を支援した[42]。2015 年 1 月に LRA 幹部のドミニク・オングウェン（Dominic Ongwen）が中央アフリカ共和国のセレカに投降した際，その身柄はアメリカの特殊部隊と AU-RCI-LRA のウガンダ軍に渡された。オングウェンは，後に ICC（International Criminal Court［国際刑事裁判所］）に移送された。その後，LRA は軍事勢力としてはほぼ消滅したため，2017 年にアメリカ軍は撤退し，同年 4 月にはウガンダも作戦の終了を宣言した。

　MNJTF は，ナイジェリア，カメルーン，チャド，ニジェール，ベナンというボコ・ハラムが被害を出しているチャド湖周辺地域の国々が形成している多国籍軍事ミッションである。MNJTF の起源は，1994 年のナイジェリアによる同国北部地域の山賊集団の掃討作戦にある。1998 年に，掃討作戦は，チャドとニジェールとの共同作戦となった。2000 年代に入ると，イスラム原理主義を掲げる反政府勢力が現れるようになった。ボコ・ハラムは，その代表的存在である。ただし 2012 年頃はボコ・ハラムとアンサール（Ansaru）と呼ばれる集団の間で分派争いが起こり，近年では ISWAP（Islamic State in West African Province［イスラム国西アフリカ州］）とボコ・ハラムの間で分派対立に起因する勢力争いが起こっている。その一方でボコ・ハラムが宗教色のない山賊集団と結びつく傾向も強まっている。こうした動きの中で，MNJTF は，2012 年に対テロ集団作戦の任務を持つようになった。

　2015 年 1 月にナイジェリアのチャド湖に面したボルノ州のバガ（Baga）にあった MNJTF の本部がボコ・ハラムの武装集団に席巻される事件が起こった。その際，バガの住民に対する虐殺行為が行われた。この事件を受けて，

図21　チャド湖の位置

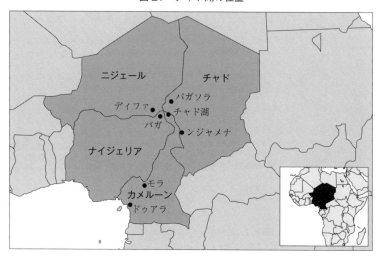

　MNJTF は，兵力と任務を拡張させる。まず本部をチャドの首都であるンジャメナに移転させた。そしてチャド湖流域委員会の監督下で新しい作戦概念が制定された。MNJTF は四つの国家セクターから構成されるようになり，第1セクターがモラ（Mora）に本部を置くカメルーン軍，第2セクターがバガソラ（Baga-Sola）に本部を置くチャド軍，第3セクターがバガに本部を置くナイジェリア軍，第4セクターがディファ（Diffa）に本部を置くニジェール軍である。

　なお MNJTF は，AU の APSA で正式に位置づけられた待機軍や準地域組織に該当しない。そのため AU の目立った支援を受けることができていない。MNJTF は AU の支援を求め，待機軍用に設置している地域の貯蔵装備の使用を要請している[43]。大陸ロジスティクス基地はカメルーンのドゥアラ（Douala）にあり，アフリカに五つある地域ロジスティクス・デポット（Regional Logistics Depots: RLDs）のうち西アフリカの ECOWAS のデポットはシエラレオネのルンギ（Lungi）にある。MNJTF 構成諸国としては，これらを MNJTF の作戦のために使いたいわけだが，それは従来の APSA の枠組みからの逸脱となるため，簡単には解決されないわけである。

　西アフリカでは従来からナイジェリアの国力が突出しているため，ECOW-

AS などの準地域組織を通じた活動が非常に活発に行われてきた一方で，AU 本部からの認知や支援は限られているのが実情である。準地域組織または有志諸国のイニシアチブを前提にした準地域レベルの試みは，実際の状況に応じてその都度組み合わせや活動内容が変更される。ところが AU の APSA の枠組みは，固定的な体系を確立してしまっているため，準地域レベルのイニシアチブが活発になればなるほど，AU の APSA の仕組みからの乖離が進むようになる，という皮肉な現象が起こってくる。現実の個別的な事情に応じて進展してきたパートナーシップ国際平和活動が，固定的な制度的枠組みには必ずしも合致しないことの証左である。

　G5 Sahel あるいは G5S は，マリ北部に展開してテロ組織掃討作戦を遂行する軍事ミッションである。マリ，ブルキナファソ，チャド，モーリタニア，ニジェールの五つの周辺諸国が形成している。G5 Sahel が展開し始めるきっかけは，フランス軍の介入によって開始された 2013 年の「セルヴァル作戦」であった。同作戦は，2014 年 8 月に「バルカンヌ作戦（Opération Barkhane）」として再構成された。G5-Sahel はこの過程において，上記 5 カ国によるイニシアチブとして 2014 年 2 月に形成され，そのままフランス軍とともに「バルカンヌ作戦」の遂行主体となった[44]。マリでは 2013 年に MINUSMA が AFIS-MA を引き継いで設立されていた。MINUSMA には国連憲章第 7 章の強制措置の権限が与えられていたが，テロ組織と交戦して除去するといった任務までが与えられていたわけではない。ところがマリ北部の現状を見れば，戦闘作戦を行う国際的な軍事力がなければ，その他の国際的な支援も不可能になるという認識が強かった。そのためフランス軍と G5-Sahel による「バルカンヌ作戦」が認められることになり，MINUSMA とは機能分化型の役割分担を果たしていくことになったのである。

　こうした経緯から，G5-Sahel は，フランス軍とともに，本格的な戦闘行為をマリ北部のテロ組織を相手に続けている。AMISOM や MNJTF と並び，本格的な戦闘作戦に従事している数少ない国際平和活動である[45]。ただし戦闘活動を行いながら自らが中心的な平和活動ミッションであることを明らかにしている AMISOM の場合や，活動地域に国連 PKO などの平和活動ミッションが展開していない MNJTF の場合などと比して，MINUSMA という国連 PKO

と重なる活動範囲を持つ G5-Sahel は，独特の複雑な影響をもたらしている。MINUSMA の殉職者数は，2014 年から 2019 年にかけて毎年，展開中の国連 PKO の中で最大であった[46]。MINUSMA の殉職者数を押し上げたのは，敵対勢力による攻撃による死亡者の多さであった。移動中に IED（Improvised Explosive Device［即席爆発装置］）や VBIED（車両搭載 IED）の爆発や RPG（Rocket Propelled Grenade［対戦車擲弾発射器］）による攻撃によって殉職者を出すといった状況は，ほとんどの国連 PKO では発生していない[47]。MINUSMA が直面しているのは，自らは戦闘作戦に従事していないとしても，国際的な介入軍はすべて仲間だとみなされてテロ組織による攻撃にさらされている状況である。あるいはテロ組織に対する防御のために，「バルカンヌ作戦」に従事するフランス軍や G5-Sahel と連携をとっていかざるを得ないというきわめて複雑で危険な状況である[48]。

　なおマリでは，2020 年 8 月に続いて，2021 年 5 月にも国軍大佐のアシミ・ゴイタ（Assimi Goita）によるクーデターが起こった。最初のクーデターで民衆からの不満が高まっていたイブラヒム・ブバカール・ケイタ（Ibrahim Boubacar Keita）大統領を辞任させた後，民政移管に向けて設立された暫定政権でゴイタは副大統領となっていた。ところが二度目のクーデターで，ゴイタはあらためて暫定政権の大統領と首相を追放し，自ら大統領に就いてしまった。国際社会がいっせいに非難の声をあげるなか，長期にわたる軍事介入に対する国内世論の批判が高まっていたフランスは，ついに持ちこたえられなくなり，まずマリ軍との軍事協力の中止を発表した。さらに翌 6 月には「バルカンヌ作戦」を終了させ，フランス軍を段階的に撤退させる方針を発表した。フランスは EU を通じた多国間協力による関与への引き継ぎを目指しているが，先行きは不透明である。

　マリ北部で活発に動いているテロ組織は群雄割拠の状態だが，当初に見られたトゥアレグ系の MNLA のような組織は，中東のテロ組織とのネットワークを誇るジハード主義者の組織によって駆逐されてしまった。現在は，大きくアル＝カイダ系の諸組織と，イスラム国系の諸組織に大別される。アル＝カイダ系の諸組織は，2017 年以降，JNIM（Jama'a Nusrat ul-Islam wa al-Muslimin［イスラムとムスリムの支援団]）と呼ばれる統合組織によって集団化されている。

これはアンサール・アッ＝ディーン，AQUIM，マシナ解放戦線（Macina Liberation Front）が集合して作り上げた組織体である。JNIM と勢力争いを繰り広げているのは，イスラム国系の集団である ISGS（Islamic State in the Greater Sahara［大サヘルのイスラム国］）である。JNIM と ISGS の両勢力は，マリ，ニジェール，ブルキナファソをまたぐニジェール内陸デルタ地域で，激しく縄張り争いを繰り広げており，問題は広域化している。マシナ解放戦線の相当な勢力が，指導者アマドゥ・クファ（Amadou Koufa）への反発から，従来のアル＝カイダ系の JNIM から，ISIS 系の ISGS に鞍替えするなど，両勢力のせめぎあいの関係は複雑である。なおそれぞれが国連ミッション，多国籍軍施設，政府機関，そして村々を襲撃したりしながら，国境を越えたネットワークを駆使して違法取引で資金調達を図ろうともしている。違法取引のネットワークは，サハラ砂漠を渡って地中海に抜けるのでなければ，ナイジェリアから大西洋に抜けて広がっていると言われる。宗教的な装いを持つテロリスト集団と，まぎれもない犯罪者集団が，ほとんど同じような武装勢力として混在して暗躍する状態の中で，複雑な犯罪ネットワークが成立しているわけである。

　こうしたテロ組織と対抗する諸国の政府の側も地域的・国際的な包囲網が必要になるので，G5-Sahel，フランス軍，MINUSMA の組み合わせの必要性も生まれた。パートナーシップ国際平和活動の必要性は，地域横断的に広がるテロ組織に対抗する必要性と，密接不可分の関係にあると言える。ただし縦横無尽に違法行為を繰り返す集団と比して，柔軟に組織を組み替えて新たにパートナーシップを組み替えて対抗していく側の対応は，後手になる傾向を持つ。サヘル地域におけるパートナーシップ国際平和活動の進展は，国際平和活動の形態という面から見れば斬新なものだが，そのことが成功を約束するわけではないのはいうまでもない。

　なおサヘルでの国際平和活動には，EU が安全保障の領域におけるパートナーとして，密接に関わっている。たとえば G5-Sahel の軍事行動の開始にあたって，EU は 1.47 億ユーロを提供した。EU は，共通安全保障防衛政策ミッションとして，EUCAP Sahel Niger（EU Capacity Building Mission Sahel Niger［EU サヘル・ニジェール能力構築ミッション］），EUCAP Sahel Mali（EU Capacity Building Mission Sahel Mali［EU サヘル・マリ能力構築ミッション］），EUTM in Mali（EU Training Mission in Mali［EU マリ訓練ミッション］）を派遣している。また G5-Sahel の事務局が置かれているモーリタニアの首都ヌアクショットに RACC（Regional Advisory and Coordination Cell［地域助言調整セル］）を派遣した。さらに EU は，G5-Sahel に対して，平和と安定に貢献する手段（Instrument Contributing to Stability and Peace: IcSP）の一環として 1400 万ユーロの融資をするなど，サヘル地域全体で 2014 年から 2020 年の間に 80 億ユーロの開発援助を提供している[49]。アフリカとくにサヘルにおけるパートナーシップ国際平和活動においては，EU は必須の役割を分担する重要な域外の地域組織である。EU の継続的な関与によって，パートナーシップ国際平和活動はよりいっそう広範で複雑なものとなっている。

MONUSCO と UNMISS における機能分化型パートナーシップ国際平和活動

　アフリカに展開している国連 PKO には，例外なく何らかのパートナーシップ国際平和活動の枠組みが作られていると言ってよい。ただ時系列型パートナーシップ国際平和活動の場合のように大規模な引き継ぎが行われるわけではなく，国連ミッションと並列関係で地域組織の大規模ミッションが展開するわけでもない役割分担がとられる機能分化型の場合，パートナーシップの仕組みは見えにくい場合が多い。しかし実態としては，国連と地域組織の間の独特の役割分担の考え方にもとづいたパートナーシップが確保されているという事例がある。たとえばそれは，アフリカにおける他の二つの大規模ミッションである MONUSCO（Mission de l'Organisation des Nations unies pour la stabilisation en République démocratique du Congo［国連コンゴ民主共和国安定化ミッション］）と UNMISS（United Nations Mission in South Sudan［国連南スーダン共和国ミッション］）の事例である。これら二つのミッションは 1 万人以上の規模を誇る大規模ミッションである。その点を考えると，あえて地域組織の関与を求める必要もないようにも思われる。先行して即応部隊が派遣されていたわけでもなかった。しかし実際には現地での必要性に応じて地域組織の機能的な関与が求められることがある。二つの事例を通じて，その様子を見ていくことにしよう。

　コンゴ民主共和国における国連の平和維持活動の歴史は長い。冷戦時代の 1960 年代にも ONUC（Opération des Nations unies au Congo［国連コンゴ活動］）

図22　コンゴ民主共和国の位置

が展開していた。だが ONUC は，当時のダグ・ハマーショルド（Dag Hammarskjöld）事務総長の殉職も含めて多数の犠牲者を出しながら成果を出せず，挫折のうちに活動を終了させたミッションであった。国名をザイールとした旧コンゴ共和国（コンゴ・レオポルドヴィル）は，冷戦構造を利用したモブツ・セセ・セコ（Mobutu Sese Seko）大統領の独裁体制による圧政の時代を長く続けていたが，冷戦終焉後に大変動をこうむることになった。1994年のルワンダ大虐殺の余波もあり，1996年に勃発した内戦は，たちまち大規模に広がった。1997年にローラン・カビラ（Laurent-Désiré Kabila）に率いられた AFDL（Alliances des forces démocratiques pour la libération du Congo-Zaïre ［コンゴ・ザイール解放民主勢力連合]）が1997年に首都キンシャサを制圧した。しかしウガンダとともにルワンダに支援されていたカビラが大統領に就任した後，ルワンダに支援されていたバニャムレンゲ（コンゴ東部に住むツチ系住民）を排除する姿勢を示すと，ポール・カガメ（Paul Kagame）大統領のルワンダ政府が

反発した。ルワンダはあらたにRCD（Rassemblement congolais pour la démocratie［コンゴ民主連合］）を結成させた。ウガンダはMLC（Mouvement de libération du Congo［コンゴ解放運動］）を結成させた。1998年のRCDによる反政府の武装蜂起に対して，カビラ大統領はSADC（Southern African Development Community［南部アフリカ開発共同体］）に軍事介入の要請を行った。これに当時SADCで安全保障問題を担当していたジンバブエが応え，さらにナミビアとアンゴラも政府軍を支援するための軍隊を派遣した。くわえてSADC域外から，スーダンとチャドも政府側につく形で軍隊を派遣した。なおアンゴラの反政府組織UNITA（União Nacional para a Independência Total de Angola［アンゴラ全面独立民族同盟］）は逆にRCD側につく形で参戦し，第二次コンゴ内戦は，関与者がアフリカ大陸に大きく広がることになった。コンゴ民主共和国が加入するSADCは，1990年代の紛争の構図の一翼を担う存在であったと言ってもよい。

　1999年にコンゴ民主共和国，ルワンダ，アンゴラ，ナミビア，ジンバブエ，ウガンダが参加して成立したルサカ停戦合意（Lusaka Ceasefire Agreement）によって第二次コンゴ戦争は一応の終結を見る。これを受けて国連安保理は，同年11月の決議1279で，MONUC（Mission de l'Organisation des Nations unies en République démocratique du Congo［国連コンゴ民主共和国ミッション］）の設立を決めた[50]。MONUCの主要任務は，ルサカ停戦合意の遵守監視であったが，コンゴ民主共和国の情勢変化に応じて，新しい任務が付け加えられていくようになる。MONUCに協力的ではなかったカビラ大統領は，2001年1月に護衛兵に撃たれて死亡し，長男ジョゼフ・カビラ（Joseph Kabila）が後任大統領に就任した。その後，SADCの盟主と言ってよい南アフリカ共和国内で「サンシティ合意」や「プレトリア包括和平合意」が2002年に調印された。2003年7月には，合意にもとづき暫定政府を発足させるところまでこぎつけた。その前後の5月から9月にかけては，国連安保理決議1484にもとづいて，IMEF（Interim Multinational Emergency Force［暫定多国籍緊急軍]）が，EUの最初の域外ミッションであり，最初の軍事ミッションである「アルテミス作戦（Operation Artemis）」（EU FOR DRC）として，コンゴ民主共和国の東部地域に展開した[51]。

　しかし戦闘が完全に消えることはなかった。とくに東部諸州（イトゥリ州，南キヴ州，北キヴ州）の混乱は収まることがなかった。八つの周辺諸国と少なくとも 25 の武装勢力が関係していたとされる大規模な戦争は，その余波で起きた虐殺・病・飢えによる死亡者も含めると 2008 年までの累計で 500〜600 万人の犠牲者を生んだとされる。なお 2008 年にも EU がコンゴ民主共和国に即応部隊を派遣する案があった。欧州諸国の治安情勢への懸念から結局はこの案は実現しなかったが，その後のパートナーシップ国際平和活動の展開を考えると，一つの象徴的な事件であったことは確かだろう[52]。

　国連は，さらに多角的な活動を行うために，2010 年 7 月，安保理決議 1925 を通じて，あらたに MONUSCO を設立した[53]。国連憲章第 7 章の強制措置の権限を持ちながら，MONUSCO は，文民や人道援助要員や人権擁護活動要員を切迫した物理的脅威から守ることや，平和と安定化に向けたコンゴ民主共和国政府の努力を支援することなどを任務とするミッションであった。その規模は，1 万 9815 人の軍事要員，760 人の軍事オブザーバー，1050 人の FPU 及び 391 人のその他の警察要員を擁する国連 PKO ミッションの中で最大規模を誇るものであった。

　ただしコンゴ民主共和国東部の治安状況は，簡単に改善するものではなく，紛争状況と人道的危機及び性的暴力を含む甚大な人権侵害は続いた。抜本的な対策が求められるなか，2013 年 2 月，「コンゴ民主共和国のための平和・安全・協力枠組み」が，周辺諸国や SADC 加盟国の 11 カ国政府，AU 議長，大湖地域国際会議，SADC，国連事務総長らによって調印された[54]。これを受けて，翌 3 月国連安保理は，決議 2098 によって特別な国際的な介入旅団（Intervention Brigade）を創設することを決めた[55]。FIB（Force Intervention Brigade ［介入旅団］）の目的は，武装勢力の無効化（neutralization）とされ，国家の権威と文民の安全を高めて安定化を図ることだとされた。FIB は，MONUSCO 軍司令官の直接的な指揮下に置かれるが，コンゴ民主共和国東部のゴマ（Goma）に本部を置く，砲兵・特殊・偵察の三つの大隊から構成される 1 万 9815 人の特殊な大規模な旅団となった。国連安保理は，FIB は，あくまでも例外的な措置であって，国連の平和維持の原則を変更する前例になるものではないということを強調した。しかし同時に，「M23 運動」（Mouvement du 23-

Mars），FDLR（Forces démocratiques de libération du Rwanda ［ルワンダ解放民主軍］），LRA，その他の武装集団に対して，攻撃的作戦を行い，暴力的行為を停止させることを，政府軍と共同で行うかどうかにかかわらず，FIB に許可した。

　FIB は，国連 PKO の歴史の中で初めて，国家の権威と文民の安全に対して脅威となっている武装集団を「無効化し，非武装化する」攻撃的な作戦を遂行するために生まれた部隊であった。これは国連 PKO が持っていた伝統的な原則であった「自衛以外の武力の不行使」の観点からすれば大きな変化であった。また，FARDC（Forces armées de la République démocratique du Congo ［コンゴ民主共和国軍］）と共同作戦を繰り広げて M23 の武装勢力に対する攻撃的な作戦を行ったという点で，伝統的な意味での「中立性」の原則の観点から見ても大きな変化であった。停戦合意がなかった状況であったため，国連 PKO のもう一つの伝統的な原則である「当事者の合意」がない状況で活動したこともまた明白であった[56]。実際のところ，MONUSCO の軍司令官の指揮下に置かれたはずの FIB が，実態としては限りなく独立した部隊であったことは，広く知られている。FIB からすれば，ゴマから約 1500 キロ離れたキンシャシャに本部が置かれた MONUSCO 全体の活動は縁遠いものであった。MONUSCO 本体からしても，FIB は扱いにくい異分子でしかなかった。このように考えると，むしろなぜ FIB をあえて国連 PKO の中に位置づける無理を行ったのか，という疑問も出てくるだろう。

　2550 人の FIB の兵力を提供したのは，南アフリカ，タンザニア，マラウィ，そしてコンゴ民主共和国であった。FIB の中心が南アフリカ軍であったことと同時に，他の 3 カ国のすべてが SADC 構成国であったことは重要である。つまり事実上，FIB は SADC の部隊であった。ECOWAS が何度か行ったパターンや，AMISOM, AU-RCI-LRA, G5-Sahel, MNJTF などのパターンを踏襲するのであれば，準地域組織として SADC が，あるいは SADC 構成諸国が作る有志連合が，軍事介入部隊を派遣する形がとられてもよかったはずである。21 世紀の（準）地域レベルのミッションである AMISOM, AU-RCI-LRA, G5-Sahel, MNJTF などのパターンを見れば，国連 PKO が遂行し得ないことを，あえて地域組織や準地域レベルのイニシアチブで行うというやり方も，当然あり

えた。もしそのような非国連ミッションを，南アフリカを中心とするSADC
が作っていれば，国連PKOの歴史における逸脱としてのFIBという問題も発
生し得なかっただろう。その場合には，FIBは地域的な平和ミッションとして，
AMISOM, AU-RCI-LRA, G5-Sahel, MNJTFと並立的に論じられるものになっ
ただろう。FIBがそのようなものとならなかった理由は，南アフリカを中心と
するFIBに貢献するSADC構成国側が，国連PKOに属することを望んだか
らである。SADCは，かつて直接の当事者としてコンゴ戦争に加担した歴史
を持っていた。そこで地域的なイニシアチブとして武装勢力と軍事的に対峙す
る構図を避ける配慮が働いたとしても，無理はなかった[57]。

　FIBは，一般には，国連PKOの逸脱として扱われることが多い。だが実際
には，地域イニシアチブとして国連PKOとは異なる活動を制度的に整理され
た形で行うのを嫌った地域諸国が，国連PKOの装いの中で行うことを望んだ
結果が，FIBであった。国連PKOの歴史だけを見ていくと，FIBは他の国連
PKOからの逸脱だという見方しかできなくなる。しかし実際には，そのよう
な見方は，根拠なく因襲的に国連PKO中心主義を前提にしているだけの視点
なのである。実際には，FIBはむしろパートナーシップ国際平和活動の歴史の
中で見るべき性格を多分に持っている。AMISOM, AU-RCI-LRA, G5-Sahel,
MNJTFといった地域のミッションとの連続性で，パートナーシップ国際平和
活動の歴史の観点から見てみるならば，SADC構成諸国のFIBについては，
国連PKOの内部に地域ミッションを作ったことが例外的な性格を持つに至っ
た理由だったというべきである。

　ただし，ゆるやかな範疇分けが可能だとしても，パートナーシップの形態は，
基本的にはあらゆる場面で個別的な事情にもとづいて個別的な組み合わせで成
立していくものである。SADC構成諸国が，MONUSCOの内部でFIBという
特別なミッションを動かすという選択を望んだこと自体は，他に類例のない考
え方ではあった。しかしそれは，パートナーシップ国際平和活動の観点から見
てみれば，決して衝撃的だというべき事柄ではなかった。強制措置を伴った介
入を決断したうえで，さらに介入部隊を国連PKOで行うか，地域組織（イニ
シアチブ）で行うかという選択肢がある。それに加え，地域の諸国が特別部隊
を国連PKOの中で行う，という選択肢を作り出したのが，FIBであった。結

図23　南スーダンの位置

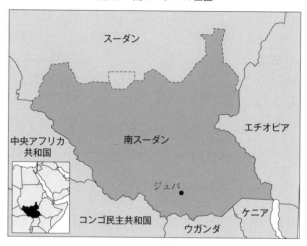

果として国連 PKO に悪影響を与えたかどうか，当該国の平和構築に貢献でき
たかどうかなどは，それらの選択肢について把握したうえで，審査すべき事柄
となる[58]。いずれにせよ，FIB とは，機能分化型パートナーシップの範疇の中
で，国連 PKO の内部に特別な形で地域的イニシアチブを位置づけてしまうと
いうパターンの事例として見るべきものである。

　つぎに，全く別の性格を持っているが，やはり同じように見過ごされがちに
なっているパートナーシップ国際平和活動の事例を，UNMISS を題材にして，
見てみよう。UNMISS は，南スーダンが独立した 2011 年 7 月に国連安保理決
議 1996 で設立された国連 PKO である[59]。それまでスーダンの南北紛争の和
平合意であった CPA（Comprehensive Peace Agreement［包括的和平合意］）の
履行支援でスーダンの首都ハルツームに本部を置いて展開していた UNMIS
（UN Mission in Sudan［国連スーダン・ミッション］）を引き継いで，南スーダン
の首都ジュバを本部にして展開することになったミッションである。その主要
な目的は，南スーダンの国家建設を支援することであった。しかし 2013 年 12
月に武力紛争が勃発すると[60]，UNMISS は文民の保護を主要な目的にするミ
ッションに生まれ変わらなければならなくなった。そこで国連安保理は 2013
年 12 月に決議 2132 を採択して，まず兵力と警察力の増強を決定した。軍事要

員は 7000 人から 1 万 2500 人に，警察要員は 900 人から FPU を含む 1323 人に引き上げられた。さらに 2014 年 5 月には，国連安保理は決議 2155 を採択し，正式に UNMISS の主要な任務を文民の保護，人権監視，人道援助活動の支援とした。

　決議 2155 は，さらに重要なことに，2014 年に結ばれた敵対行為停止合意 (Cessation of Hostilities Agreement) の遵守を監視するための CTSAMVM (Ceasefire and Transitional Security Arrangements Monitoring and Verification Mechanism [停戦・暫定安全保障取極監視・確証メカニズム]) を UNMISS 内に設置することを決定した。そして IGAD がこの CTSAMVM を運営するという仕組みを承認した。これは南スーダンの治安情勢に鑑みると，IGAD が独力で展開することに困難があるため，UNMISS に IGAD の CTSAMVM を防御する任務を与えるためにとられた措置であった。だがいずれにせよ，このように準地域組織が運営する機関を，国連 PKO の内部に位置づけるという仕組みは，前例のないものであった。2005 年 CPA の締結を導いた交渉の過程でも重要な役割を果たした地域情勢に明るい IGAD が[61]，あえて停戦を確証するための監視者の役割を担った。それを国連 PKO が内部に取り込んだうえで，側面支援を行うという仕組みであった。これはあまり目立たない措置であったかもしれないが，機能分化型パートナーシップの一つの興味深い事例としての意義を持つ措置であったと言える。

　南スーダンでは，2016 年にも武力衝突が再燃した。国連安保理は決議 2304 を採択し，IGAD の要請に応えて，4000 名の精強な RPF (Regional Protection Force [地域保護軍]) を展開させることを決定した[62]。RPF は，文民の保護の任務を遂行しつつ，とくに空港などジュバ近郊の重要施設の防御にあたった。当初南スーダン政府は主権の侵害だとして RFP の展開に反対していたが，調停努力もあって容認に立場を変更した。2018 年の事務総長報告書によれば，歩兵部隊を提供する RPF の二つの主要な兵力提供国が IGAD 構成国となるはずであった[63]。結果的には，RPF は，エチオピア，ルワンダ，バングラデシュ，パキスタンから構成されることになった。この中でエチオピアだけが IGAD 構成国であり，そのエチオピアと IGAD に加入していないルワンダが歩兵部隊を提供した。当初は IGAD 構成国であるケニアが，エチオピアとと

もに歩兵部隊を提供する予定であったが，ケニア人の軍司令官が騒乱の際に文民の保護を十分に行わなかったという理由で更迭されたことに抗議して，参加を見合わせたのであった。このような経緯があり，結果として RPF と IGAD との結びつきは，曖昧なものとなった。RPF は，IGAD という準地域組織が行ったミッションとは言えないが，当初はそのような性格を持つものとして構想されていた。もし IGAD が CTSAMVM を担ったのに続いて，IGAD が RPF も受け持つことになっていたら，南スーダンにおけるパートナーシップ国際平和活動の構図は，よりいっそうはっきりしたものになっていただろう[64]。

その他の機能分化型パートナーシップ国際平和活動

　時系列型のパートナーシップ国際平和活動の代表例であったマリと中央アフリカ共和国は，機能分化型のパートナーシップ国際平和活動の事例でもある。軍事部門を擁しながら大規模に展開する国連 PKO と，アフリカとヨーロッパの地域組織が，政治調整や能力構築を行うミッションを派遣して協力する形がとられている。

　すでに見たように，マリでは，先行して展開した AFISMA を引き継ぐ形で，2013 年に大規模な国連 PKO ミッションとして MINUSMA が設立された後，MINUSMA と G5-Sahel が併存して活動する仕組みとなった。だが，パートナーシップはそれだけではなかった。AU の政治調整機能を果たすミッションとして，MISAHEL（Mission de l'Union africaine pour le Mali et le Sahel［マリ・サヘル地域のための AU ミッション］）が設立された[65]。MISAHEL の任務は，マリを中心とするサヘル地域において，平和と安全を促進し，法の支配の制度を強化していくことにある。そこにはテロ対策や開発も含まれる。より具体的には，MISAHEL は，アルジェリア，ブルキナファソ，チャド，コートジボワール，ギニア，リビア，マリ，モーリタニア，ニジェール，ナイジェリア，セネガルを対象にしてテロ組織対策などを進めるヌアクショット・プロセスの促進を図る役割を持った[66]。マリでは，さらに二つの EU ミッションが展開する。2013 年からマリ政府軍の訓練を行うために派遣している EUTM Mali（EU Training Mission in Mali［EU マリ軍事訓練ミッション］）と，2015 年からマリ政府の国内治安活動の充実を支援するために派遣している文民ミッションである

EUCAP Sahel Mali（EU サヘル・マリ能力構築ミッション）である[67]。これらの政治・訓練ミッションは，G5-Sahel と比べれば，協力関係を進展させることに困難は少ない。そこでマリでは，国連の MINUSMA，広域の政治調整を図る AU の MISAHEL，そして能力構築支援を行う EU の EUTM Mali 及び EUCAP Sahel Mali が，機能分化型のパートナーシップを構築しながら，活動を進めている。

　中央アフリカ共和国では，先行して展開した国連の平和構築ミッションであった BINUCA 及び AU の平和支援ミッションであった MISCA の軍事部門を引き継ぐ形で 2014 年に大規模な国連 PKO ミッションとして MINUSCA が設立された。これに伴って，AU は MISCA の政治調整機能を引き継がせるために，新たに MISAC（Mission de l' Union africaine pour la Centrafrique et l'Afrique Centrale［中央アフリカと中部アフリカのための AU ミッション］）を設立した。MISAC の任務は，政治体制の移行を支援し，選挙を実施し，国民的和解を促進し，武装解除・動員解除・社会復帰・再統合及び治安・司法部門改革を支援し，さらには戦後復興やジェンダー問題に取り組みつつ，MINUSCA や RCI-LRA の間の調整を促進していくことであった[68]。AU は，さらに 2020 年に「中央アフリカ共和国における平和と和解のための政治合意（l'Accord politique pour la paix et la réconciliation en République centrafricaine: APPR-RCA）」の履行を監視する目的で，軍事オブザーバー・ミッションである MOUACA（Mission d'observateurs militaires de l'Union africaine en République centrafricaine［中央アフリカ共和国における AU 軍事オブザーバー・ミッション］）を設立した[69]。こうして中央アフリカ共和国では，MINUSCA, MISAC, MOUACA, そして EU の軍事訓練ミッションである EUTM RCA（European Union Training Mission in Central African Republic［EU 中央アフリカ共和国軍事訓練ミッション］）[70] が協力して活動する仕組みがとられている。

　その他，リビアなどでも，政治ミッションが複数の組織で展開している。「アラブの春」を経験した国で，国際組織が調停を試みているのは，むしろ珍しい。もっとも国連であれば，かなりの数の特使は各国に派遣している。その中で，リビアの位置づけは比較的大きい。シリアなどでも国連特使の事務所は 60 人程度の職員数だが，リビアでは 360 人を擁する特別政治ミッション UN-

SMIL（UN Support Mission in Libya［国連リビア支援ミッション］）を置いて，政治調停にあたらせているだけでなく，人権状況の監視や，武器の管理の支援，人道援助の調整などにもあたっている。くわえて，リビアには AU のミッションも置かれており，政治調整の側面支援をする体制をとっている。中東・北アフリカでは，平和活動を行う地域組織が存在していない。そこで北アフリカでは珍しく，AU が乗り出す形で，地域組織の関与があるわけである。ただし AU には，サブサハラ地域で行っているような大々的な活動を行う余裕はなく，リビアでは小規模な事務所設置にとどめている。なおリビアはヨーロッパと距離が近く，違法取引も盛んである。NATO が軍事介入をした経緯もある。そこでやはり中東・北アフリカでは珍しいが，EU が EUBAM（EU Border Assistance Mission in Libya［EU リビア国境支援ミッション］）と呼ばれる文民支援ミッションを派遣し，リビア政府の国境管理体制を支援している。

　なお EU の国境管理支援ミッションには，EUBAM Moldova-Ukraine（モルドバとウクライナ EU モルドバ・ウクライナ国境支援）や，EUBAM RAFAH Palestinian Territories（EU ラファ国境支援ミッション）があり，ウクライナやモルドバに展開する OSCE ミッションや，パレスチナに展開する国連組織や EU の警察支援ミッションと併存していたりする（序論図 4 参照）。

5　結　　論

　本章は，21 世紀のパートナーシップ国際平和活動の事例を一つ一つ見ていくものであった。そこで 21 世紀の国際平和活動において，パートナーシップ国際平和活動が大きな潮流になっていることが，確認できた。ただしパートナーシップ国際平和活動の普遍的なモデルというものはない。パートナーシップ国際平和活動は，つねに個別的な事情に応じて個別的な組み合わせで発生するのであった。本章は，まず各事例の個別的な性格を捉えていく視点を強調した。ただし，本章は同時に，なおいくつかの大きなパターンを捉えてさまざまなパートナーシップ国際平和活動の事例を範疇分けしていくことも試みた。本章は，ハイブリッド型，時系列型，機能分化型の三つの類型で多様なパートナーシップ国際平和活動の事例を範疇分けしていくことができることも示した。これに

よって本章は，多様なパートナーシップ国際平和活動の事例の間にさまざまな
相違がある一方で，類似点もあることを指摘した。そして先行例が，後発の事
例に影響を与えている様子を捉えることも試みた。

　本章は，三つの類型について，以下のような観察を示した。ハイブリッド型
は，UNAMID において試みられた類型だが，それ以外に事例はなく，おそら
く今後も繰り返されることがないパターンである。

　時系列型は，1990 年代以降の ECOWAS の伝統に根ざしており，21 世紀に
なってもコートジボワール，マリという西アフリカ（近接）地域で繰り返され
た類型である。即応する準地域組織があり，それを引き継ぐ国連 PKO の展開
があることが基本的なパターンとなる。ブルンジや中央アフリカ共和国では，
即応する準地域組織が本格的な対応をすることができず，変則的に AU が即
応部隊派遣の枠組みを提供した。中央アフリカ共和国は，引き継ぎが準地域組
織，地域組織，国連と三段階にわたる組織間でなされた複合的な事例であった
が，ECOWAS が展開しない西アフリカ以外の地域では，時系列型のパートナ
ーシップ国際平和活動が必ずしも円滑に進展しないことを示唆する事例でもあ
った。

　機能分化型は，より複雑な事例を見せる類型であった。1990 年代のバルカ
ン半島での国際平和活動の経験を持つ NATO が展開したアフガニスタンのよ
うに，国連 PKO が存在していない地域でも，地域組織が担う軍事力を伴う平
和活動と，国連の政治ミッションが役割分担を果たして，機能分化型のパート
ナーシップ国際平和活動を形成することは起こりえた。AMISOM のソマリア
の事例のように，地域組織が中心的な役割を担う仕組みでパートナーシップ国
際平和活動が進展する場合もあった。AU-RCI-LRA や MNJTF も，国連 PKO
が存在しないところで地域諸国が軍事的活動を伴うイニシアチブを推進し，国
連はそこに側面支援を提供する仕組みでパートナーシップ国際平和活動が形成
された事例であった。ただし G5-Sahel のように，国連 PKO と地域諸国のイニ
シアチブが併存する形で，パートナーシップ国際平和活動の役割分担が作られ
ることもあった。コンゴ民主共和国の MONUSCO における FIB の事例のよう
に，軍事活動を伴う地域イニシアチブが，国連 PKO の制度的枠組みの中にあ
えて位置づけられることもあった。南スーダンの UNMISS の IGAD の

CTSAMVM のように，特別な政治的機能を持つ地域組織の活動を，国連
PKO が内部に取り込んで支援を提供することもあった。機能分化型パートナ
ーシップは，まさに多岐にわたり，個別的な事情に応じて個別的な組み合わせ
で発生するパートナーシップ国際平和活動の性格を最も如実に示す類型である
と言えよう。

　前章でパートナーシップ国際平和活動の起源を扱った後，本章では 21 世紀
におけるパートナーシップ国際平和活動の発展を扱った。ここまでの議論で，
パートナーシップ国際平和活動の事例を総覧する作業をとりあえず行ったこと
になる。次章からは，確認されたパートナーシップ国際平和活動が，どのよう
な国際社会の制度的・規範的背景を反映して生まれてきたのか，そこに含まれ
ている国際安全保障体制をめぐる考え方は何か，といった問題を掘り下げて論
じていくことにする。

注

1　"The Report of the Panel of United Nations Peace Operations", (*Brahimi Report*)
　　UN Document A/55/305-S/2000/809, p. 10, para. 53.

2　*Ibid.*, p. 18, para. 105.

3　Constitutive Act of the African Union 〈https://au.int/sites/default/files/pages
　　/34873-file-constitutiveact_en.pdf〉.

4　Article 3 of the Protocol Relating to the Establishment of the Peace and Security
　　Council of the African Union 〈https://au.int/sites/default/files/treaties/37293-treaty
　　-0024_-_protocol_relating_to_the_establishment_of_the_peace_and_security_council_
　　of_the_african_union_e.pdf〉.

5　RECs はアフリカに八つあるとされる。COMESA (Common Market for Eastern
　　and Southern Africa), CEN-SAD (Community of Sahel-Saharan States, ECOWAS
　　(Economic Community of West Africa States), AMU (Arab Maghreb Union),
　　IGAD (Intergovernmental Authority for Development), EAC (East African Com-
　　munity), ECCAS (Economic Community of Central African States), SADC (South-
　　ern Africa Development Community). See Marco Massoni, "Integration Dynamics
　　between the African Union (AU) and the Regional Economic Communities (RECs)
　　in Light of a Newly Oriented Euro-African Geopolitics", in Raffaele Marchetti (ed.),

Africa-Europe Relationships: A Multistakeholder Perspective（Routledge, 2020）.

6　Article 17 (1) of the Protocol Relating to the Establishment of the Peace and Se-
curity Council of the African Union.

7　Samual Makinda and F. W. Okumu, *The African Union: Challenges of Globaliza-
tion, Security and Governance*（Routledge, 2007）; Isiaka A. Badmus, *The African
Union's Role in Peacekeeping: Building on Lessons Learned from Security Opera-
tions*（Palgrave Macmillan, 2015）; Tony Karbo and C. Murithi, *The African
Union: Autocracy, Diplomacy and Peacebuilding in Africa*（I. B. Tauris, 2017）; Jude
Cocodia, *Peacekeeping and the African Union: Building Negative Peace*（Routledge,
2017）; Giovanni Cellamare and Ivan Ingravallo（eds.）, *Peace Maintenance in Af-
rica: Open Legal Issues*（Springer, 2018）.

8　Touko Piiparinen, *The Transformation of UN Conflict Management: Producing
Images of Genocide from Rwanda to Darfur and Beyond*（Routledge, 2010）; Linnea
Gelot, *Legitimacy, Peace Operations and Global-Regional Security: The African
Union-United Nations Partnership in Darfur*（Routledge, 2014）; Irit Back, *Interven-
tion and Sovereignty in Africa: Conflict Resolution and International Organisations
in Darfur*（I. B. Tauris, 2015）; Linnéa Gelot, *Legitimacy, Peace Operations and
Global-Regional Security: The African Union-United Nations Partnership in Darfur*
（Routledge, 2012）.

9　UN Document, S/RES/1769, 31 July 2007.

10　ニューヨーク国連本部平和活動局（DPO）における匿名の国連職員に対する聞き
取り調査（2017〜2020 年）。See Kilian Spandler, "UNAMID and the Legitimation of
Global-Regional Peacekeeping Cooperation: Partnership and Friction in UN-AU Re-
lations", *Journal of Intervention and Statebuilding*, vol. 14, no. 2, 2020.

11　UN Document, S/RES/1528, 27 February 2004.

12　2000 年代に西アフリカで起こったもう一つの関連する事例は，ギニアへの ECOW-
AS の対応である。2008 年 12 月にギニアでランサナ・コンテ（Lansana Conte）大統
領に対する軍事クーデターが発生した際，ECOWAS は軍事政権を認めることを拒絶
し，選挙の実施を求めた。2009 年 9 月に軍事政権によって 100 人以上とも言われる
人々が殺害される事件が起こると，ECOWAS は AU と国連人権委員会とともに調査
委員会を設置することを提案した。一連の ECOWAS の圧力と調停努力により，2010
年 2 月に和平合意がブルキナファソで締結された。野党勢力の提案も受け入れられる
形で，新しい首相が任命され，新しい政府が立ち上がることになった。ギニアの事例
は，パートナーシップ国際平和活動の事例とは言えないが，ECOWAS が国連と協力
しながら，西アフリカの平和維持に積極的な関与を見せた事例としては特筆すべき性
格を持つ。

13　Ahmedou Ould-Abdallah, *Burundi on the Brink, 1993-95: A UN Special Envoy Reflects on Preventive Diplomacy* (United States Institute for Peace Press, 2000).

14　Emma Svensson, *The African Mission in Burundi: Lessons Learned from the African Union's First Peace Operation* (FOI Swedish Defence Research Agency, 2008), p. 11.

15　*Ibid.*, pp. 11-12.

16　"South Africa's Peacekeeping Role in Burundi: Challenges and Opportunities for Future Peace Missions", ACCORD Occasional Paper Series: vol. 2, no. 2, 2007. See also Nina Wilen, *Justifying Interventions in Africa: (De) Stabilizing Sovereignty in Liberia, Burundi and The Congo* (Palgrave Macmillan, 2012).

17　UN Document, S/RES/1545, 21 May 2004. 5650 人の軍事要員と 120 人の警察要員が派遣された。

18　なお SRSG が存在しない場合の RC/HC は，UNDP の RR（Resident Representative［常駐代表］）が兼務するのが通例であった（2019 年の国連機構改革でこの仕組みは廃止され，RC 事務所は UNDP から独立したものとなった）。なお大規模 PKO ミッションが展開して SRSG がいる場合には，二人の DSRSG（Deputy SRSG）のうち一人が RC と HC の役職を兼務するのが通例である。

19　UN Document, S/RES/1970, 26 February 2011. ただし安保理決議 1970 が強調したのは，「リビア当局の人々を保護する責任（Libyan authorities' responsibility to protect its population）」であった。安保理決議 1973 も同様にリビア政府の人々を保護する責任に言及した後，「文民の保護（protection of civilians）」を同じ文脈で位置づけ，加盟国による飛行禁止区域の設定などの正当化とした。UN Document, S/RES/1973, 17 March 2011. 安保理決議 1973 が明確に示しているのは，第一義的には政府に属する「保護する責任（R2P）」が，国際平和活動の活動内容として確立された概念である「文民の保護（PoC）」と一続きでつながっているという国際社会の概念構成を明示したことだろう。「保護する責任」の実践の構造的困難を，リビアを事例にして論じた論考として，Roland Paris, "The 'Responsibility to Protect' and the Structural Problems of Preventive Humanitarian Intervention", *International Peacekeeping*, vol. 21, no. 5.「保護する責任」概念の体系的な概説書としては，西海洋志『保護する責任と国際政治思想』（国際書院，2021 年）が詳しい。

20　ただし国連の特別政治ミッションである UNSMIL（United Nations Support Mission for Libya［国連リビア支援ミッション］）は 2011 年からリビアに展開し，政治調停活動を行っている。

21　Alexander Thurston は，ジハーディスト組織の興隆における現地司令官級の個性やネットワークの重要性を強調する。国際的なレベルの指揮命令系統や，末端の個人レベルの思想動向と比して，この現地司令官レベルの「中間レベル（meso level）」

組織化がきわめて重要であるという。Thurston の北アフリカからサヘルにつながるジハーディスト組織の連動性に関する興味深い研究は，Alexander Thurston, *Jihadists of North Africa and the Sahel: Local Politics and Rebel Groups* (Cambridge University Press, 2020).

22　2012 年の危機をマリ国内の文民政権と軍隊との関係に着目して説明するのは，Moumouni Soumano, "Stress-testing Democratic Institutions in Mali: The Political Elite and the Breakdown of the State", in Leonardo A. Villalón and Rahmane Idrissa (eds.), *Democratic Struggle, Institutional Reform, and State Resilience in the African Sahel* (Lexington Books, 2020).

23　UN Document, S/RES/2100, 25 April 2013. See also "United Nations Multidimensional Integrated Stabilization Mission in Mali" at UN Peacekeeping website at 〈https://minusma.unmissions.org/en〉. Jaïr van der Lijn, "Assessing the Effectiveness of the United Nations Mission in Mali (MINUSMA)", Norwegian Institute of International Affairs, 2019.

24　AU document, PSC/PR/COMM (CCCLXXI), 25 April 2013. See also Williams and Boutellis, "Partnership Peacekeeping", pp. 275–276.

25　UN Document, S/RES/1778 (2007), 25 September 2007.

26　See Ibid., p. 83.

27　UN Document, S/RES/1861 (2009), 14 January 2009. 権限の移管は 2009 年 3 月 15 日と定められた。

28　See Ibid., Tobias Koepf, "The Problem of French-led Peace Operations in Francophone Sub-Sahara Africa", *International Peacekeeping*, vol. 19, no. 3, 2012.

29　UN Document, S/RES/2121 (2013),10 October 2013.

30　7 カ国は，ブルンジ，カメルーン，コンゴ，コンゴ民主共和国，ガボン，赤道ギニア，ルワンダであり，ルワンダ以外は ECCAS の加盟国である。Peace and Security Department (PSD) of the African Union Commission (AUC) "Merci MISCA" (Commission of the African Union, 2015).

31　UN Document, S/RES/2149, 10 April 2014.

32　一連の諸組織の連携のあり方の調整にあたって，AU の権限行使の主張に対して ECCAS とフランスが対抗するなどのせめぎあいがあった。See Martin Welz, "Multi-actor Peace Operations and Inter-organizational Relations: Insights from the Central African Republic", *International Peacekeeping*, vol. 23, no. 4, 2016.

33　"United Nations Multidimensional Integrated Stabilization Mission in the Central African Republic" at UN Peacekeeping website at 〈https://minusca.unmissions.org/en〉. Lise Howard, "Assessing the Effectiveness of the UN Mission in the Central African Republic", *Global Observatory*, November 21, 2019.

34　フランスのマリと中央アフリカ共和国への介入は，フランスが持つ特殊な歴史的アイデンティティの帰結であり，他国では起こり得ない事情によることは，パートナーシップ国際平和活動の広がりを考える際にも，無視できない要素ではあるだろう。See, for instance, Benedikt Erforth, *Contemporary French Security Policy in Africa: On Ideas and Wars* (Palgrave Macmillan, 2020); and Stefano Recchia and Thierry Tardy (eds.), *French Interventions in Africa: Reluctant Multilateralism* (Routledge, 2021).

35　UNAMA website "Mission Statement"〈https://unama.unmissions.org/mission-statement〉.

36　アメリカが軍事攻勢を仕掛けて駐留を始めた後に国連が政治ミッションを派遣するというパターンは，イラクでも踏襲されたと言える。しかしイラクでは平和維持を目的にした NATO の制度的介在はなく，国連とアメリカを中心とする合同軍側の協力の度合いも乏しいため，本書ではイラクの事例をパートナーシップ国際平和活動の代表的な事例として扱うことはしない。イラク政府による NATO の関与の要請などを「不正な招聘（rigged invitation）」呼ぶのは，Andrew T. Wolff, "Invitations to intervene and the Legitimacy of EU and NATO Civilian and Military Operations", *International Peacekeeping*, vol. 25, no. 1, 2018.

37　Paul D. Williams, *Fighting for Peace in Somalia: A History and Analysis of the African Union Mission (AMISOM), 2007–2017* (Oxford University Press, 2018).

38　See Debora Valentina Malito, *Destabilizing Interventions in Somalia: Sovereignty Transformations and Subversions* (Routledge, 2020), Chapter 6. See also Mohamed Hji Ingiriis, "The Invention of Al-Shabaab in Somalia: Emulating the Anti-colonial Dervishes Movement", *African Affairs*, vol. 117, no. 467, 2018.

39　もちろんそこには国連 PKO とは何か，という価値観をめぐる政策思想の大きな問題がある。たとえば，Lisa Howard, "Forum: Peacekeeping is Not Counterinsurgency", *International Peacekeeping*, vol. 26, no. 5, 2019.

40　匿名の AMISOM, UMSOS, UNSOM 職員に対する聞き取り調査（モガデシュ，2020 年 3 月）。

41　See, for instance, Emily Paddon, "Partnering for Peace: Implications and Dilemmas", *International Peacekeeping*, vol. 18, no. 5, 2011.

42　LRA の実際の脅威にかかわらず，アメリカはウガンダを支援する立場に引き込まれていったとするのは，Kristof Titeca and Theophile Costeur, "An LRA for Everyone: How Different Actors Frame the Lord's Resistance Army", *African Affairs*, vol. 114, no. 454, 2014, pp. 106–108.

43　匿名の AU 職員に対する聞き取り調査（アディスアベバ，2019 年 11 月）。See also Cedric de Coning, L. Gelot, J. Karlsrud (eds.), *The Future of African Peace Opera-*

tions: From the Janjaweed to Boko Haram（Zed Books, 2016）.

44　G5 Sahel joint force（FC-G5S）は 2017 年 2 月に形成された。International Crisis Group, "Finding the Right Role for the G5 Sahel Joint Force", 12 December 2017 〈https://www.crisisgroup.org/africa/west-africa/burkina-faso/258-force-du-g5-sahel -trouver-sa-place-dans-lembouteillage-securitaire〉.

45　この点をもって G5-Sahel を AMISOM や MNJTF とあわせて国際平和活動の範疇から排除するべきだという見解もあるかもしれない。それは国際平和活動の定義の問題になるだろう。本書は，G5-Sahel の活動目的がマリの平和と安定にあり，MINUS-MA などの他の国際平和活動ミッションとの連携も確認できることから，国際平和活動の一種であるとみなしたうえで，独特のパートナーシップ国際平和活動の形態を分析するという立場をとっている。

46　United Nations Peacekeeping, "Fatalities Statistics by Year and Mission Incident Type", 〈https://peacekeeping.un.org/sites/default/files/stats_by_year_mission_in cident_type_5a_60_feb2021.pdf〉. ただし 2020 年は MINUSCA の殉職者数が上回った。2020 年は病気による死亡者数が非常に多い新型コロナに揺れた特別な年であった。

47　*Improving Security of United Nations Peacekeepers: We Need to Change the Way We are Doing Business*（*Dos Santos Cruz Report*）, December 19, 2017, p. 7.

48　匿名の MINUSMA 職員に対する聞き取り調査（バマコ，2020 年 1 月）。篠田英朗「対テロ戦争最前線——『マリ』で見た惨状」『フォーサイト』2020 年 1 月 27 日 〈https://www.fsight.jp/articles/-/46424〉, 参照。

49　"The European Union's Partnership with the G5 Sahel Countries" at website 〈https://reliefweb.int/sites/reliefweb.int/files/resources/factsheet_eu_g5_ sahel_july-2019.pdf〉.

50　UN Document, S/RES/1279, 30 November 1999.

51　UN Document, S/RES/1484, 30 May 2003.

52　See Richard Gowan, "From Rapid Reaction to Delayed Inaction? Congo, the UN and the EU", *International Peacekeeping*, vol. 18, no. 5, 2011.

53　UN Document, S/RES/1925, 8 May 2010.

54　Accord-cadre pour la paix, la sécurité et la coopération pour la République démocratique du Congo et la region（Peace, Security and Cooperation Framework for the Democratic Republic of the Congo and the region）〈https://peacemaker.un .org/sites/peacemaker.un.org/files/DRC_130224_FrameworkAgreementDRCRegion. pdf〉.

55　UN Document, S/RES/2098, 28 March 2013.

56　*Capstone Doctrine* で明確にされたように，PKO の伝統的な三原則自体は，すでに FIB 創設の前から変更されていることは共通理解であった。「自衛以外の武力の不行

使」は「自衛と任務防衛以外の武力の不行使」に，「中立性（neutrality）」は「公平性（impartiality）」に，「当事者の合意」もあくまでも国際法などの規範的枠組みの中での当事者の合意の尊重となった。しかし修正された三原則と照らしても，FIB が相当に野心的なものであったことは，明らかであった。そのため国連安保理は，FIB は例外的なものでしかないという認識をあえて表明したのであった。FIB によって「公平性」原則に曖昧さが持ち込まれて理解の変質が起こった，と論じるのは，Marion Laurence, "An 'Imperial' Force? Normative Ambiguity and Practice Change in UN Peace Operations", *International Peacekeeping*, vol. 26, no. 3, 2019.

57　Jay Benson, "The UN Intervention Brigade: Extinguishing Conflict or Adding Fuel to the Flames?" A One Earth Future Discussion Paper, June 2016, at 〈https://oefresearch.org/sites/default/files/documents/publications/uninterventionbrigade.pdf#search=%27Force+intervention+brigade+MONUSCO%27〉.

　　Peter Fabricius, 'Is the Force Intervention Brigade still justifying its existence?' Institute for Security Studies at 〈https://issafrica.org/iss-today/is-the-force-intervention-brigade-still-justifying-its-existence〉.

58　FIB が国連 PKO にも当該国の平和構築にも阻害的だったと論じるものとして，Denis M. Tull, "The Limits and Unintended Consequences of UN Peace Enforcement: The Force Intervention Brigade in the DR Congo", *International Peacekeeping*, vol. 25, no. 2, 2018.

59　UN Document, S/RES/1996, 8 July 2011. 軍事要員数は 7000，警察要員数は 900 とされた。UNMIS は撤収時に 9715 人の軍事要員（465 人の軍事オブザーバーを含む），637 人の警察要員，965 人の国際文民職員，2803 人の現地文民職員，331 人の国連ボランティア（UNV）を擁していた。

60　See Douglas H. Johnson, "Briefing: The Crisis in South Sudan", *African Affairs*, vol. 113, no. 451, 2014.

61　See Sharath Srinivasan, "Negotiating Violence: Sudan's Peacemakers and the War in Darfur", *African Affairs*, vol. 113, no. 450, 2013.

62　UN Document, S/RES/2304, 12 August 2016. 1 万 7000 人の軍事要員のうちの 4000 人が RPF であると定められた。

63　"Special Report of the Secretary-General on the Renewal of the Mandate of the United Nations Mission in South Sudan", UN Document S/2018/143, 20 February 2018, p. 6, para. 19.

64　Robert B. Munson, *Peacekeeping in South Sudan: One Year of Lessons from under the Blue Beret*（Palgrave Macmillan, 2015）; Logan Sarah and L. Biong Deng Kuol, *The Struggle for South Sudan: Challenges of Security and State Formation*（I. B. Tauris, 2018）; Steven C. Roach and Derrick K. Hudson（eds.）, *The Challenge of*

Governance in South Sudan: Corruption, Peacebuilding, and Foreign Intervention (Routledge, 2018).

65　African Union, Communiqué de presse Le Mali doit aller plus loin dans le processus de reconciliation 〈http://www.peaceau.org/uploads/communiquy-de-presse-mission-de-l-union-africaine-pour-le-mali-et-le-sahel-23-jan-14.pdf〉.

66　European Council on Foreign Relations, "Mapping African Regional Cooperation: Nouakchott Process", 〈https://ecfr.eu/special/african-cooperation/nouakchott-process/〉.

67　European Union, "EUTM Mali", 〈https://eutmmali.eu/〉 and European Union External Action Service, "EUCAP Sahel Mali", 〈https://eeas.europa.eu/csdp-missions-operations/eucap-sahel-mali_en〉.

68　African Union Peace and Security Council, "Communiqué", PSC/PR/COMM (CDLVIII), 458th Meeting, 17 September 2014 〈http://www.peaceau.org/uploads/psc-com-458-car-17-09-2014.pdf〉.

69　African Union Peace and Security Council, "Communiqué", PSC/PR/1 (CMXXXVI), 936th Meeting, 10 July 2020 〈https://www.peaceau.org/uploads/eng-final-communique-936th-psc-meeting-car.pdf〉; African Union Political Affairs, Peace and Security Department, "Communiqué pour la 936ème réunion du CPS tenue le 10 juillet 2020, sur la situation en République centrafricaine" 〈https://www.peaceau.org/fr/article/communique-pour-la-936eme-reunion-du-cps-tenue-le-10-juillet-2020-sur-la-situation-en-republique-centrafricaine〉.

70　European Union, "European Union Training Mission in Central African Republic", 〈https://eeas.europa.eu/csdp-missions-operations/eutm-rca_en〉.

第Ⅱ部

パートナーシップ国際平和活動の性質

第3章

パートナーシップ国際平和活動の制度的・
規範的枠組み

　第Ⅰ部の二つの章では，パートナーシップ国際平和活動の成り立ちを，歴史的経緯にそって描写してきた。それらの章で，本書は，すでにいくつかの観察を提示した。まず指摘したのは，歴史的・地理的な背景である。1990年代のパートナーシップ国際平和活動の萌芽期から，アフリカとヨーロッパがパートナーシップ国際平和活動の動きをけん引していることが，端的な事実として判明した。ただしヨーロッパでは地域組織が国連等を圧倒してしまう傾向が見られるので，国連と（準）地域組織が併存するパートナーシップ国際平和活動の主な舞台はアフリカであることも明らかであった。21世紀になってAUが創設され，APSAの枠組みができたことは大きな意味を持った。ただしその動きの背後には欧米諸国の後押しがあった。現在においても，アメリカも欧州諸国も，アフリカ諸国の活動を側面支援するという形で，アフリカにおけるパートナーシップ国際平和活動の一翼を担っている。こうした歴史的・地理的背景は，国際政治の大きな流れの中でパートナーシップ国際平和活動が展開してきていることを示している。

　また，第Ⅰ部において本書は，パートナーシップが，個別的な状況における個別的な事情にもとづいて個別的な組み合わせによって成立しているものであることを強調した。もちろん類似した事情が類似したパートナーシップの形態を引き起こすこともあるし，前例が後発例に影響を与えていると思われることもある。そこで本書は，緩やかにパートナーシップ国際平和活動を三つに分ける類型化を行った。ハイブリッド型，時系列型，機能分化型のパートナーシッ

プは，しかし，これらの類型にそってパートナーシップが形成されることが法
則化されていると示唆するものではない。厳密に言えば，全く同じパートナー
シップの組み合わせを持っていたと言える事例はない。それぞれの事例は，い
ずれの場合でも，個別的な性格を持つものであった。結局，さまざまなパート
ナーシップ国際平和活動がすべて共通して持っている性格とは，非常に個別的
な政治的状況に左右されながらパートナーシップが形成されてきた，という点
である。

　こうした事情を考えると，パートナーシップ国際平和活動が決して固定的に
は制度化されない理由は明らかであろう。AU の APSA が構想したような体
系性のある一貫したアプローチは，パートナーシップ国際平和活動の分野では
目立った形では採用されていない。AU 自体が一つの地域組織でしかなく，い
かに「準」地域組織よりも上位に位置しているかのように振る舞うとしても，
実際には準地域組織や各国に命令を下せるような存在ではないからである。複
数の組織がパートナーシップを形成するということは，統合的な命令を下す上
位機関は存在していないということである。安全保障理事会の決議にもとづい
て形成され，一元的な指揮命令系統を持って活動する国連 PKO それ自体の仕
組みと，複数の組織が協力しあいながら活動を進めていく仕組みとでは，おの
ずと性格は変わってくる。前者は確立された制度的枠組みに活動を入れ込んで
いくが，後者は制度的枠組みが希薄なところで実施組織が活動を積み上げてい
く。前者は体系的な仕組みを作りやすいが，後者が体系性を持つ度合いには限
界がある。端的に言って，パートナーシップ国際平和活動はゆるやかな協力の
形態なのであって，全体があたかも一つの単独の組織体であるかのように動く
わけではない。

　むしろ問いかけるべきは，別個の組織が，個別具体的な状況の中で，なぜ，
どのように，パートナーシップを形成していくのか，ということだろう。並列
的で体系的に思えないため，諸組織が協力する際の枠組みに注目する試みが，
これまでほとんどなされてこなかった。制度的枠組みが希薄ということは，協
力を可能にする複数組織間の制度が皆無であるということを意味しない。国際
平和活動の経験から導き出されてきた諸原則が，あるいは諸国を結びつける国
際法の諸規則が，さらには国際安全保障の観点から導き出される政策的関心が，

パートナーシップを作り上げ，維持し，発展させていることを分析していかなければならない。

　パートナーシップ国際平和活動の分析は，一つの組織の内部制度の分析とは違うアプローチを必要とする。だがそのこと自体は全く不思議なことではない。なぜなら，ゆるやかに制度を共有しながら複数の組織が動く様子を分析するアプローチは，諸国が構成する国際社会を探求する際に当然に採用するものである。完全に組織化されない諸国の協力のあり方こそが，国際社会の探求にあたって最も丁寧に描写していかなければならない点である。

　本章は，こうした理解にもとづき，第一に，国際平和活動の諸原則の観点から，第二に，国際法の諸制度の観点から，第三に，国際安全保障の政策的要請の観点から，諸国家・国際組織がパートナーシップを形成し，発展させてきている制度的背景を分析する。

1　国際平和活動の諸原則

国連と地域組織の近接

　第2章で見たように，2000年の『ブラヒミ・レポート』の時点から，国連と地域組織との連携は不可避的な流れであると洞察されていた。『ブラヒミ・レポート』は，伝統的な国連PKOの要員提供源であった中立性の高い欧州諸国やカナダなどが，NATOなどの地域組織を通じた活動に従事する現象に着目していた。それらの国々は，地域組織を通じた活動を優先するならば，国連PKOに要員提供をする余裕をなくしてくる。冷戦終焉後の世界の大きな流れとしてそのような傾向が生まれているのだとすれば，国連がそれに抗うことはできない。むしろアフリカ諸国による国際平和活動への貢献をさらに強化する流れを推進するしかない。それが『ブラヒミ・レポート』で見られた考え方であった。

　その説明は，国連PKOの軍事・警察要員の大半がアフリカ諸国と南アジア諸国からの要員で占められている現状を理解するのに適切であるかもしれない。そもそも国連PKOの軍事・警察要員数が世界で10万人を超えるといった事態は，20世紀の間には想像されていなかった。だが，それにしても，なぜそ

の事情は，パートナーシップの形成を促したのだろうか。なぜ国連PKOだけ
が拡大し，新たな国際平和活動貢献国の要員を吸収してしまうような事態には
ならなかったのだろうか。

　この問いについて，ハイブリッド型，時系列型，機能分化型のパートナーシ
ップ国際平和活動それぞれの観点から，考えてみよう。まずハイブリッド型の
UNAMIDの事例について言えば，それはスーダン政府が国連PKOを受け入
れなかったが，AUだけではダルフールに展開するには十分だとは言えなかっ
たため，国連とAUの混合ミッションとして成立したミッションであった。
現地政府に受け入れを承諾させるために，AUと国連がともに同じミッション
を運営するという仕組みが考案された。

　伝統的な国連PKOの理論は，地域の諸国は政治的中立性が低いので，中立
性の高い国連がPKOミッションを展開させることが望ましい，というものだ
った。もし当該国の政府が，国連ではなく近隣国による平和維持活動だけを受
け入れるとしたら，その近隣国は中立的ではないということであり，平和維持
活動はまやかしに過ぎなくなってしまう。それが伝統的な考え方であった[1]。

　ところがAUはアフリカ大陸全域を包み込む巨大な地域組織である。そし
てそもそも国連PKOが展開する場合でも，主力となるのはアフリカ諸国の軍
事要員である。そうなると両者の違いは，伝統的な理論が恐れるほどには大き
なものではない。スーダン政府が嫌ったのは，アメリカなどの欧米諸国の影響
力が強い安全保障理事会の指揮下で，アフリカ人ではない域外の諸国の軍事要
員がスーダン領内を闊歩するような事態であった。伝統的な理論に従えば，ス
ーダン政府は中立的な平和維持ミッションの展開を嫌った，ということになる。
ただし視点を変えてみると，スーダン政府が嫌ったのは，欧米寄りだったり，
アフリカの文化に無理解だったりする平和維持部隊の展開だった，とも言える。
つまりスーダン政府が嫌ったのは，中立性を装いながらも決して中立的ではな
い軍事要員の展開であった，と言える。

　冷戦時代の国連は，現在ほど活発な組織ではなかった。だがそれだけに中立
的な性格を強く持っていた。これに対して冷戦終焉後の国連は，非常に活発に
動くようになった。だがそれだけに中立的な性格を減退させるようになった。
中立性の点で国連とAUに大差がなくなったとしたら，国連の代わりにAU

が介入したり，国連と AU が一緒に介入したりすることも比較的容易にできるようになってくる。

　時系列型のパートナーシップ国際平和活動の場合も，同様の事情を指摘することができる。先に介入したアフリカ諸国の軍事要員が，国連 PKO が展開すると帽子の色を取り替える「リハッティング」が，時系列型パートナーシップ国際平和活動の基本的なスタイルである。このやり方をとる限り，現地社会の人々から見れば，アフリカの地域組織から国連に指揮権が移ることは，かなり表面的な出来事でしかない。目の前にいるのは，同じ国から来た同じ軍隊であったりするからだ。ところが，それによって国連の中立性が怪しまれる，ということはない。もともとどちらにしてもアフリカの周辺諸国が派遣する要員を中心にするのでなければ，国連 PKO も設立することができないのだ。先に展開していたアフリカ人の兵士が帽子の色を変えただけであろうと，同じアフリカ人の兵士が国連 PKO の設立後に初めて展開してきたのであろうと，双方ともに周辺国のアフリカ人兵士が国連 PKO を担っているのであれば，大差はない。中立性という原則から見て，国連のほうが AU よりも圧倒的に優れているという事情はない。

　ハイブリッド型が UNAMID 以降は繰り返されないのは，あえて混合形式にして複雑な組織を新設する必要がないからである。中立性の程度が同じなら，地域組織と国連のどちらかが主導し，どちらかが側面支援をする方法のほうが合理的である。

　中立性という観点から言えば，機能分化型パートナーシップ活動も，基本的には事情は同じである。中立性の度合いが大きく異なる複数の組織が，現地社会の人々の眼前で協力しあうことは難しい。機能分化型パートナーシップ国際平和活動のパターンで，国連や地域組織などの複数の組織が共通の目標を持って活動することに違和感が持たれなくなっている点は，ハイブリッド型や時系列型と同じだ。

　ただし，機能分化型パートナーシップ国際平和活動において事情が少し異なるのは，役割分担のパターンであろう。機能分化型パートナーシップが形成される際，強制措置の権限にもとづいて武力行使を伴う軍事活動を行う場合においてこそ，むしろ国連ではなく地域組織が中心的な役割を担う傾向がある。国

連のほうが中立性が高いと仮定すると，国連が武力行使をしたほうが，望まし
いようにも思われる。ところが実際の傾向は逆である。国連が中立性を守るた
めに武力行使を回避する傾向を持ち，地域組織にはそのように中立性の維持を
懸念する傾向が相対的に希薄である。国連安保理決議の権限にもとづいて強制
措置が発動される場合でも，国連のほうがより強く中立性の装いを維持しよう
と行動するため，地域組織が代わりに行動する。国連は，地域組織と協力はす
るが，地域組織だけが行っている武力行使を伴う活動に対しては必ずしも協力
しない，という複雑な姿勢をとっているわけである。換言すれば，活動ごとに
協力の度合いを変える態度だということになる。もちろんそのような態度は，
理論的には不可能ではない。しかし現地社会の人々の目からすれば，きわめて
不誠実であるか，せいぜい非常にわかりにくい態度だと言わざるを得ない。こ
の点は，パートナーシップ国際平和活動が抱えている大きな問題の一つである。

　このようにパートナーシップ国際平和活動の広がりの背景には，中立性原則
などから見たときの国連と地域組織の性格の違いが小さくなってきていること
がある[2]。その一方で，地域組織が国連に統合されない背景には，地域組織の
機動性（時系列型）という事情とあわせて，国連がやりたがらない活動を地域
組織が引き受ける（機能分化型）という事情があるからだと言える。AU の
APSA からわかるように，地域組織のほうが変化してきている部分もあるが，
国連のほうが変化しているところもある。その結果として，全体として両者は
近接してきている。ただし，一部の活動領域に焦点をあててみてみるならば，
両者の違いは依然として顕著である。一部の活動領域の典型例が，武力行使を
伴う強制措置の活動領域である。国連は依然として大胆な武力行使を伴う活動
に及び腰であり，地域組織にそれを委ねる傾向がある。寄合所帯である国連は，
周辺諸国ほどには利害関心を持って真剣に関与していないので，武力行使を伴
う活動は苦手である。

PKO 三原則の変質

　こうした事情を，あらためて国連 PKO のドクトリンの変化とあわせて，分
析してみよう。冷戦時代の伝統的な国連 PKO の時代には，PKO 三原則とは，
「紛争当事者の同意（兵力の派遣は紛争当事者の同意を得た上で行う）」，「中立性

（紛争当事者のいずれか一方に加担するような行為を慎む）」，「自衛以外の武力不行使（要員は護身や活動拠点の防護など自衛に必要な場合を除いて火器の使用は行わない）」の三つであると言われていた[3]。ただしもともと PKO は国連憲章に規定された活動ではなかったので，これら三つの原則も，何らかの条約のような明文化された文書で定められているものではなかった。実践を繰り返して PKO という制度が確立されてくるにあたって，これら三つを原則とするのがいいだろうという総意が生まれたにすぎない。したがって内容の改変に法的手続きが必要になるということはない。あるいは，あえて言えば，安保理決議の内容の変化に応じて，三原則も変化していかざるを得ない。そのため，冷戦終焉後の新しい PKO への要請の中で，実態として PKO 三原則の見直しが行われきたわけである。

『国連平和維持活動の原則と指針（*United Nations Peacekeeping Operations Principles and Guidelines*）』と題されて，2008 年に当時の国連平和維持活動局（Department of Peacekeeping Operations: DPKO）とフィールド支援局（Department of Field Support: DFS）が共同で公刊した文書は，一般に『キャプストン・ドクトリン』と呼ばれて，広く流通している[4]。この中で説明された PKO 三原則が，伝統的な三原則とは異なるものであったので，一般に『キャプストン・ドクトリン』は新しい三原則を権威的に説明したものとして知られている。もっとも全く異なる別の三原則が出現したわけではない。『キャプストン・ドクトリン』自体は，三原則は従来から存在してきたものだという立場をとっている。ただ『キャプストン・ドクトリン』において，広く知られた伝統的な PKO 三原則に，新たな含意を付す説明がなされた。

当事者の同意の原則の変質

まず「当事者の同意」原則であるが，それは依然として国連 PKO が展開する際の条件である。活動に対する当事者の同意がないまま，国連 PKO が展開することはない，というのが原則である。ただし「当事者の同意」とは，あらゆる関与者の同意がつねに維持されないといけないという意味ではない。「主要な当事者」の合意があり，和平・政治プロセスが維持されていても，地方レベルでは反対を表明する勢力が残っているような状態は起こりうる。『キャプ

ストン・ドクトリン』は，流動性の高い状況では，合意の普遍性はほとんどあり得ないと述べる。統制のとれていない武装集団や「スポイラー（spoiler）」と呼ぶべき抵抗勢力も存在するかもしれない。『キャプストン・ドクトリン』は，PKO は情勢を分析し，地方レベルの同意が損なわれているような場合には，武力を使ってでも対応をしていかなければならない，とすら述べる。

　実際のところ，マリや中央アフリカ共和国のような例を見ると，中央政府の同意があったとしても，その他の反政府武装勢力の間では同意がない状況で国連 PKO が展開していることは明確である。むしろ PKO に敵対し，攻撃を仕掛けてくる勢力すら存在している。なぜこのようなことが起こるのかというと，そのような勢力は国連が推進する政治プロセスのスポイラーというべき存在だからだ。

　たしかに，厳密に解釈した同意の普遍性を絶対条件にしていたら，国連PKO は活動できなくなるだろう。そこで『キャプストン・ドクトリン』は，せめて政府の同意があるのであれば，国連 PKO はその他の勢力の同意を必ずしも必要とはしない，という地点まで，同意原則の幅を広げた。これは紛争当事者の同意の必要性を意味すると解されていた伝統的な国連 PKO の同意原則からすると，だいぶニュアンスの違う説明である。しかし国連 PKO が積極的な展開を繰り返して拡大を遂げるためには，このように同意原則を解釈する必要があるという認識が，現在では標準的なものになっている[5]。

　同意原則の緩和化は，パートナーシップ国際平和活動にどのような効果をもたらしただろうか。21 世紀になってから生まれた現代の大規模な国連 PKO を見てみると，いずれもアフリカにおいて治安関係の活動を中軸にして展開している。コンゴ民主共和国の MONUSCO，南スーダンの UNMISS，マリの MINUSMA，中央アフリカ共和国の MINUSCA などは，いずれも中央政府と協力しながら国内治安情勢の改善を目指して，PoC や DDR や SSR といった活動を行っているミッションだ。政府と反政府勢力の双方の合意の維持を至上命題としている限り，中央政府と協力した治安改善のための活動は積極的には行えないだろう。いうまでもなく，国連がパートナーシップを組む（準）地域組織は，諸国の中央政府が集まって作り上げている組織群だ。国連が中央政府と協力して治安改善に取り組むのであれば，当然，地域組織も協力しやすいだろ

う。国連が，そのような協力体制を不満に思う反政府組織の同意も維持することを至上命題にするならば，今度は各国政府や地域組織のほうが国連から距離をとろうとするであろう。このように考えてみるならば，同意原則の緩和化は，パートナーシップ国際平和活動の展開と無関係ではないことがわかる。

中立性から公平性へ

つぎに，三原則の解釈変更を最も劇的に示す「中立性」原則に関する『キャプストン・ドクトリン』の記述を見てみよう。伝統的な理解では，「中立性」は「neutrality」のことであり，紛争当事者のいずれにも加担せず，第三者としての立場を貫き通すことを意味していた。しかし『キャプストン・ドクトリン』は，国連PKOにとっての本当の原則は「impartiality（公平性・不偏不党性）」であって「neutrality」ではない，と断言する。もちろん「中立性」を捨てるという意味ではない。しかし国連PKOはどこまでも中立的であるべきではなく，「公平性」の観点から「中立性」に妥協が必要になる場合があれば，「公平性」の要請のほうが優越する，という趣旨の説明を，『キャプストン・ドクトリン』は施した[6]。

「公平性」は，「中立性」とどう違うのだろうか。『キャプストン・ドクトリン』の説明によれば，「公平性」とは，国連PKOが任務を遂行するにあたり，いかなる当事者に対しても偏向や偏見を持たない，ということである。この意味での「公平性」は「中立性や無活動と混同されてはならない」，と『キャプストン・ドクトリン』は述べる。国連PKOは紛争当事者を公平に扱うが，任務の遂行にあたってつねに必ず中立的であるとは限らない。国連PKOは「良き審判員」のような存在である。良き審判員とは，違反行為を罰することに躊躇をしない審判員である。それと同じように，国連PKOは和平プロセスや国連が信奉する国際的規範・原則に違反する行為を黙認すべきではない。『キャプストン・ドクトリン』によれば，国連PKOは，誤解や報復を恐れるあまり，公平性原則を厳密に適用する必要性から目をそらしてはならない。このように述べて，『キャプストン・ドクトリン』は，「中立性」から「公平性」への転換によって，国連PKOがより価値拘束的に行動し，より積極的に任務を遂行できるようになることを強調した[7]。

　伝統的な国連 PKO においては，「中立性」が国連 PKO の最大の特色であった。冷戦時代の国際政治は，すべてが東西対立の構図に還元されてしまう傾向があったからだ。国連は，東西両陣営の諸国が加入する普遍性の高い国際機関として，存在価値を持っていた。停戦監視だけしかしないようなミッションであっても，中立性の高い国連が監視をすることに意味があると信じられていた。ところが，その「中立性」を特色にしていた国連の存在価値は，冷戦の終焉とともに意味を減退させた。東西対立があればこそ大きな意味があった国連の「中立性」は，二項対立の国際政治が終わると，魅力を減じた。それに代わって，もっと実際の活動で目に見えた成果を出すことが求められるようになった。「中立性」を重んじるあまり，1994 年のルワンダの UNAMIR のようにジェノサイドが起こっても何も行動がとれなかったり，1995 年のボスニア・ヘルツェゴビナの UNPROFOR のようにスレブレニッツアの虐殺を防ぐどころか撤退せざるを得なかったりするジレンマは，もはや許されなくなった[8]。そこで 21 世紀の国連 PKO は，やむを得ない場合には「中立性」に留保を加えても，「公平性」に，つまり国際人道法などの原則に忠実に行動しなければならないことを強調するようになったのである。

　この見直し作業自体は，冷戦終焉後の時代に国連 PKO が存在意義を再構築するために，必要不可欠なことであっただろう。「中立性」を金科玉条にし続ける限り，1990 年代後半の国連 PKO がそうであったように，多くの場面で無用の長物扱いされ，活動範囲を減少させていくしかない状態に陥ったであろう。

　しかし「中立性」原則への留保は，いずれにせよ伝統的な国連 PKO の特色を失っていくことを意味する。国連の「中立性」の水準は必ずしも高いものではなく，AU などの地域組織などとの差は，かつてほど決定的なものではなくなったかもしれない。そうだとすれば，もし「公平性」原則を標榜する姿勢で地域組織と協調することができれば，国連と地域組織がパートナーシップを構築して連携して活動することは，より容易になる。「中立性」原則から「公平性」原則への転換は，パートナーシップ国際平和活動と大きく関わる事件であったと言える[9]。

武力行使の原則の変質

　最後に，三番目の武力行使に関する原則を見てみよう。伝統的な PKO では，武力行使は「自衛（self-defence）」のためにだけ許されるものだった。『キャプストン・ドクトリン』が明確にしたように，現代の国連 PKO では，武力の不行使は，「自衛及び任務の防衛（defence of the mandate）を例外として」適用される。つまり平和維持部隊は，自らを守るときだけでなく，任務を守るときにも武力を行使することができる。「任務の防衛」とは，ある意味で非常に広い概念である。任務に忠実である者はすべて，任務を防衛している者だろう。任務の防衛を放棄することは，ほとんど真面目に働かないことを意味するように思われる。「任務の防衛」の場合に武力行使が許されることによって，国連 PKO における武力行使の可能性はかなり大胆に押し広げられたということができる。

　ただし実際には，安保理決議において国連憲章第 7 章の強制措置の権限が付与されている任務と，そうではない任務が区分けされるのが通例である。平和維持部隊は，安保理決議には従わなければならない。実際には，任務の防衛であればすべて武力行使が許されていることはなく，安保理決議の要請に従って任務の防衛のための武力行使が許されているわけである。国連安保理は，国連憲章第 24 条によって「国際の平和と安全に主要な責任」を負い，国連憲章第 7 章の強制措置の権限を付与することができる特別な権限を持っている。安保理が国連憲章第 7 章を発動する機会は，冷戦終焉後に飛躍的に増大した。その発動の仕方の適切性を審査して制限する機関は，存在しない。したがって，国連 PKO が任務の防衛のために武力行使をする権限を持つかどうかは，実際には安保理決議の内容によって決まる。安保理の国連憲章に裏付けられた至高の権威と比してみれば，国連 PKO の三原則は下位原則でしかない。冷戦終焉後に頻繁に国連憲章第 7 章の権限が PKO ミッションに付与されるようになった現実によって，PKO 三原則のほうが「任務の防衛の例外」を含める形で武力不行使の原則を変更されたのだ，とも言えるかもしれない。

　第 1 章で見たように，1992 年に『平和への課題（*An Agenda for Peace*）』を公刊した当時の国連事務総長ブトロス・ブトロス゠ガリは，国連が将来は行うべき活動領域として「平和執行（peace enforcement）」をあげた。1991 年湾岸

戦争時の多国籍軍の活動に触発されて，国連憲章第7章の強制措置の冷戦終焉後世界における頻繁な発動が予見されていた。ブトロス＝ガリは，国連が直接的に強制措置を行使していくことが望ましいと考えていた。ところがブトロス＝ガリの野心は，1993年のソマリアにおけるUNOSOM Ⅱの「平和執行」の挫折によって，打ち砕かれる。彼自身が事務総長に再任されなかったことによって，「平和執行」の考え方は葬り去られた。

　ところが，実際には，その後も国連憲章第7章は頻繁に発動され続けた。「平和執行」とは呼ばれない形で，発動され続けたのである。平和が破壊されている状況で強制措置を用いて平和を回復するという「平和執行」の考えにもとづく国連憲章第7章の発動は，行われていない。その代わりに，任務に応じて，国連憲章第7章を発動する慣行が，継続発展した。たとえばPoC（文民の保護）の任務が国連PKOに付与される場合には，そこに国連憲章第7章を発動する権限もあわせて付与される。なぜなら文民の保護は，国際人道法の中核原則を守ることを意味する重要任務であると同時に，紛争状況などでは強制力を行使しないと遂行できない可能性も高い任務だからである。『キャプストン・ドクトリン』は，このような「平和執行」と区別された「任務の防衛」のために付与される国連憲章第7章の権限のことを，「戦術レベル（tactical level）」で許可される武力行使と表現している。戦争状態を平和な状態にするための武力行使を「戦略レベル（strategic level）」での武力行使とすれば，「平和執行」の任務はもはや付与されることがないという意味で，「戦略レベル」での武力行使を国連PKOが行うことはない。しかしもう少し具体的な任務の中で最重要で危険を伴うものを遂行するためにやむを得ないのであれば，その範囲内での「戦術レベル」の武力行使を国連安保理は許可する。こうした考え方と慣行が確立されたことにより，今や武力行使は「自衛と任務の防衛」のためには許可されると理解されるのである。

　この武力行使に関する原則の変更により，国連PKOの活動範囲が飛躍的に拡大したことは間違いない。ただし実際にはその範囲は，安保理決議によって，その都度定められる。そもそも国連PKOに国連憲章第7章の権限が付与されるか，地域組織に付与されるかは，すべて安保理の裁量に委ねられている。特別な権限や役割を持っているのは国連安保理で，国連PKOではない。国連安

保理から見て，あるいは国連憲章第7章の権限から見て，国連 PKO と地域組織の間に質的差異はなく，横並びなのである。たとえば MINUSCA, MINUSCA, UNMISS, MONUSCO などと AMISOM の間に，優劣関係はない。ではどのように実施組織が選定されるのかと言えば，現実には政治的折衝の中で決まってくるわけだが，もう少し一般化して言えば，適材適所で決まってくる。国連 PKO は，地域組織よりも機動性が低く，地域の治安維持に対する関心も低いので，武力行使を伴う活動は地域組織や多国籍軍のほうに授権される傾向が生まれてくる。こうして質的に完全に区分けされているわけではなく横並びであるにもかかわらず，実際には役割分担のパターンがある，というパートナーシップ国際平和活動の傾向が生まれてくる。同じアフリカ諸国の兵士が地域組織から国連に指揮命令系統を移動させるのに伴ってリハッティングするだけの「時系列型」の協力関係もあれば，テロ組織掃討作戦を地域組織が担い，国連が国家建設の活動を担うといった「機能分化型」の協力関係もある。これらは適材適所の役割分担を見出す安保理の裁量権の発揮を通じて，決まってくる。

このように国連 PKO 三原則の変質は，国連と地域組織が横並びの並列関係に置かれながら，組織的性格に由来する役割の違いも維持するパートナーシップの仕組みを促進するように働く効果を持つものであった。『ブラヒミ・レポート』から8年後に公刊された『キャプストン・ドクトリン』であったが，そこにはいまだ「パートナーシップ国際平和活動」といった概念自体はほんのわずかにしか登場しなかった。だがそれにもかかわらず，『キャプストン・ドクトリン』において，パートナーシップ国際平和活動の隆盛へとつながる事情は的確に説明されていた。実際のところ，『キャプストン・ドクトリン』は，「（準）地域組織（取り決め）が存在しているか否かは，安全保障理事会が新しい平和維持活動を設立するかを検討する際の重要事項である」，と述べ[10]，「国連と地域組織との間の平和と安全の分野における協力は，個別的に，政治的利便性にもとづいて発生する傾向にあるが，新たな，より体系的なパートナーシップは発生してきている（new more systematic partnerships are emerging）」，と観察していた[11]。『キャプストン・ドクトリン』は，国連 PKO 三原則の変質を説明しながら，姿を現していたパートナーシップ国際平和活動の隆盛を確認し始めていた時期の文書であった。

2　パートナーシップ国際平和活動の法的枠組み

冷戦終焉後の国際法秩序

　パートナーシップ国際平和活動が21世紀になって盛んになってきた現象であり，国連PKO原則の内容変更にも裏付けられたものであるとすると，それは既存の国際法の枠組みからも逸脱していくようなものであろうか。少なくとも伝統的な国際法を刷新していくような意味を帯びたものなのだろうか。あるいは伝統的な国連PKOのイメージにとらわれすぎると，パートナーシップ国際平和活動の新奇さに過度に印象付けられ，それが既存の国連憲章体制からも逸脱していくものであるかのように考えてしまうかもしれない。

　しかし実際には，パートナーシップ国際平和活動は，既存の国際法秩序から逸脱していないし，それを刷新するようなものでもない。むしろ本来の国連憲章の仕組みに合致し，もともとの国連憲章の考え方を取り戻すような動きであるとすら言える。国連憲章は，国連と地域組織との協力関係に期待し，促進しようとすらしている。地域組織が国際の平和と安全の維持のために貢献をしていく方向性こそが，国連憲章が予定しているものである。パートナーシップ国際平和活動は，本来の国連憲章の精神に依拠した動きである。

　パートナーシップ国際平和活動の現象が冷戦終焉後に現れてきたのは，偶然ではない。冷戦時代の国際政治の構造こそが，国連憲章体制から逸脱したものであった。冷戦時代を懐かしむ気持ちは，単なるノスタルジアであって，法的根拠にもとづくものではない。二つの超大国が敵対してにらみあっていた東西対立の時代の世界観は，国連憲章が期待した考え方ではない。第二次世界大戦の連合国の同盟関係を発展させて作られた国連は，大国間の協調にもとづく国際平和活動に期待をしており，地域組織もその協調に従って貢献を求められるべき存在であった。

　「中立性」を旗印に登場した伝統的な国連PKOは，冷戦時代の二極体制の国際社会を前提にした存在であった。第2代国連事務総長のダグ・ハマーショルドが，伝統的な国連PKOを「国連憲章6章半の活動」と呼んだことは，あまりにも有名である。それはPKOが，国連憲章の第6章にも第7章にも合致

せず，国連憲章のどこにも根拠規定が見つからないような活動だったからだ。
冷戦体制を予定していなかった国連憲章は，冷戦体制の不備を補うものとして
生まれたPKOも予定していなかった。伝統的な国連PKOこそが，本来の国
連憲章の仕組みからの逸脱だったのである。ハマーショルドは，PKOは国連
憲章の精神には合致している，と主張しようとした。しかしそれは裏返せば，
PKOとは国連憲章が予定していなかった活動であるということを認めている
主張であった。

　「中立性」という言葉は，国連憲章には登場しない。むしろ「人権」といっ
た価値観が国連憲章に記載されている。第二次世界大戦の戦勝国の同盟が発展
して生まれた国連が，どのようにして「中立的」であることを誇れただろうか。
国連は，もともと中立的な組織などではない。世界のほぼすべての諸国が加入
する組織にとっての「中立」とは何だろうか。侵略者に対して集団的な安全保
障策を講じることができる規定を持つ組織が，「中立性」を標榜するというこ
とが，理論的にありうるのだろうか。国連PKOが原則にした「中立性」とは，
国連憲章の文言の枠外の価値規範であり，冷戦時代においてこそ価値を持つ原
則であった。少なくともそれは，冷戦の枠組みの外では，その価値を変化させ
ざるを得ないようなものであった。

　今日の国連PKOは，「中立性」などよりも，人権などの国際法に基盤を持
つ価値に重きを置く。冷戦中の伝統的な国連PKOであれば，「中立性」を重
んじて，甚大な人権侵害に直面した場合でも，行動をとってはいけないことに
なっていた。もし行動をとってしまえば，東西両陣営の対立構造にからみとら
れ，どちらかに味方してもう一方に敵対していると糾弾され，活動が崩壊して
しまうという危惧が実際にあった。しかし今日の国連PKOでは，そのような
消極的な対応は，たとえば「文民の保護」の要請から逸脱したものとして，む
しろ問題視される。中立性と人権が対立する場面に遭遇したら，人権擁護を優
越させなければならないのが現代のPKOであり，現代の国際平和活動である。
そしてそれは国連憲章体制からの逸脱であるどころか，本来の国連憲章に合致
した考え方なのである。

国連憲章第 8 章の意味

　国連憲章第8章は「地域的取極（Regional Arrangement）」と題されている。その冒頭の第52条第1項は，次のように規定している。「この憲章のいかなる規定も，国際の平和及び安全の維持に関する事項で地域的行動に適当なものを処理するための地域的取極又は地域的機関が存在することを妨げるものではない。但し，この取極又は機関及びその行動が国際連合の目的及び原則と一致することを条件とする。」国連憲章は，地域組織を阻害したり副次的なものとして扱ったりするどころか，地域組織による国際の平和と安全の維持のための努力を優先して尊重することを呼び掛けている。そこで第53条第2項は次のように規定する。「前記の取極を締結し，又は前記の機関を組織する国際連合加盟国は，地方的紛争を安全保障理事会に付託する前に，この地域的取極又は地域的機関によってこの紛争を平和的に解決するようにあらゆる努力をしなければならない。」さらに同条第3項は次のように念押しをする。「安全保障理事会は，関係国の発意に基くものであるか安全保障理事会からの付託によるものであるかを問わず，前記の地域的取極又は地域的機関による地方的紛争の平和的解決の発達を奨励しなければならない。」

　すみやかに安全保障理事会が決議を出し，次々と国連軍が展開したり，国連PKOが派遣されたりするのではなく，まず「地域的取極又は地域的機関」による紛争解決の努力が奨励されなければならない，というのが国連憲章の考え方である。もっとも安保理の至高の権威が譲られるわけではないので，地域的活動が優先的に奨励されるとしても，安保理が強制措置の発動に関する排他的な権限を持っていることが変更されるわけではない。そこで憲章第53条は確認する。「安全保障理事会は，その権威の下における強制行動のために，適当な場合には，前記の地域的取極又は地域的機関を利用する。但し，いかなる強制行動も，安全保障理事会の許可がなければ，地域的取極に基いて又は地域的機関によってとられてはならない。」安保理と，「地域的取極又は地域的機関」は，前者の監督権限の下，後者が活動を行う仕組みで，緊密に連携していくことが期待されているわけである。

　このように本来の国連憲章は，国連と地域組織が協力して国際の平和と安全の維持のために活動していくことを想定している。これは驚くべきことではな

い。国連憲章制定時に，すでに原加盟国の南北の米州諸国は，OAS（Organiza-
tion of American States［米州機構］）を設立しており，憲章の起草にも影響を与
えていた。これらの諸国は，具体的な地域組織を想定しながら，憲章第8章の
「地域的取極又は地域的機関」の優先的な位置づけを構想していたのである[12]。

　すでに述べたように，本来の国連憲章の地域組織への期待を打ち消したのは，
冷戦の勃発という事件であった。しかし冷戦体制も，国連憲章における地域組
織への期待を完全に消滅させたわけではなかった。冷戦の産物であるNATO
とWTOは，いずれも国連憲章第51条の集団的自衛権を設立根拠にした地域
組織であった。そしてこれらの冷戦体制下で作られた地域組織は，国際の平和
と安全を破壊したわけではなく，少なくとも結果としては平和の維持に大きな
役割を果たした。両者は，東西両陣営間の全面的な戦争の勃発を防ぐために機
能し，冷戦期を通じて，両陣営相互の関係においてはもちろん，それぞれの域
内においても，武力紛争の勃発を防いだ。戦争抑止機能としての地域組織への
期待は，効果を持ったのである。冷戦期を通じて安保理は機能麻痺を続け，集
団安全保障の仕組みはほとんど発動されることはなかった。その欠落を補った
のは，地域組織の存在であった。NATOとWTOは，相互に警戒しあってい
たとしても，ともに民族自決や主権平等などの国連憲章に規定された諸原則を
尊重し，国連憲章を枠組みにした国際法秩序の中で国際の平和と安全を維持す
る地域組織として機能し続けたのである。

　このように考えていくと，パートナーシップ国際平和活動は，むしろ国連憲
章の当初の構想に近づいていく性格を持っていることがわかる。国際平和活動
の分野では，抜きがたい国連中心主義の風潮がある。国連が地域組織に優越す
る組織であると仮定したり，極端な場合には国連が国際社会の構成員である各
国に対して世界政府機構に近い役割を果たすのが最も望ましいと考えたりする
傾向だ。そうなると地域組織はあたかも何らかの中間団体であるかのようにみ
なされ，地位の低いものであると感じられてしまう。しかし国内社会と国際社
会は全く異なる社会であり，このような類推には根拠がない。国連は世界政府
の候補などではないだけでなく，地域組織に優越しているとも言えない。単に
加盟国数が多いだけで，地域組織と並ぶ一つの国際組織でしかないことに変わ
りがない。

国内的類推の陥穽

　国内社会の仕組みを機会的に国際社会にあてはめてしまう「国内的類推（domestic analogy）」の発想方法にとらわれると，政府と市民の二元論に近いものが，国連と加盟国の二元論で表現できると考えてしまうことになる。しかしこれはヘドリー・ブル（Hedley Bull）以来の「イギリス学派（English School）」の国際政治学者を中心とする多くの人々が，国際社会を見る目を曇らせる偏見として警鐘を鳴らしてきた誤謬だ[13]。国際社会は国内の社会と異なっているが，それは国際社会が不完全な国内社会であったり，未発達な国内社会であったりするからではない。国際社会は，一つの別個の社会であり，何らかの国内の社会と比べて優劣を考えてみても，意味はない。国際社会に世界政府が存在していないことは，国際社会という社会の一つの特徴だが，決して国内の社会と比べて劣っていることの証左ではない。国際社会が何らかの国内社会と比べて異なっている点を見て，国際社会が国内の社会よりも劣っていることの証左であると考えることには，根拠がない[14]。

　国際法の基本構造から見ると，国連憲章は一つの多国間条約でしかない。世界のほとんどの国が加入しており，その内容の原則的部分は慣習法化していると言ってよい権威ある他国間条約だが，やはり一つの多国間条約である。世界憲法のような特別な存在であるわけではない。国連は多国間条約によって形成されている一つの国際組織であり，それは地域組織の場合と同じだ。国家が「正当な暴力の独占」によって定義されるとすれば[15]，国連は単に国家ではないだけでなく，国家に類する存在になることを目指してもいない。パートナーシップ国際平和活動は，世界国家的存在と中間団体の間の協力関係によって成り立っているわけではなく，複数の多国間条約組織の間の協力関係によって成り立っている。

　おそらく国連が持っているもので真に特別なのは，集団安全保障を発動することができる安全保障理事会の権限だろう。このような権限は，他のどの国際組織も持っていない。だがそれは国連全体が持っている権限ではなく，ただ国連安全保障理事会だけが持っている権限である。また，その安全保障理事会にしても，自ら直接的に集団安全保障の手段を実行するわけではない。加盟国に集団安全保障の手段を行使する権限を付与するだけである。安全保障理事会は

政府機構のようなものではない。したがって国連憲章第8章の規定に従って地域組織の役割に期待することは，国連の地位を貶めることでも，国連の目的からの逸脱でも何でもない。地域組織は，国際の平和と安全の維持に果たす役割を持つことができる有力な存在だということだ。

　国連憲章第51条に定められた集団的自衛権に関する誤解は，「国内的類推」の偏見の影響に大きく関わっている。「国内的類推」の誤った見方に従うと，国連や集団安全保障は世界政府や世界警察活動として捉えるべきものだということになる。個別的自衛権は国家の正当防衛といったものとして捉えるべきものだということになる。この根拠のない「国内的類推」の発想に従うと，集団的自衛権は，国内社会に対応するものがないという理由で，軽視されてしまうことになる。日本の憲法学者にかかると，国連憲章第51条の集団的自衛権の規定は国連憲章における「異物」だという[16]。たしかに国連憲章の起草過程において，第51条は最終段階で，さまざまな議論を経て，制定された。第51条を推進したのは，すでにOASを創設していた中南米諸国であった。だが，これらの事情は，何ら憲章第51条の権威を貶めるような事情ではない。

　第51条が突然の思い付きで挿入された，といった見方にも，根拠がないだろう。1919年国際連盟規約は，第21条で次のように定めていた。「本規約は，仲裁裁判条約の如き国際約定または『モンロー』主義の如き一定の地域に関する了解にして平和の確保を目的とするものの効力に何等の影響なきものとす。」[17] この規定は，たしかにモンロー・ドクトリンの伝統を長く持つがゆえに国際連盟加入に警戒心が強いだろうと予測されたアメリカの連盟加入を促すために挿入された条項である。だが，だからといって，その内容が「異物」だということにはならない。「モンロー・ドクトリン」とは，つまり西半球世界の諸国の「地域的取極」のことである。外部からの介入を西半球世界の諸国が集団で排撃するという考え方は，現代の集団的自衛権につながる[18]。「モンロー・ドクトリン」という言い方は，アメリカの覇権的行動の正当化というイメージを喚起する。だが国際連盟規約における第21条の意味は，連盟の集団安全保障体制は，「地域的取極」と併存しうる，ということである。国連憲章体制における第51条や第8章の諸規定と，同じである。憲章第51条が，突然の思い付きで偶然に挿入されたにすぎない条項だとみなすのは，あまりにも歴史

的背景を無視した見方である。

　集団安全保障は，世界国家による警察権の行使ではない。諸国が集団で安全保障措置をとるだけのもので，その基礎的な根拠は一つ一つの国家が持つ自国の安全を守るための措置をとることができる主権的な権限にある。憲章第51条で規定されている国家が持つ個別的な自衛権は，憲章第2条4項の武力行使の一般的禁止と対になって存在している。武力行使を禁止しても，法を無視する侵略者が現れたときに対抗手段がないのでは，絵に描いた餅に終わってしまう。そこで侵略者に対抗するための個々の国家による個別的自衛権の行使は，憲章第2条4項の趣旨に合致するものとして，認められている。集団安全保障も同じである。個々の国家だけでは侵略者の行動を抑止したり，侵略行為に対抗したりするのに不十分であることが懸念されるため，すべての諸国が共同で安全保障措置をとる仕組みも設定されている。さらに同じ考え方にそって，集団的自衛権も設定されている。個々の国家では侵略者に対抗するのに不十分な場合，しかしすべての諸国が行動するには時間がかかる場合に，複数の諸国が共同で侵略者に対抗することが許される。個別的自衛権，集団的自衛権，集団安全保障は，いずれも侵略者に対抗し，侵略行動を抑止して，国際の平和と安全を維持するために，設定されているのである。国内社会と違って，対抗措置に三つのレベルがあることに驚く必要はない。世界警察がない国際社会では，こうした多重的な保障体制が必要だと考えられたのである。趣旨は同じである。どれか一つだけを取り出して「異物」扱いする理由はない。

　国内社会では，正当な物理的暴力の一元化が図られているため，警察機構以外の存在が犯罪者に対抗することは想定されていない。正当防衛は，やむを得ず行ってしまった行為について，事情に鑑みて，違法性を阻却するだけの措置だ。だが国際社会の自衛権は，国内社会の正当防衛とは違う。自衛権は侵略者に対抗するための正式な公の対抗措置である[19]。集団的自衛権もまた，個別的自衛権と同じように，あるいは集団安全保障と同じように，侵略者に対抗するための正式な公の対抗措置である。国内法における正当防衛とのアナロジーで優劣を論じる必要はない。国際法の権威を認め，国連憲章の権威を認めるのであれば，集団的自衛権の権威を認めなければならない。国際の平和と安全の維持に対する地域組織の役割も認めなければならない。

　集団安全保障や個別的自衛権と同じように，集団的自衛権もまた国際の平和と安全の維持に貢献する役割を持つ制度だ，ということを理解すると，パートナーシップ国際平和活動の論理構成も判明してくる。集団的自衛権は，冷戦時代においては，東西冷戦構造の政治的事情によって正しく認識されず，誤解されがちであった。しかし冷戦終焉後には，むしろ本来の国連憲章の想定通りに認識されて，さまざまな形で運用されるようになったのである。

3　重層的な国際安全保障システム

安全保障政策の三つの階層

　国際社会と国内社会の違いの一つは，前者における安全保障システムの重層性である。国際平和活動も，そのような国際社会特有の重層的な安全保障システムの中で，その役割が認められている。国際政治の全体動向から乖離しているわけでも，逸脱しているわけでもなく，国連憲章にそった国際的な安全保障システムの中で，パートナーシップ国際平和活動も形成されてきている。

　国際安全保障システムには，主に三つの階層がある。すべての諸国による集団安全保障の階層，地域組織や地域的取極による集団的自衛権の階層，そして個々の国家による個別的自衛権の階層である。ただしこれら三つの階層は，つねにそれぞれから完全に独立しているわけではない。三つの階層は，同時に，相互に連動して，存在しうる。個別的自衛権を行使した後に，集団的自衛権が行使されてもいい。集団的自衛権の行使に該当する行為と，集団安全保障に該当する行為が併存していてはいけない理由はない。国連，地域組織，諸国の有志連合，当該国家などによる行動は，無数のパターンで組み合わせていくことが可能である。とくに集団的自衛権の階層は，無数のパターンの複数国家の組み合わせがあると言ってよい。国連憲章は，そのような柔軟性を想定している[20]。

　すでに見たように，国連安全保障理事会は，1993年のソマリアにおけるUNOSOM IIの失敗以降，「平和執行」の活動を作り出していない。「平和執行」としての集団安全保障の可能性は，事実上すでに消滅している。ところが国連憲章第7章の強制措置は頻繁に発動されるようになっている[21]。憲章第7

章の集団安全保障の権限は，国際平和活動の個別的な任務を遂行するために必要な範囲内でのみ，発動される慣習になっているのである。このこと自体が，集団安全保障の階層が非常に柔軟に運用されることを示している。

　ソマリアに展開している AU の AMISOM は，AU のミッションであるという点で，集団的自衛権の法制度にもそって活動している。しかし国連安保理は，AMISOM が憲章第 7 章の強制措置の権限を伴って行動することを許可している[22]。AMISOM は，集団的自衛権の階層と，集団安全保障の階層の二つの性格を兼ね備えているのである。強制措置の権限があるかどうかが前者の階層だけであると不明瞭であるため，後者の階層の権限があえて明示的に付与されているのだとも言えるだろう。いささか例外的であるようにも感じるが，奇妙ではない。必要性に応じて，柔軟に安全保障策がとられているということである。

　集団安全保障は，いわば普遍的な次元での国際安全保障策である。集団的自衛権は，通常は地域的な次元での国際安全保障策である。両者は必ずしも重なり合わなくてもいいが，重なり合ってはいけないという理由はない。ある地域組織の地域的な活動に，国際社会全体が普遍的な意味を見出すことは，起こるはずのないことではない。AMISOM が地域的な活動であっても憲章第 7 章の集団安全保障の論理でも正当化されているように，そして AMISOM という AU のミッションを国連が UNSOM や UNSOS で側面支援しているように，複数の階層が重なり合う状況は，むしろ頻繁に起こりうる。そして，そのような国際安全保障の複数の階層が重なり合うところで，パートナーシップ国際平和活動は発生してくる，とも言えるわけである。

制度化されている階層性

　国連憲章第 51 条は，次のように定めている。「この憲章のいかなる規定も，国際連合加盟国に対して武力攻撃が発生した場合には，安全保障理事会が国際の平和及び安全の維持に必要な措置をとるまでの間，個別的又は集団的自衛の固有の権利を害するものではない。この自衛権の行使に当って加盟国がとった措置は，直ちに安全保障理事会に報告しなければならない。また，この措置は，安全保障理事会が国際の平和及び安全の維持又は回復のために必要と認める行動をいつでもとるこの憲章に基く権能及び責任に対しては，いかなる影響も及

ぼすものではない。」

　この条項は，個別的自衛権・集団的自衛権・集団安全保障が，一続きの連続性を持って国際安全保障システムを形成していることを語っている。武力攻撃が発生したとき，個別的自衛権が発動されるか，集団的自衛権が発動されるか，集団安全保障が発動されるか，あるいはそれらのいくつかが，ひょっとしたら三つすべてが発動されるかどうかは，個別的事情にもとづいて政策的裁量によって決められる。さらに，集団的自衛権がどのような形で行使されるか，集団安全保障がどのような形で行使されるかも，政策的裁量によって決められる。地域組織によって行使されるかもしれず，有志連合によって行使されるかもしれず，あるいは193の国連加盟国すべてによって行使されるかもしれない。国際の平和と安全の脅威に対抗し，国際の平和と安全の維持という目的を共有する限り，国際安全保障の三つの階層のいずれをどのように適用するかは，個別的事情の中で判断され，決定される。あらかじめ決まっているのは，最終審査をする権限が，国連安全保障理事会にあるということだけである。いずれにしても，国連憲章によって代表される現代国際法は，そのような政策的裁量の行使を，合法的なものとして認めているのである。

　このような重層的な国際安全保障システムの性格を再認識することによって，パートナーシップ国際平和活動の性格もまたより明瞭になってくるだろう。冷戦時代には，重層的な国際安全保障システムは，柔軟に適用されることがなかった。しかし冷戦の終焉とともに，国際安全保障システムは，裁量幅を持って柔軟に適用される重層性のある仕組みとして，運用されるようになった。その結果，集団安全保障と集団的自衛権の階層が重なり合い，あるいは複合的な集団的自衛権の適用方法が重なり合うような形で，パートナーシップ国際平和活動が隆盛してくることになった。

　個別的な事情にもとづいて個別的な形態で形成されるパートナーシップ国際平和活動は，時には場当たり的な対応をしているだけに見えるかもしれない。しかし歴史的背景を持って進展してきているパートナーシップ国際平和活動に，国際安全保障システムの運用形態の歴史的展開という問題が密接に関わっていることは明らかである。パートナーシップ国際平和活動が，個別的な事情にもとづいて柔軟に形成されて運用されてきているという観察は，それが国際安全

保障システムの仕組みにしっかりと体系的に基礎づけられているという観察と，決して矛盾することはないのである。

4　結　論

　本章は，パートナーシップ国際平和活動が持つ特徴を，大きく三つの観点から検討した。一つ目は，国連 PKO 三原則の変質という観点であった。二つ目は，国連憲章体制という国際法制度の観点であった。三つ目は，国際安全保障システムという観点であった。いずれの観点からの検討でも，パートナーシップ国際平和活動は，現代国際社会の規範的・制度的枠組みの中にしっかりと位置づけられているということが判明した。

　パートナーシップ国際平和活動が新奇に見えるのは，冷戦時代にはそのような形態の国際平和活動を見ることがなかったからである。しかし本来の国連憲章を中心にした国際法体系や国際安全保障システムからすれば，冷戦時代の二極分化体制のほうが逸脱であった。パートナーシップ国際平和活動は，本来の国連憲章体制に立ち戻ったうえで，新たな脅威に対抗しようとする試みだと描写することもできる。このように論じながら，本章が強調したのは，パートナーシップ国際平和活動が前提としている国際社会の秩序は，「国内的類推」によって推論されるような空想的な世界国家の秩序ではなく，独特の秩序構成原理にもとづいて存在している一つの独特の社会としての国際社会の秩序だ，ということであった[23]。本章は，その国際社会の秩序は，重層的な安全保障システムを持っているが，それは国際法規範によって裏付けられている，ということを強調した。パートナーシップ国際平和活動が隆盛するのは，まさにそのような独特の重層性を持つ秩序空間としての国際社会においてなのである。

注

1　篠田英朗「スーダンという国家の再構築——重層的紛争展開地域における平和構築活動」武内進一編『戦争と平和の間——紛争勃発後のアフリカと国際社会（研究双書 No. 573）』（IDE-JETRO アジア経済研究所，2008 年），参照。

2　篠田英朗「国連ハイレベル委員会報告書と国連平和活動の現在——『政治の卓越性』と『パートナーシップ平和活動』の意味」『広島平和科学』（広島大学平和科学研究センター）37 巻，2016 年，参照。

3　香西茂『国連の平和維持活動』（1991 年，有斐閣）。

4　*United Nations Peacekeeping Operations Principles and Guidelines (Capstone Doctrine)*, (United Nations Department of Peacekeeping Operations and Department of Field Support, 2008).

5　*Ibid.*, p. 31.

6　篠田英朗「国連 PKO における「不偏性」原則と国際社会の秩序意識の転換」『広島平和科学』（広島大学平和科学研究センター）36 巻，2015 年，参照。

7　*Capstone Doctrine*, pp. 33-34.

8　See United Nations, "Report of the Independent Inquiry into the actions of the United Nations during the 1994 Genocide in Rwanda", UN Document, S/1999/1257, 15 December 1999; United Nations, Report of the Secretary-General pursuant to General Assembly Resolution 53/35, "The Fall of Srebrenica", UN Document, A/54/549, 15 November 1999.

9　もちろんこれは理論上の推論であり，実態としては国連がつねに必ず完全に中立的で公平であるとは言えないだけでなく，地域組織の中立性と公平性に疑問が提示されることも多い。たとえば Bridget Conley, "The 'Politics of Protection': Assessing the African Union's Contributions to Reducing Violence against Civilians", *International Peacekeeping*, vol. 24, no. 4, 2017.

10　*Capstone Doctrine*, p. 47.

11　*Ibid.*, p. 86.

12　See Daniel H. Levine and Dawn Nagar (eds.), *Region-Building in Africa: Political and Economic Challenges* (Palgrave Macmillan, 2016); Carmela Lutmar and Benjamin Miller (eds.), *Regional Peacemaking and Conflict Management: A Comparative Approach* (Routledge, 2016); Peter Wallensteen and Anders Bjurner (eds.), *Regional Organizations and Peacemaking: Challenges to the UN?* (Routledge, 2015).

13　See Hedley Bull, *The Anarchical Society: A Study of Order in World Politics* (Palgrave Macmillan, 1977), pp. 46-51. 篠田英朗「『国際法学の国内モデル思考』批判の射程——その可能性と限界」中川淳司・寺谷広司編『大沼保昭先生記念論文集 国際法学の地平——歴史，理論，実証』（東信堂，2008 年），参照。

14　Hans Morgenthau, *Politics among Nations: The Struggle for Power and Peace*, sixth edition (McGrow-Hill College, 1985), Chapters 29 and 30.

15　マックス・ウェーバー（世良晃志郎訳）『支配の諸類型』（創文社，1970 年）。

16　「座談会　憲法インタビュー——安全保障法制の問題点を聞く：石川健治先生に聞

く」『第一東京弁護士会会報』2015 年 11 月 1 日，No. 512，5 頁。

17　外務省定訳にならった。「国際聯盟規約」大沼保昭・奥脇直也・横田洋三・岩沢雄司・小寺彰編『国際条約集』（有斐閣，2005 年）。

18　篠田英朗「重層的な国際秩序観における法と力——『モンロー・ドクトリン』の思想的伝統の再検討」大沼保昭編『国際社会における法と力』（日本評論社，2008 年），篠田英朗「ウッドロー・ウィルソン——介入主義，国家主権，国際連盟」遠藤乾編『グローバルガバナンスの歴史と思想』（有斐閣，2010 年），参照。

19　田岡良一『国際法上の自衛権（新装版）』（勁草書房，2014 年），篠田英朗『集団的自衛権の思想史』（風行社，2016 年），参照。

20　篠田英朗「重層化する国際安全保障と国連平和活動の変容」『国連研究』（日本国際連合学会編）20 号，2019 年，参照。See also Hideaki Shinoda, "Partnership Peace Operations in Multi-layered International Security: An Examination of the Involvement of Regional and Sub-regional Organizations in International Peace Operations", 『国際関係論叢』8 巻 1 号，2019 年，参照。

21　See Danesh Sarooshi, *The United Nations and the Development of Collective Security: The Delegation by the UN Security Council of Its Chapter VII Powers* (Clarendon Press, 1999).

22　UN Document S/RES/2568, 12 March 2021. ただし AUPCS の承認がなければ，準地域組織が直接的に国連安保理の強制措置の権限を与えられないようになってきている。See Cedric de Coning, Linné a Gelot and John Karlsud, "Strategic Options for the Future of African Peace Operations 2015-2025: Seminar Report", NUPI Report, Report No. 1, 2015.

23　篠田英朗『国際社会の秩序（シリーズ国際関係論 1)』（東京大学出版会，2007 年），参照。

第4章

パートナーシップ国際平和活動が前提と
する国際社会の秩序

　第1章・第2章でパートナーシップ国際平和活動の実例を見た後，第3章で
はパートナーシップ国際平和活動の背景にある規範的・制度的問題を分析した。
そこで判明したのは，パートナーシップ国際平和活動が，決して最近の新奇な
国際秩序からの逸脱のようなものではなく，少なくとも国連憲章を基盤にした
国際社会の枠組みにそったものである，ということであった。

　それではパートナーシップ国際平和活動の特徴を，さらにいっそう歴史的に
分析してみることは可能だろうか。

　もちろん実例としてあげることのできるパートナーシップ国際平和活動が，
冷戦終焉後の国際社会にしか確認できないことは，第1章・第2章で見た通り
である。ただし第3章で見たパートナーシップ国際平和活動の背景にある重層
的な国際安全保障システムとそれを裏付ける国際法規範の特徴は，20世紀半
ばに成立した国連憲章を基盤とする国際秩序の中にすでに見出せるものであっ
た。

　本章では，こうした問題意識に従って，国際社会の歴史的展開の観点から，
パートナーシップ国際平和活動の特徴を描き出すことを試みる。そのために本
章が参照するのは，ヘドリー・ブルの「アナーキカルな社会としての国際社会
（international society）の秩序」に関する議論である。ブルによれば，現代国際
社会の原型は，17, 18, 19世紀の「ヨーロッパ国際社会（European international
society）」である。20世紀の国際社会は「世界国際社会（world international so-
ciety）」と呼ばれる。第3章で確認したのは，20世紀半ばに成立したと言える

「世界国際社会」の秩序は，21世紀になってもなお基本構造において継続しているということである。パートナーシップ国際平和活動が前提としているのは，この「世界国際社会」である。

　なお，本書では，ブルが「世界国際社会」として区分した20世紀以降の国際社会を「普遍的国際社会」という概念で呼ぶ。ブルは，単一性の高い国際社会が，ヨーロッパ地域から世界全体に広がった，という歴史観を持っていた。しかし実際には，異なる国際社会の仕組みが古い仕組みを塗り替えていったとき，国際社会は地理的な拡大だけでなく，質的転換も遂げている。20世紀以降の国際社会の特徴は，単にその地理的範囲が世界的規模に広がったことにあるのではなく，脱植民地化の後に地表を覆いつくした「主権」を持った国民国家群が共有した「共通の制度と規則」が普遍化したことにある。「国際立憲主義」とも言える程度に，通常の条約規範とは異なるレベルの普遍的価値観の原則性が高まったことにある[1]。その点に鑑みて，本書では，20世紀以降の国際社会を，あえてブルにならって「世界国際社会」と呼ぶのではなく，「普遍的（universal）国際社会」と呼ぶことにする[2]。

1　国際社会の歴史的展開

ブルの国際社会の概念

　ヘドリー・ブルは，国際関係学における「イギリス学派」の代表的人物である。彼の主著として知られるのは，『国際社会論（*The Anarchical Society: A Study of Order in World Politics*）』である[3]。権力闘争としての国際政治の性格を強調したハンス・モーゲンソー（Hans Morgenthau）の現実主義が支配的な思潮であった冷戦期の国際関係学において，あえて「国際社会」の存在を主張したことで知られる。

　ブルによれば，国際社会は，諸国が「共通の制度あるいは規則（common institutions or rules）」を持つときに，成立する。このように定義される国際社会とは，歴史的な存在である。つまりある時代より前には存在していなかったが，いずれかの時代において出現したものである。世界のほとんどの地域に住む人々にとっては，国際社会とは，19世紀から20世紀になってようやく到来し

たものであろう。王権が複数の民族集団を飲み込む「帝国」の秩序は世界各地で見られたが，複数の国家が共通の制度あるいは規則にもとづく社会を形成することは，まれな出来事であった。だがブルは，ヨーロッパを中心にして国際社会の歴史を見ると，もう少し古くから何らかの国際社会が存在していたと言えると考える。ブルは，15, 16世紀の「キリスト教国際社会」，17, 18, 19世紀の「ヨーロッパ国際社会」を経て，20世紀に「世界（普遍的）国際社会」が生まれたと主張する。

　国際社会が世界的規模で広がって普遍化したのは，「普遍的国際社会」になってからである。ブルの歴史観では，これはほとんど「ヨーロッパ国際社会」が拡張した結果として生まれた国際社会である。ブルは自らの視点がヨーロッパ中心的であると認めるが，それは歴史がヨーロッパ中心主義的に展開したからだという[4]。実際のところ，複数の諸国が集まって「社会」を形成していたと言える歴史を持つ地域は，ヨーロッパ以外にはないのかもしれない。ただし，だからといって，ヨーロッパ国際社会が拡大しただけなのが現代世界の国際社会だということはできない。現代の国際社会は，歴史の中のヨーロッパ国際社会と比べて，質的に異なっている。本書のテーマであるパートナーシップ国際平和活動は，やはりあくまでも現代の普遍的国際社会の中の現象である。19世紀までの国際社会では，パートナーシップ国際平和活動は生まれ得なかった。そのことを歴史的展開の中で見ていこう。

ヨーロッパ国際社会

　「ヨーロッパ国際社会」とは，ヨーロッパ地域の諸国の間で「共通の制度と規則」が共有されることによって成立していた地域的な国際社会のことである。ブルは，17〜19世紀のヨーロッパに「ヨーロッパ国際社会」と呼ぶべき地域的な国際社会があった，と考える。それ以前の時代の国際社会としての「キリスト教国際社会」とは，キリスト教の信仰と価値規範を紐帯として，国境を越えた「共通の制度と規則」が存在していた時代の国際社会だ。だが，宗教改革によって，キリスト教の信仰と価値規範を基盤にしていた「共通の制度と規則」が揺らいだ。そして宗教戦争によって崩壊した。人々は，かつての「キリスト教国際社会」の復活が可能だとも望ましいとも思わなくなった。むしろ新

しい「共通の制度と規則」を模索するようになった。社会の構成原理である
「共通の制度と規則」が塗り替えられるとき，一つの国際社会は，別の国際社
会に変わる。ブルは，そのような国際社会の転換が，17世紀頃に起こったと
考える。

　いうまでもなく，17世紀前半は，凄惨な三十年戦争によってヨーロッパ全
域が戦禍に見舞われ，800万人とも言われる人命が戦争で失われた時代であっ
た。それは当時のヨーロッパ人にとっては，「万人の万人に対する戦争」と言
ってもいい世界戦争であった[5]。その三十年戦争を終結させた1648年「ウェス
トファリアの講和（Peace of Westphalia）」の際に，ミュンスターとオスナブリ
ュックに集まった紛争当事者たちが，かつてのキリスト教の宗教的権威に訴え
る秩序維持原理を復活させる態度ではヨーロッパの秩序は維持できないと考え
たとしても，それはむしろ自然なことだった。ローマ教皇，神聖ローマ帝国，
聖書の権威，君主の信仰対象に訴える秩序維持原理は，相対的に無効化された。
その代わりにより世俗的な合理性のある秩序維持原理が導入されなければなら
なかった。ブルが着目したのは，ウェストファリアの講和以降のヨーロッパで
重視されるようになった「バランス・オブ・パワー（balance of power）」の原
理である。バランス・オブ・パワーの原理を「共通の制度」とすることによっ
て，宗教的権威に訴えることなく，世俗的権力が自律的に秩序を維持していく
ことができるようになった。それによって新しい国際社会が始まったと言える
状態が生まれるようになった。そのバランス・オブ・パワーというヨーロッパ
地域だけに見られた「共通の制度」が確立されるようになって，「キリスト教
国際社会」は過去のものとなり，「ヨーロッパ国際社会」が開始されたのであ
る。

　バランス・オブ・パワーとは，単に大国による力と力のせめぎ合いの状態を
指すのではなく，一つの法則として，あるいは一つの規範として，ヨーロッパ
全体に広がる制度として考えられていた。20世紀の国際政治学では，モーゲ
ンソーの影響が強く，バランス・オブ・パワーは，むき出しの諸国家の権力闘
争の結果として生まれてくる状態でしかない，という消極的な理解が支配的で
あった。しかし「ヨーロッパ国際社会」の時代に標榜されていた歴史的なバラ
ンス・オブ・パワーは，秩序維持原理として積極的な意味を持っていた。実際

に19世紀に国際法が一つの学問体系として確立されていった時代に，国際法学者たちは国際法の実在を論証するために「社会あるところに法あり」と論じたりしたが，そのとき国際社会の存在は，バランス・オブ・パワーの原理を導入した1648年ウェストファリアの講和の歴史的史実によって証明されるのだった[6]。

18世紀のスペイン継承戦争の終結の際に締結された1713年ユトレヒト条約では，バランス・オブ・パワーの維持が条約の目的とされた。スペイン継承戦争は，大陸に圧倒的な覇権国が生まれてしまうことを恐れたイギリスとオランダの新興国が，軍事介入してフランスとスペインの王家が合体することを止めるために引き起こした戦争であった。意識してバランス・オブ・パワーを維持する外交政策をとる島国・イギリスという「バランサー」の軍事介入行動は，ヨーロッパのバランス・オブ・パワーを維持する目的によって正当化される，という見方が，ユトレヒト条約の世界観である。マーチン・ワイト（Martin Wight）の言葉を用いれば，「バランス・オブ・パワーは，18世紀を通じて，ある意味で国際社会の不文憲法であるかのように，一般的に語られていた」[7]。覇権国台頭を防ぐことに国益を見出していたイギリスでは，国内憲法における権力分立と勢力均衡の原理を，ヨーロッパにおけるバランス・オブ・パワーと重ね合わせる風潮があった[8]。

一つの国際社会の「共通の制度」が変質すると，他の諸制度も変質していく。たとば「戦争」の理解である。「キリスト教国際社会」においては，いまだ「正戦論」の論理が残っていた。信仰の貫徹が，戦争の回避よりも高い次元にある価値規範だったからだ。しかし「ヨーロッパ国際社会」では，戦争はバランス・オブ・パワーの原理に即して行われるものとなった。制裁としての戦争のみならず，均衡を維持するための戦争もありえた。この傾向は，大陸の外側から「バランサー」としての制度的役割を自覚的に担ったイギリスでは，とくに強かった。当時のヨーロッパには，弱小領主主権者たちを含めると，形式的には400近くの政治共同体が存在していた[9]。しかしバランス・オブ・パワーの制度の観点からすれば，それらは大国の外交政策の操作の対象にすぎず，ヨーロッパ国際社会を実際に動かしていたのは，大国であった。

この「ヨーロッパ国際社会」の時代に，「諸国民の法（law of nations）」は，

神法や自然法の影響を排して，国家間の条約と慣習によってのみ成立する「国際法」に脱皮していった。「国際（inter-national）」という語を，諸国民の法に代わる「国際法」という新しい法概念を表現するために捻出したのは，18世紀末のジェレミー・ベンサムであった[10]。この「国際法」は，主権者間の同意と慣習の集積でしかなく，本質的に現状肯定的なものとして編み出された。そこでバランス・オブ・パワーの原理は，国際公法の一部とみなされた。多くの国際法学者は，バランス・オブ・パワー維持のための戦争や介入を，慣習国際法として認めた[11]。

　バランス・オブ・パワー，戦争，国際法，大国，そして外交が，ブルが「ヨーロッパ国際社会」の「共通の制度」とみなしたものである。この時代のヨーロッパ人たちが「ヨーロッパ国際社会」に自信を持っていたのは，これらの諸制度が「諸国家の社会」の秩序を維持するために機能している，と感じていたからであった。

　ある一つの国際社会において，「共通の制度と規則」が，諸国を結びつける社会的紐帯の基盤である。そこに，必然的に，戦争と平和に関する安全保障の制度や規則が関わってくる。国家の存続は，国際社会の存続につながる。それらの存続は根源的に重要な価値だが，その価値が達成できるかどうかは，安全保障の制度や規則が機能するかどうかで決まってくる。国際社会の安全保障政策は，国際社会を構成する諸国の「共通の制度と規則」によって，決まってくる。ある国際社会においてパートナーシップ国際平和活動が全く見られないとすれば，それはその国際社会がパートナーシップ国際平和活動を要請する「共通の制度と規則」を持っていないからである。別の国際社会においてパートナーシップ国際平和活動が盛んに行われるとすれば，それはその国際社会がパートナーシップ国際平和活動を促進するような「共通の制度と規則」を持っているからである。

　バランス・オブ・パワーを中心的な原理とする制度と規則を持っていた「ヨーロッパ国際社会」は，パートナーシップ国際平和活動が見られる国際社会とは異質のものである。おそらくバランス・オブ・パワーの維持を至上命題とするような価値規範が共有されている国際社会は，パートナーシップ国際平和活動を要請しない。パートナーシップ国際平和活動の誕生と発展は，異なる「共

通の制度と規則」を持つ国際社会において初めて見られる現象であった。つまりパートナーシップ国際平和活動の誕生と発展は，20世紀以降の「普遍的国際社会」の成立を待たなければならなかった。

普遍的国際社会の誕生

　「ヨーロッパ国際社会」の時代に，ヨーロッパ諸国は，経済産業面で飛躍的な発展を遂げた。それが圧倒的な軍事力の優位にもつながった。実力の拮抗したいくつかの大国が，共通の制度と規則を持ちながら激しい競争を繰り広げていく仕組みは，さらなる大国の発展を促進するものだった。「ヨーロッパ国際社会」の大国間の競争は，世界各地での植民地経営を通じた国力の充実と競争に結びついていた。そして19世紀末までにヨーロッパ諸国と他の地域の国々との経済的・軍事的格差は，いよいよ甚大なものになった。この帝国主義の時代に，ヨーロッパの大国の地理的拡大は，地表のほぼすべてを覆いつくすようになる。「ヨーロッパ国際社会」の地理的拡大による世界化である。例外的に独立を維持した諸国も，技術力から外交儀式に至るまで，「ヨーロッパ国際社会」の習わしを模倣することによって，ようやく独立国としての認知を得たにすぎなかった。

　「ヨーロッパ国際社会」は，バランス・オブ・パワーを秩序維持原理にしていたがゆえに，大国クラブと言ってよい社会構造を持っていた。ひとたびバランス・オブ・パワーのために必要だと大国に認定されれば，小国は分割されたり，領土を割譲させられたり，最後には吸収されてしまった。残った国々も，生き残りのためには合併に参加するしかなかった。17世紀以降，ヨーロッパ大陸の政治共同体の数は，激減を続けた。20世紀に入るときにも「主権国家」として認められていたのは，ヨーロッパでも一桁台の数の大国だけであった。世界的にも，「主権国家」としてヨーロッパ公法としての国際法上の権利を享受することができたのは，ほんの一握りの数の諸国だけであった。

　しかしヨーロッパ諸国間の関係の調整と，帝国主義的拡張による新たな領土の獲得によってバランス・オブ・パワーを再構成し続けるやり方は，20世紀に入る頃までに限界を見せるようになる。ヨーロッパにはもはや操作対象にできる小国が存在しておらず，ヨーロッパ域外の地域もすべてヨーロッパ列強の

帝国主義的拡張に覆われてしまっていたからだ。飽和点に達したバランス・オブ・パワーは，イギリスとドイツの対立を軸にしてにらみあう二つの同盟陣営の対立に還元されるようになった。こうして「ヨーロッパ国際社会」の破綻としての第一次世界大戦が勃発する。それは国際社会の秩序原理としてバランス・オブ・パワーが機能する時代の終わりでもあった。

　20世紀以降の「普遍的国際社会」の新しい「共通の制度と規則」の代表は，「民族自決」（国連憲章第1条2項）や「主権平等」（同第2条1項）といった国家の独立に関する原則である。1945年国連憲章に明記されるようになったこれらの原則は，小国であっても大国によるバランス・オブ・パワーの操作の対象ではなくなり，その独立を至高の国際社会全体の原理として保障される存在になったことを表現した。そこで「武力行使の一般的禁止」（同第2条4項）原則も導入されることになった。それを保障する集団安全保障（同第39条以下の条項）や個別的・集団的自衛権（同第51条）の安全保障の制度も，国家の独立を至高の原理として正当化することを目的にしたものだった。

　第一次世界大戦後の国際秩序で中心的役割を担うことになったのは，ヨーロッパ域外の大国であるアメリカであった。アメリカは西半球世界で「モンロー・ドクトリン」にもとづく独特の地域秩序を作って運営していた国であった。ヨーロッパという「旧世界」の大国がバランス・オブ・パワーの論理にそってアメリカという「新世界」に干渉をしてくることは許されない。アメリカは，「モンロー・ドクトリン」を掲げて，「旧世界」と「新世界」の間の「相互錯綜関係の回避」を唱えながら，西半球世界の中小国の動向に気をつかった[12]。事実上の西半球世界の覇権国としての地位を持つアメリカが，西半球世界の諸国の独立のためにヨーロッパ列強の干渉を排する仕組みは，20世紀の集団安全保障や集団的自衛権の仕組みを先取りしたものであった[13]。第一次世界大戦後にヨーロッパ諸国を巻き込んで，アメリカのウッドロー・ウィルソン大統領が作り出そうとした国際連盟の民族自決と集団安全保障の仕組みは，世界的規模に拡張された「モンロー・ドクトリン」なのであった[14]。

　20世紀の「普遍的国際社会」の成立にあたって顕著になった現象は，国家と国際組織の数の増加であろう。すでに見たように，かつて「ヨーロッパ国際社会」の時代を通じて，国家の数は減少し続けた。バランス・オブ・パワーを

中心原理とする社会では，構成単位の数は減り続けるしかなかったのだ。「ヨーロッパ国際社会」は，地理的拡大を進めながら，国家の数を減らしていた。例外は，「モンロー・ドクトリン」に象徴される地域秩序を持っていた西半球世界だ。そこでは国家の独立と平等が謳われ，バランス・オブ・パワーが忌避されていた。国際社会全体の国家数の減少の傾向が反転したのは，第一次世界大戦後である。世界大戦の敗戦国となったオスマン帝国，オーストリア＝ハンガリー帝国，ドイツ帝国の解体によって，ヨーロッパに数多くの小国が生まれた。この傾向は第二次世界大戦後のドイツ第三帝国と大日本帝国，そして大英帝国とフランス帝国の解体による無数の国家群の成立で拍車がかかった。20世紀の「普遍的国際社会」は，新興独立諸国の成立によって象徴される。なぜか。国際社会の「共通の制度と規則」が，バランス・オブ・パワーを原理とするものから，「民族自決」や「主権平等」を原理とするものに転換したからである。

　同様に数を増加させたのが，国際組織（international organization）である（図24参照）。「ヨーロッパ国際社会」では，目まぐるしくバランス・オブ・パワーを構成する大国の組み合わせが変化していたため，継続的に固定された複数の国家群が形成するものとしての国際組織は，生まれなかった。19世紀までに生まれた国際組織と言えば，わずかに1865年万国電信連合や1878年万国郵便連合などがあるだけだった。ところが第一次世界大戦後の国際社会では，急速に頻繁に国際組織が作られる機運が生まれた。第二次世界大戦後の新興独立諸国は，競うかのように次々と地域組織を作っていった。国家の数が増えると，一つ一つの国家の大きさや国力はどうしても小さくなっていく。しかしどんなに小さく弱い存在でも，20世紀の「普遍的国際社会」ではひとたび主権を持つ独立国家と認められた国家は，決してその存在を消滅させられることはない。結果として，単独では自らの安全を保障する政策を遂行したり，その他経済活動等を円滑に行っていったりすることができない国家が増えたことになる。そこでそれらの国々は，複数の諸国で集まって安全保障政策や経済成長政策をとっていくことになる。その結果，無数の国際組織が生まれていくことになるのだ。国家の数の増大と，国際組織の数の増大は，「普遍的国際社会」という新しい国際社会の誕生によって，表裏一体の現象として出現したものであ

図 24　国際組織の数の増加

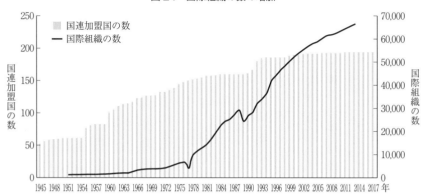

出典：Michael J. Mazarr, et al., *Measuring the Health of the Liberal International Order*（Rand Corporation, 2017), p. 30 をもとに作成。

った。

　「普遍的国際社会」の時代は，帝国が解体され，代わって独立した国民国家が地表を覆いつくす時代である。それを裏付けたのが「民族自決」や「主権平等」を原理とする新しい国際社会の「共通の制度と規則」であった。これによって国家の数だけでなく，国際組織の数が飛躍的に増大した。国際組織が，諸国の安全を保障する政策をとっていく時代が到来した。その代表が国連なのだが，国際組織は国連だけに限られるわけではなかった。「世界的国際組織」の時代には，地域組織もまた当該地域の安全を守る制度として数多く作られた。

　いうまでもなく，パートナーシップ国際平和活動は，こうした大きな活動の流れの中で生み出されて，促進されてきた。パートナーシップ国際平和活動が成立するためには，まずもってたくさんの国際組織が生まれていなければならなかった。そして，たくさんの国際組織が生まれるためには，まずもってたくさんの国家が生まれていなければならなかった。多数の国家と国際組織が，さまざまなやり方で，国際の平和と安全としての自らの安全を追求していく中で，さまざまな協力関係が導入され，パートナーシップ国際平和活動も模索されていった。こうした意味において，パートナーシップ国際平和活動は，「ヨーロッパ国際社会」では生まれ得ない現象であり，「普遍的国際社会」では必然的に生まれてくる現象であった。

　第3章で見たとおり，冷戦時代の東西対立は，地域組織による国際平和活動を停滞させ，パートナーシップ国際平和活動の誕生と進展を阻害した。しかしその素地は，すでに20世紀のうちに作り出されていた。冷戦終焉は，阻害要因の消滅を意味した。そこでパートナーシップ国際平和活動も，自然に発展していくことになったのである。

2　入れ子構造の国際社会

地域組織の国際社会

　国際社会の歴史展開を見ると，パートナーシップ国際平和活動が「普遍的国際社会」の歴史段階において生まれたものであることがわかった。だが，それではなぜ，パートナーシップ国際平和活動の発現には地域的差があるのだろうか。パートナーシップ国際平和活動が実施されている地域は普遍的国際社会に属しているが，実施されていない地域は普遍的国際社会に属していない，ということなのだろうか。

　もちろんそうではなく，パートナーシップ国際平和活動が発生していない地域にも，普遍的国際社会の「共通の制度と規則」は広がっている。ただ，その普遍的国際社会の内部に地域的な差もあり，それがパートナーシップ国際平和活動の実際の発生に大きく影響している。普遍的な制度と規則はあるが，その適用に濃淡があるのもまた事実である。あるいは地域的に適用される「共通の制度と規則」が存在し，普遍的な制度と規則と併存している。現代の普遍的国際社会は，その内側に小さな国際社会をたくさん抱えているのである。この「入れ子構造の国際社会」としての普遍的な国際社会の性格は，パートナーシップ国際平和活動の性格を捉える際にも，非常に重要になってくる。

　ブルは，比較的単純に，「ヨーロッパ国際社会」が拡大して「世界国際社会」に発展したと考えていたようである。だから逆に，20世紀のヨーロッパの統合プロセスなどには関心を持っていなかったようだ。しかし普遍的な国際社会の存在は，ヨーロッパだけの地域的な国際社会の存在を絶対に不可能にするわけではない。普遍的な国際社会と地域的な国際社会は，矛盾しない限りにおいて，両立する。あらゆる社会が，内側に小さな社会を抱えうるし，より大

きな社会に属しうる。現代世界では地表のすべてを覆う普遍的な国際社会があると言えるようになったため，逆にその普遍的な国際社会と地域的な国際社会との関係が大きな問題になりうる。

　この事情を，国家承認をめぐる制度を通じて見てみよう。国際社会において，国家間の相互承認は重大な要素である。国家の承認は，国家だけが行う。世界政府がないという分権的な性格を持っているからといって，国際社会の諸原則の内容が，中央集権的な性格を持つ国内社会と根本的に異なっているわけではない。立法行為を行えるのは，国家だけである。ただ国際社会では，その特別な権限を持つ国家という存在が単一の存在ではない。むしろ200近くも存在する。この立法権を含む最高の公権力を保持する組織が数多く存在しているという事実から，複雑な手続きが生まれる。一つの国家の承認が普遍的になるためには，200近くの組織の承認を得なければならない。大変に面倒な話だが，これは国際社会の仕組みのために，不可避的である。

　現実がさらに複雑なのは，ある国の国家承認は，世界のすべての国々がいっせいに行うわけではないので，承認にはつねに時間差ができることだ。政治的事情があって承認が見送られている場合もある。たとえば日本は台湾（中華民国）を国家として承認していない。1972年まで認めていたにもかかわらず，態度を変えた。ある国家的存在が，いくつかの国にとっては本当に国家だが，その他の国にとっては国家ではないというのは，ややこしい話ではある。だが国際社会では，そのような複雑な話が起こるのである。良いか悪いか，優れているか劣っているかを抜きにして，現実として起こるのである[15]。

　国家承認の制度は普遍的に存在している制度である。世界のどこかで全く異なるやり方で国家の存在を作り出しているという事実はない。だがそれにもかかわらず，極端な場合には，たとえばパレスチナやコソボのように，世界の3分の2あるいは半分程度の国々から国家だと承認されているが，残りの国々からは承認されていない，といった事例も起こりうる。アラブ諸国の間ではパレスチナは国家で，NATO構成諸国の間ではコソボは国家だが，違う国家の間では事情は異なる，といったことが，しばしば起こる。普遍的な国際社会と矛盾しない形で同じ制度を運用しながら，ある地域的な国際社会が，具体的な問題の取り扱いについて異なる対応をとっている，といったことは，しばしば起

こる。なぜ起こるのかと言えば，普遍的な国際社会が存在していないからというよりも，普遍的な国際社会の内側に地域的な国際社会が存在しているからだろう。

　国連は 193 の加盟国を持つため，地域組織などと比べて，普遍性の度合いが高い。だがそのことは，国連が地域組織の存在を敵対視し，すべての地域組織を従属させたいと思って行動するだろうことを，全く意味しない。国連と地域組織が併存するのは，普遍的な国際社会と地域的な国際社会が併存するからである。「普遍的な共通の制度と規則」と矛盾しない形で，「地域的な共通の制度と規則」を持つことは，可能である。

　現代世界では，ほとんどの諸国が，国連と（複数の）地域組織に同時に加入している。ほとんどの諸国が，普遍的国際社会と地域的国際社会の両者に同時に属している，ということだ。「普遍的国際社会」とは，実は内部に数々の地域的な国際社会を含みこんだ，「入れ子構造の国際社会」なのである[16]。パートナーシップ国際平和活動を理解するためには，国連と地域組織の背後にある，このような普遍的国際組織と地域的国際組織が併存する関係を理解することが必須である。

入れ子構造の国際社会におけるヨーロッパの地域的な国際社会

　かつてヨーロッパ地域にだけ存在した「ヨーロッパ国際社会」を形成していたヨーロッパ諸国は，普遍的国際社会の成立にあたって，ヨーロッパ地域において存在する地域的な国際社会の要素をすべて放棄したと言えるだろうか。現在に至るまでの EU の発展を見るならば，ヨーロッパに地域的な「共通の制度と規則」があり，地域的な国際社会があるというのは，非常に自然なことであるように思われる。

　ヨーロッパの EU は，憲法典に近い役割を持つマーストリヒト条約を持ち，恒常的に行政機能を発揮する機関を多数持ち，選挙で議員が選ばれる議会も持つ。共通の外交安全保障政策を持ち，その上級代表は事実上の EU の外務大臣として行動する。限りなく連邦国家という単一国家に近いと言えるが，連邦国家になりきっていない部分も多々あるため，依然として主権は加盟国に属していると考えられている。ということは，EU は主権国家が条約で作っている国

際組織である。非常に高い次元で確立された「共通の制度と規則」を持ち，ヨーロッパの地域的な国際社会を形成している国際組織である。

　特筆すべきは，EU が，人権や法の支配などの自由主義的な価値規範を共有する価値の共同体としての性格を強く持っている点である。それを反映して，たとえば欧州人権裁判所には，加盟国の市民からの訴えを直接審理して，1953年欧州人権条約に照らして加盟国の国内裁判の結果を覆す判決を出すこともできる強力な権限が与えられている。EU は，このアイデンティティを大切にしており，対外ミッションを出す際にも，EULEX（コソボ法の支配ミッション）のように，人権や法の支配に関わる司法活動に焦点をあてた大規模ミッションを派遣したりする。

　2020 年にイギリスが正式に脱退し，EU の加盟国数は一つ減って 27 となった。これによってイギリスがヨーロッパの地域的な国際社会から完全に離脱したと言えるかどうかは，微妙である。イギリスは非常に重要な安全保障組織である NATO に加入し続けたままだし，OSCE にも入っている。NATO はアメリカとカナダが加入している点でヨーロッパだけの組織ではなく，OSCE はロシアやその他のソ連を構成していた諸国が入っている点で EU とは性格が違う。ただしそれらの組織もまた，ヨーロッパの地域的な国際社会に大きな意味を持つ「共通の制度と規則」を形成しているということは可能であろう。NATOの設立条約である北大西洋条約（North Atlantic Treaty）は，その前文で「民主主義・個人の自由・法の支配に依拠した自由・共通の文化・文明」を守る決意をまず表明している。安全保障のための軍事同盟であるが，その設立目的は，自由主義的な価値規範を守ることに置かれている。なお同条約は，武力行使の一般的禁止などの国連憲章の諸原則を尊重することも明示的に標榜している。たとえばボスニア・ヘルツェゴビナにおいては，NATO から EU への平和維持軍の引き継ぎが行われたが，同じ価値共同体を形成している地域組織としての信頼感があることはいうまでもないだろう。

　強力な地域的な国際社会を形成しているヨーロッパの地域組織が，国際平和活動にも熱心であることは，偶然ではないだろう。大々的な関与を長期にわたって行っているボスニア・ヘルツェゴビナやコソボにおいて，EU はこれらの国々の将来の EU 加入を見据えた活動を行っている。EU が支援している法の

支配に関わる分野などは，将来の EU 加入にあたって指標となる重要領域なのである。直接介入してでも新規加盟国候補を価値規範遵守の面から審査するのは，価値の共同体としてのヨーロッパの国際社会を維持するためでもある。

　ヨーロッパの旧宗主国が中心になって EU がアフリカに介入する場合も，警察活動や司法活動などの法の支配に関わる文民活動の領域や，やはり法の支配の理念にそって行われる治安部門改革と位置づけられる軍機構の能力構築の領域が中心となる。中央アフリカ共和国に派遣されている EUAM RCA（EU Advisory Mission in the Central African Republic ［EU 中央アフリカ共和国・アドバイザリー・ミッション]）は前者の例であり，マリに派遣されている EUTM は後者の例である。現地政府や地域組織の能力構築を支援する形をとるが，それはヨーロッパ諸国がアフリカ諸国を自らの価値の共同体に近接する地域的な国際社会だとみなしているからだと言える。

　このように独自の「共通の制度と規則」にもとづく地域的な国際社会を持ち，具体的な国際平和活動も多数行っているヨーロッパの動きを見て，あえてその独自性を認めないと主張してみせるのは，正しくないと思われる。他方において，独自の活動を行っているからといって，ヨーロッパの地域的な国際社会が普遍的国際社会から離脱しようとしているとか，挑戦しようとしていると考えるのも，正しくないだろう。ヨーロッパの地域的な国際社会は，普遍的国際社会と決して矛盾することはなく，しかし一定の独自性を持つ国際平和活動に活発な地域的な国際社会として，存在している。

入れ子構造の国際社会におけるアフリカの地域的な国際社会

　本書のパートナーシップ国際平和活動の観点からすれば，その主要な舞台であるアフリカの地域的な国際社会の存在は非常に重要な問題となる。すでに第1〜2章でアフリカ諸国の国際平和活動における活発さを見た。そこには AU という地域組織及び ECOWAS などの準地域組織の制度的な裏付けがあった。興味深いのは，アフリカ大陸においては，地域組織と準地域組織からなる入れ子構造の地域的な国際社会群が存在していると言えることだ。それらを含みこんだ総体としてのアフリカの地域的な国際社会は，普遍的国際社会との関係では，どのように位置づけられるのだろうか。

　ヨーロッパには，20世紀以降の普遍的国際社会の成立以前に，すでに地域的な国際社会があったと言える。だがその事情はアフリカにはあてはまらないだろう。20世紀よりも前の時代から，アフリカには数多くの政治共同体があった。しかし複数の政治共同体が「共通の制度と規則」を基盤にした諸国家の社会を形成していたという経緯はない。そもそも現在のアフリカの国家の中で，19世紀以前に存在していた政治共同体をそのまま継承していると言えるような国家は，エジプトやエチオピアなどの一部の例外を除けば，ほとんど存在していない。よく知られているように，現在のアフリカの諸国家の国境線は，ヨーロッパの帝国主義諸国がアフリカ大陸を分割統治した時に作ったものを，ほぼ踏襲している。現在のアフリカ諸国の地域的な国際社会は，ヨーロッパの植民地経営の影響を受けた後に，成立したものである。

　ただしその一方で，大陸全域が同じような文化を共有し，同じような歴史的段階を経験し，同じような政治・経済的な発展段階にある，という感覚は根強い。国民国家の歴史が浅く，各国の中の部族的なアイデンティティも根強いだけに，かえって国家の枠を相対化して地域的なアイデンティティを強調する機運も作り出しやすい。サブ・サハラ・アフリカのほとんどの地域で英語か仏語が公用語になっており，北アフリカではアラビア語が共通語になっているため，言語的な共通性もかなり高い地域でもある。

　アフリカでは，土着の文化と言えるものの上に，中東／イスラム文化の影響と，ヨーロッパ／キリスト教文化の影響が重なり合い，混在しているところがある。しかし近代的な国家の仕組みとしては，ヨーロッパ人が持ち込んだものをそのまま踏襲した要素が強い。武内進一は，独立直後のアフリカ諸国の政治形態の特徴を「ポスト・コロニアル・パトリモニアル・ステート（Post-colonial Patrimonial State: PCPS［植民地化後家産制国家］）」と呼び，天然資源を収奪していた植民地国家を経営していたヨーロッパ人の地位に，アフリカ人の独裁者が座っただけの基本構造を持っていることが多いことを指摘した[17]。

　国家間関係においても，アフリカではヨーロッパの影響が強いと指摘せざるを得ないだろう。もともと開発援助などを通じた旧宗主国との結びつきは強かった。AUやその前身であるOAUが主導する非常に強い地域統合の流れも，ヨーロッパで進んだ地域統合と符合するように進んだ。冷戦時代は，旧宗主国

とのつながりだけでは不足するならば，冷戦構造にそって米ソ両大国のどちらかに接近して依存して，国家運営を成り立たせていった。そのためかつては社会主義を標榜したアフリカ諸国も多かった。冷戦終焉後は，民主化に舵を切り，国際機関を経由した開発援助も大々的に導入する過程で，多くのアフリカ諸国が，普遍的国際社会の論理構成に従って行動するやり方に精通するようになった。MDGs（Millennium Development Goals［ミレニアム開発目標］）/SDGs（Sustainable Development Goals［持続可能な開発目標］），PRSP（Poverty Reduction Strategy Paper［貧困削減戦略文書］），UNDAF（UN Development Assistance Framework［国連開発援助枠組み］）などの開発援助を媒介にした統一的な概念が飛び交うのがアフリカである。開発援助の地域全体での親和性も非常に高いと言える。

　いずれにせよ現代の普遍的国際社会の内部におけるアフリカの地域的な国際社会の一体性は，パートナーシップ国際平和活動の発展にとって決定的な要素であった。アフリカを主舞台とするパートナーシップ国際平和活動は，実態として，国連・欧米・アフリカの三者間でのパートナーシップの安定性に依拠しているが，それは国連・欧米と親和性のある「共通の制度と規則」を維持し続けているアフリカの地域的な国際社会の存在に大きく依存しているのである。

3　武力紛争と国際平和活動の地域的格差

武力紛争の地域的格差

　すでにここまでの議論でふれてきたことだが，制度的・規範的構造としては，現代世界は普遍的国際社会と言える歴史的状況に突入している。世界のどこに行っても，基本的には民族自決原則によって成立している主権国家が存在し，国際法を遵守し，国内法を通じて，統治を行っている。世界全体に適用される普遍的な「共通の制度と規則」を持つ国際社会は，人類の歴史で20世紀以前にはなかったことである。

　もちろん違反・脱法や能力不足の場合は多々ある。だがそれは，制度や規範が普遍化していることを否定するほどの事実ではない。むしろ普遍的国際社会が標榜する国際の平和と安全の維持の目的にとって顕著な問題は，武力紛争と

いう平和と安全に対する脅威が，地域的な偏りをもって深刻な形で存在していることだろう。現代世界の武力紛争は，アフリカ，中東，南アジアで連なりを見せて存在している。国際社会は，これらの地域に集中的に国際平和活動の努力を注入しているはずだが，追いついていない部分も多々あり，結果的には好ましい結果を出しきれていない。このことについて，20世紀以降の普遍的国際社会の歴史を振り返りながら，注意を払っておきたい。

　しばしば指摘されることだが，現代世界の戦争のほとんどは国家内部で発生している内戦である。ただしこの傾向は，たとえば冷戦終焉後に突然起こるようになったものではなく，基本的には第二次世界大戦後から続いている傾向である。国連が創設されたとき，具体的に目指されたのは，第二次世界大戦のような大国間の戦争を防ぐことであった。そのために安全保障理事会に拒否権という大国間の紛争を防ぐための措置が導入されたりした。実はこの国連創設時の目標は，基本的には長期にわたって達成されている。大国間の世界大戦は，第二次世界大戦以降，発生していないからである。それでも国連の国際の平和と安全の維持に向けた努力があまり成功しているように見えないのは，大国間以外の形の戦争が，なくなっていないからである。とくに増えてきたのが脱植民地化の後に生まれた新興独立諸国の中における内戦であり，内戦の数の増加こそが，20世紀後半以降の世界で戦争の数が増加してきている要因である。

　なぜこのような事態が発生したのだろうか。すでに論じたように，国家の数は，20世紀初頭までに減り続けていた。しかし20世紀の普遍的国際社会の時代に入り，逆転現象が起こって，国家の数が増え続けることになった。そこで内戦が増えた。つまり，国家の数が増えたことによって国家間紛争が増えることはなかった代わりに，それぞれの国家の内部での紛争が多発したのである。

　もちろん脱植民地化前のヨーロッパ列強の帝国主義統治の時代に，今日であれば共同体間紛争などと分類するかもしれないようなものや，植民地政府が抑圧してしまった運動を，紛争として分類していたかどうかは，怪しい。統計には現れてこない隠れた内戦が多々発生していた，と考えるべき理由はある。条件が全く異なる時代の間の歴史的比較には限界があると言わざるを得ない。

　ただそれにしても，脱植民地化後の世界で，非常に多くの内戦が発生していること自体は否定できない。国家の数が増えても国家間紛争はあまり発生せず，

図25　地域別武力紛争の数（1946-2020年）

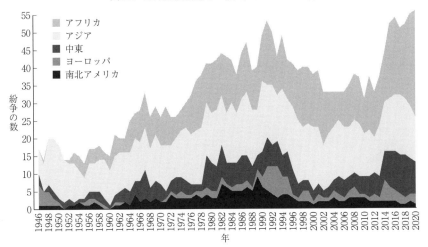

出典：UCDP: Uppsala Conflict Data Program 〈https://ucdp.uu.se/〉.

　国家の内部の紛争だけが増えているという事実は，国家間の紛争問題よりも国家の内部の紛争問題が深刻であった，あるいは国家間の紛争の予防管理よりも国家内部の紛争の予防管理のほうが難しかった，ということである。それだけ新興独立諸国の統治能力に限界があったということでもあるだろう。脱植民地化によって生まれた新興独立諸国の多くが脆弱な国家だったため，内戦が多発するようになったのである。

　そのように考えると，新興独立諸国が多い地域に，武力紛争が多いことが，当然のこととして理解できる。アジアやアフリカが20世紀後半以降の世界において紛争多発地帯であるのは，そこに数多くの脆弱な新興独立諸国があったからである（図25・図26参照）。したがってそのような脆弱国家が集積している地域には，武力紛争以外にもさまざまな問題が集積していることになる。それらの地域では，人間開発指数が低く[18]，汚職・腐敗が蔓延しており[19]，アイデンティティ集団の関係が複雑で[20]，天然資源への依存度が高く[21]，若者人口が大きい「ユース・バルジ」が顕著である[22]。研究者も実務家も，脆弱国家の内部で発生している複合的な問題のうち，どれに優先順位をつけて援助を行っていくべきかを議論するために，何が最も深刻な武力紛争の原因なのかを言い

図26　武力紛争の発生地（2020年）

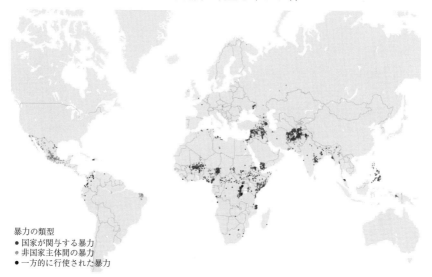

暴力の類型
- 国家が関与する暴力
- 非国家主体間の暴力
- 一方的に行使された暴力

出典：UCDP: Uppsala Conflict Data Program 〈https://ucdp.uu.se/〉.

争った[23]。

　だがさらに冷戦終焉後の世界，とくに21世紀になってからの世界の武力紛争の傾向を見てみるならば，もう少し細かい点で新しい傾向があることもわかってくる[24]。冷戦中は，東南アジアは紛争多発地帯の代表のような地域であった。しかし冷戦終焉後には目覚ましい改善を見せ，ミャンマーなどの深刻な例外はあるが，かつてと比べれば武力紛争はあまり観察されなくなった。

　実はアフリカの中でも，歴史的な変化はある。冷戦中から1990年代にかけて凄惨な戦争が起こっていた南部アフリカは，現在では比較的落ち着きを見せている。それに対してサヘル地域の混乱は目を覆いたくなる状況になってきている（図27参照）。今日のサヘルで目立っているのは，中東系のイスラム過激主義勢力とのネットワークを持ちながら実際には土着の司令官を持つ離合集散を繰り返すテロリスト集団が，群雄割拠しているような状態で，各地で蛮行を働いていることである。2020年の新型コロナ危機で，アフリカの武力紛争の状況が悪化したことも見逃せない[25]。

図 27　サヘル地域における武力紛争の増加

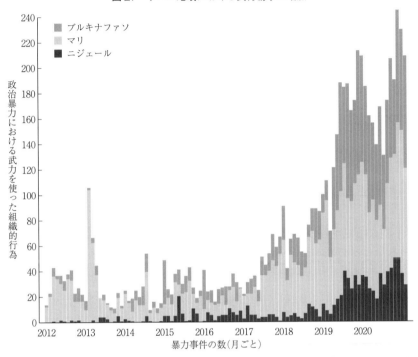

出典：Clionadh Raleigh, Héni Nsaibia and Caitriona Dowd, "The Sahel Crisis since 2012", *African Affairs*, vol. 120, no. 478, 2020, p. 124.

　中東はパレスチナ問題があるためにずっと戦争が絶えないという印象があるが，とくに 2010 年代の「アラブの春」以降の中東から北アフリカにかけてのアラブ地域の混乱は，それまでには経験されていなかったようなレベルのものだ。中東は，世界で最も甚大な戦争が起こっている地域である。そして周辺地域であるアフリカや南アジアに，紛争の火種を広げている。

　2001 年 9 月 11 日のテロ攻撃を起因として開始された「対テロ戦争」は，南アジアのアフガニスタンを中心とする地域に終わりなき戦争を作り出した。「対テロ戦争」は南アジアから中東に飛び火したのだが，その後は中東の混乱がアフガニスタンをさらに混乱させるという悪循環が恒常化するようになった（図 28・29 参照）。

図 28　地域別戦闘関連死の数（1989-2020 年）

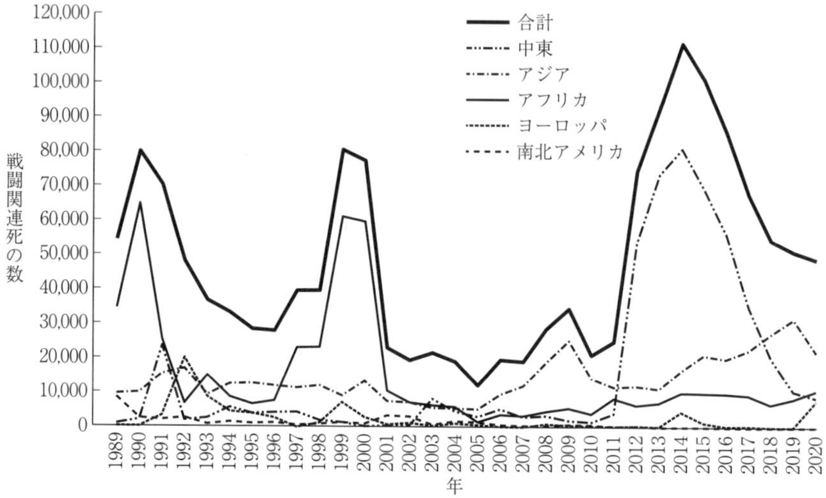

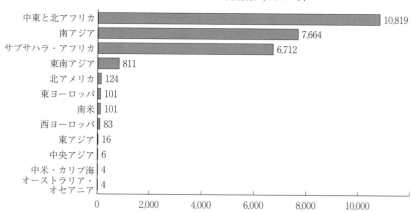

出典：UCDP: Uppsala Conflict Data Program ⟨https://ucdp.uu.se/⟩.

図 29　テロリズムによる死者数（2017 年）

地域	死者数
中東と北アフリカ	10,819
南アジア	7,664
サブサハラ・アフリカ	6,712
東南アジア	811
北アメリカ	124
東ヨーロッパ	101
南米	101
西ヨーロッパ	83
東アジア	16
中央アジア	6
中米・カリブ海	4
オーストラリア・オセアニア	4

出典：Global Terrorism Database available on Our World in Data ⟨https://ourworldindata.org/terrorism⟩

　こうした 21 世紀の武力紛争の構図の中で，統計的に目立ってきた傾向は，内戦の国際化である。国家間紛争とは言えず，国内の諸勢力が戦っているという意味では内戦であっても，そこに外国勢力が何らかの形で結びついてきたり

図 30　類型別武力紛争の数 (1946-2020 年)

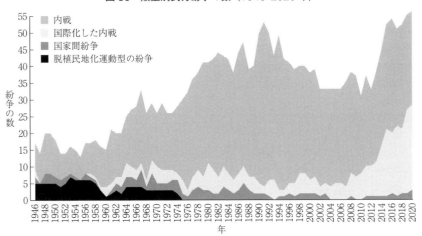

出典：UCDP: Uppsala Conflict Data Program 〈https://ucdp.uu.se/〉.

介入してきたりする場合が非常に増えてきている。統計的には，国際化した内戦，と呼ばれる範疇である（図30・31参照）。依然として国家の統治能力が低い脆弱国家において内戦という形で戦争が始まりやすく，長期化しやすくなっている。ところが「対テロ戦争」などの広域的な戦争の論理が南アジアからアフリカにかけての地域に浸透しているため，内戦が単なる内戦で終わることはなく，広域の戦争の構図に反応していくのである。そのため国外のテロリスト集団のみならず，外国軍の軍事介入を通じた関与も，発生しがちになってくる[26]。

　このように現代世界の「普遍的国際社会」は，武力紛争が多発し続けている国際社会である。その現代世界の武力紛争とは，脆弱国家の内部で数々の深刻な要因が複合的に重なり合う形で起こってきている内戦がほとんどである。これは脱植民地化を経て主権を持つ国民国家が地表を覆いつくすようになった世界に特有の現象である。ところが，あるいはだからこそ，世界全域に等しく問題が発生しているわけではなく，実際に問題が発生しているのは，脱植民地化が進んで新興独立諸国が多数出現した特定の地域である。21世紀には，そこに「対テロ戦争」という国境横断的な広域に広がる新しい戦争も重なり合って

図31　紛争類型別の戦闘関連死の数（1989-2020年）

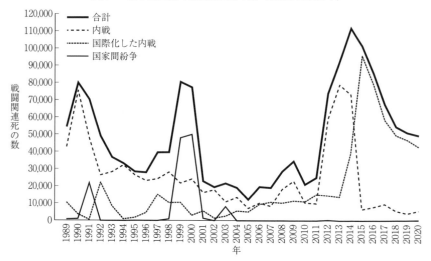

出典：UCDP: Uppsala Conflict Data Program 〈https://ucdp.uu.se/〉.

きた。結果として，南アジア，中東，アフリカ（サヘル・アフリカの角）と続く世界の紛争多発地域では，国際的な内戦が増加するという現象も顕著になった。

国際平和活動の地域的格差

　武力紛争が地域的格差のある形で広がっているとすれば，それに対応する国際平和活動が地域的格差のある形で展開していくのは，自然なことかもしれない。第6章第3節であらためて論じるが，実際に，現代世界の国際平和活動は，地域的な偏在をもって展開している。大規模な国際平和活動のほとんどは，アフリカに展開している。軍事部隊を伴わない小規模な政治ミッションであれば，国連は中東にも展開し，ヨーロッパで活動を行っている地域組織もある。

　ただし，実際には，武力紛争の地理的偏在と，国際平和活動の地理的偏在は，必ずしも完全には一致しない。国際平和活動は，すべての武力紛争に対応して展開しているわけではない。地理的にも，活動内容においても，裁量にもとづいて，選択的に行われる。

　選択が行われる際の大きな要素の一つが，国連がパートナーシップを組む相手である。パートナーシップ国際平和活動が活発な時代では，パートナーとなる地域組織がない場所は，国連が展開を躊躇する場所である。

　たとえば甚大な武力紛争が多発しているが，国際平和活動が展開できていない中東は，適切な地域組織がない地域である。イエメンにおいて GCC（Gulf Cooperation Council［湾岸協力会議］）諸国によって行われている空爆は，国際平和活動と呼べるものではない。中東は国際的な平和活動の真空地帯になってしまっているが，それはパートナーシップを組む地域組織がないという事情とも関わっているだろう。

　南アジアにおいても，たとえばアフガニスタンをめぐる戦争が長引いても，国際平和活動を行える地域組織は現れない。SAARC（South Asian Association for Regional Cooperation［南アジア地域協力連合］）はまだ平和活動を行っているとは言えない。結果として，南アジアもまた，国際的な平和活動の真空地帯になっている。

　東南アジアでは，ASEAN が有力なパートナーシップ国際平和活動の候補になるかもしれないが，内政不干渉を尊重する伝統が根強く，国際平和活動の実施には及び腰である。地域における武力紛争の数自体が減ってきているという事情もある。もちろんミャンマーやフィリピンなど，現在進展中の紛争問題が地域内に存在していないわけではない。だが，実際には，中国の積極的な関心がなければ，東アジアで国連 PKO を展開させることは難しいという事情もある。独立をめぐって紛争が起こっていたフィリピンのミンダナオでは，結局，二国間援助の調整をする形で，和平プロセスへの支援が行われた。

　北東アジアは，世界でも稀有なほどに地域組織が発展していない地域である。中国は，近年，SCO（Shanghai Cooperation Organisation［上海協力機構］）の加盟国数と活動を拡大させてきているが，SCO はまだ平和調停活動を行うほどの機能も持っていない。アメリカも北東アジアに軍事プレゼンスを持っているため，米中という二つの超大国がにらみ合う地域となっており，地域組織も発達しにくい状況になっている。

　なおこれらの地域とは対照的に，オーストラリアを盟主とする地域秩序を維持する PIF（Pacific Island Forum［太平洋諸島フォーラム］）のオセアニア，そし

て古い歴史を持つモンロー・ドクトリンの地域秩序であるOAS（米州機構）の西半球世界は，基本的な構図としてはヨーロッパと同じように，地域組織がイニシアチブをとる形での国際平和活動や和平調停がなされうる地域である。

　このように国際平和活動が地域ごとに異なる対応をしている背景には，受け入れる地域の側の事情も関わっている。パートナーシップを組める地域組織があるか否かが，国際平和活動の展開に影響するようになっている。実効性のある活動を行うことができる地域組織を発展させている地域であるかどうかが，国際平和活動が展開できるどうかの一つの要因になっている。換言すれば，受け入れる地域の側に「共通の制度と規則」を持つ地域的な国際社会が発展しているかどうかが，国際平和活動が形成されるかどうかの大きな分かれ目になる。

　「普遍的国際社会」においても，国際平和活動の展開には地域的格差があった。あるいは「普遍的国際社会」が，入れ子構造型の仕組みを持った国際社会であるがゆえに，受け入れる地域の側の事情が，国際平和活動の展開に影響するのであった。当該地域に「共通の制度と規則」を持つ地域的な国際社会があれば，パートナーシップ国際平和活動を形成しやすいだろう。そうでなければ，パートナーシップ国際平和活動は形成されない。入れ子構造型の仕組みを持つ「普遍的国際社会」の中の地域的な国際社会という状況は，国際平和活動の展開と密接に結びついているのである。

4　結　論

　本章は，「国際社会」の概念を切り口にして，パートナーシップ国際平和活動の歴史的・地理的背景を分析する作業を行った。第1節は，パートナーシップ国際平和活動が，20世紀後半以降の「普遍的国際社会」の仕組みの中で発生してきたものであることを論じた。パートナーシップ国際平和活動は，国連憲章によって確立された制度的裏付けを必要とするのであった。第2節は，「普遍的国際社会」が実は入れ子型の構造を持ったものであることを論じた。つまり普遍的な国際社会の内側を，地理的要素を念頭に置いて見るならば，内部に地域的な国際社会というべき地域的秩序を作り出している地域もあれば，そのような地域的つながりが希薄な地域もあることがわかった。普遍的国際社

会とは，原則は普遍的に適用されるが，実態は甚大な地域間格差を抱えた国際社会であった。第3節は，武力紛争や国際平和活動が，地理的に偏在していることを見た。それは現代の「普遍的国際社会」が内部に地域的な格差を抱えた国際社会であるがゆえに発生してきているような地域的な偏在であった。このようにして，本章は，パートナーシップ国際平和活動の背景には，普遍的国際社会とその内側の地域的な国際社会の関係の問題があることを，指摘した。

注

1　篠田英朗「国境を超える立憲主義の可能性」阪口正二郎編『グローバル化と憲法（岩波講座憲法第5巻）』（岩波書店，2007年），篠田英朗『国際社会の秩序（シリーズ国際関係論1)』（東京大学出版会，2007年），篠田英朗「国際社会の立憲的性格の再検討——『ウェストファリア神話』批判の意味」『国際法外交雑誌』113巻3号，2014年。

2　篠田英朗「国際社会の歴史的展開の視点から見た平和構築と国家建設」『国際政治』174号（日本国際政治学会編)，2013年，参照。See also Hideaki Shinoda, "Peace-building and State-building from the Perspective of the Historical Development of International Society", *International Relations of the Asia-Pacific*, vol. 18, issue 1, 2018.

3　ヘドリー・ブル（臼杵英一訳）『国際社会論——アナーキカル・ソサイエティ』（岩波書店，2000年)。原著の最新版は Hedley Bull, *The Anarchical Society: A Study of Order in World Politics*, 4th ed. (Palgrave Macmillan, 2012).

4　Hedley Bull and Adam Watson (eds.), *The Expansion of International Society* (Oxford University Press, 1984).

5　トマス・ホッブズは同時代の思想家であった。Thomas Hobbes, *Leviathan* (Oxford University Press, 2009).

6　John Westlake, *Chapters on the Principles of International Law* (Cambridge University Press, 1894), p. 59; 篠田英朗「国際社会の立憲的性格の再検討」，篠田英朗『「国家主権」という思想——国際立憲主義への軌跡』（勁草書房，2012年）第2章，参照。

7　Martin Wight, *Power Politics*, 2nd ed., edited by Hedley Bull and Carsten Holbraad (Royal Institute of International Affairs, 1979), p. 174.

8　M. S. Anderson, "Eighteenth-Century Theories of the Balance of Power", in Ragnhild Hatton and M. S. Anderson (eds.), *Studies in Diplomatic History: Essays in Memory of David Bayne Horn* (Longmans, 1970), pp. 183-184.

9 See, for instance, Stephen Krasner, *Sovereignty: Organized Hypocrisy* (Princeton University Press, 1999).

10 Jeremy Bentham, *An Introduction to the Principles of Morals and Legislation*, edited by J. H. Burns and H. L. A. Hart (The Athlone Press, 1970), first published in 1780, p. 296.

11 Robert Phillimore, *Commentaries upon International Law* (T. & J. W. Johnson, Law Booksellers, 1854), pp. 433-483.

12 篠田英朗「重層的な国際秩序観における法と力──『モンロー・ドクトリン』の思想的伝統の再検討」大沼保昭編『国際社会における法と力』(日本評論社, 2008年), 参照。

13 篠田英朗『集団的自衛権の思想史──憲法九条と日米安保』(風行社, 2016年), 篠田英朗『ほんとうの憲法──戦後日本憲法学批判』(ちくま新書, 2017年), 篠田英朗『憲法学の病』(新潮新書, 2019年), 篠田英朗『はじめての憲法』(ちくまプリマー新書, 2019年), 篠田英朗『紛争解決ってなんだろう』(ちくまプリマー新書, 2021年), 参照。

14 篠田英朗「ウッドロー・ウィルソン──介入主義, 国家主権, 国際連盟」遠藤乾編『グローバルガバナンスの歴史と思想』(有斐閣, 2010年) 所収, 参照。

15 国家の定義を提供した国際条約として知られる1933年モンテビデオ条約は, その第1条で, 国家の要件を, 人口, 領土, 政府, 他国と関係を持つ能力の四つとしている。これを前提としたうえで, 国際法では国家承認は単なる宣言なので承認の有無にかかわらず国家の存在を認める「宣言的効果説」と, 他国の承認を待つとする「創設的効果説」がある。両者のどちらがつねに絶対に正しいということはないので, いずれにせよ国家承認が持つ政治的意味は大きい。

16 See Kilian Spandler, *Regional Organizations in International Society: ASEAN, the EU and the Politics of Normative Arguing* (Palgrave Macmillan, 2019).

17 武内進一『現代アフリカの紛争と国家』(明石書店, 2009年)。

18 See UNDP, International Human Development Indicators, 〈http://hdr.undp.org/en/data/profiles/〉.

19 See Transparency International' Corruption Perceptions Index, 〈https://www.transparency.org/research/cpi/overview〉.

20 See, for instance, Central Intelligence Agency, "The World Factbook" and "Ethnic Group", 〈https://www.cia.gov/library/publications/the-world-factbook/fields/2075.html〉.

21 See, for instance, UN Conference on Trade and Development (UNTAD), *The State of Commodity Dependence 2012* (UN, 2012).

22 See, for instance, Lionel Beehner, "The Effects of 'Youth Bulge' on Civil Conflicts",

Council on Foreign Relations, 2007, 〈http://www.cfr.org/society-and-culture/effects-youth-bulge-civil-conflicts/p13093〉.

23 For instance, Paul Collier and Anke Hoeffler, "Greed and Grievance in Civil War (The World Bank Policy Research Working Paper 2355, May 2000); Paul Collier, *The Bottom Billion: Why the Poorest Countries Are Failing and What Can Be Done About It* (Oxford University Press, 2007); and Frances Stewart (ed.), *Horizontal Inequalities and Conflict: Understanding Group Violence in Multiethnic Societies* (Palgrave Macmillan, 2008); United Nations, *The Causes of Conflict and the Promotion of Durable Peace and Sustainable Development in Africa: Report of the Secretary-General*, UN Document A/52/871-S/1998/318, 1998; and OECD, *The DAC Guidelines: Helping Prevent Violent Conflict, Incorporating Conflict, Peace and Development Co-operation on the Threshold of the 21st Century* (OECD, 2001).

24 篠田英朗「国際紛争の全体図と性格──紛争解決と地政学」北岡伸一・細谷雄一編『新しい地政学』(東洋経済新報社, 2020年), 参照。

25 篠田英朗「『新型コロナ危機』で高まる『武力紛争』の複合性──アフガン, イラク, イエメン, リビア, ソマリア, 西アフリカのいま」『フォーサイト』2020年5月28日〈https://www.fsight.jp/articles/-/46960〉. See ACLED, "A Year of COVID-19: The Pandemic's Impact on Global Coflict and Demonstration Trends"〈https://acleddada.com/2021/04/01/a-year-of-covid-19-the-pandemics-impact-on-global-conflict-and-demonstration-trends/〉

26 As for the data set for armed conflicts, see UCDP website, 〈http://www.pcr.uu.se/data/〉. See also "UCDP/PRIO Armed Conflict Dataset v. 4-2012, 1946-2011".

第 III 部

パートナーシップ国際平和活動のジレンマ

第5章

自由主義的平和構築のジレンマ

　パートナーシップ国際平和活動は，現代世界の平和と安全の課題に，国際社会の制度的・歴史的背景に根差した形で対応している。ここまで，そのことを現状の把握を目指した第1章・第2章と，制度的背景を検討した第3章及び歴史的背景を分析した第4章で見てきた。

　本章及び次章では，パートナーシップ国際平和活動が直面している構造的な諸問題について，論じていく。パートナーシップ国際平和活動は，必要性に応じて自然発生的に生まれてきたものであり，基本的に現実の国際社会の仕組みに根差している。しかしそのことは，活動の成功を意味しないし，そもそも今後も安定的に発展していくことを保証するわけでもない。むしろパートナーシップ国際平和活動は，現代国際社会が抱える構造的な問題に取り囲まれ，大きなジレンマに直面している。本章と次章は，パートナーシップ国際平和活動が現実の中で直面しているジレンマを描き出し，検討を加える。まず本章では，規範面で直面しているジレンマについて扱う。次章では，国際安全保障の面で直面しているジレンマについて扱う。

　パートナーシップ国際平和活動と国際規範の問題は，パートナーシップ国際平和活動を成立させている柱の一つに関する問題である。価値規範の共有がなければ，異なる組織が協働をすることはできない。指揮命令系統が一致していないのであれば，せめて同じ規範的枠組みを共有しているのでなければ，パートナーシップは瞬く間に霧散するだろう。パートナーシップ国際平和活動を支えているのは，実態として，自由民主主義（liberal democracy）の価値規範で

ある。中立性を金科玉条としていた伝統的な国連 PKO が 1990 年代に次々と
失敗していった背景には，まずもって積極的な活動に出るために必要な価値規
範を欠いていた事情があった。積極的に守るべき価値がなければ，活動が積極
的になるはずはない。そこで 21 世紀の国連 PKO 及びその他の国際平和活動
は，人権や法の支配の価値を強調し，国際人権法や国際人道法の権威を強調し，
文民の保護（PoC）の任務には必ず憲章第 7 章の権限を付与して実施を確証す
るようになった。後述するように，学界では，この現象を，「平和構築の自由
主義理論（liberal theory of peacebuilding）」の観点から，大きな議論の対象とし
た[1]。

　パートナーシップ国際平和活動の主要な担い手であるヨーロッパとアフリカ
の諸国は，自由主義的価値規範の推進者である。ヨーロッパ諸国は，自国の政
治制度において自由民主主義の理念を中心原理としているだけでなく，将来の
EU 加盟候補国の審査にも，自由民主主義の達成状況を指標としている。しば
しば単独介入したり，NATO の主要国として行動したりするアメリカが同じ
価値規範を持っていることはいうまでもない。アフリカ諸国，とくにサブ・サ
ハラ地域のアフリカ諸国も，おおむね自由民主主義的原則を自国の標準的な国
家運営の指針とみなし，AU も自由民主主義的原則を運営の指針としている。
独裁的政権が多いのは事実だが，原則的な価値規範としては人権や法の支配を
肯定し，各国の立憲秩序の維持を AU の規範原則としている[2]。冷戦終焉後の
世界で国際機関の援助を受け入れるにあたって，人権，法の支配，良き統治，
自由で公正な選挙，市民社会組織の活動促進，といった自由民主主義の理念に
そった行動をとることが求められる場面が普通になり，アフリカ諸国はよくそ
れに順応してきた。今や AU は，「良き統治，民主主義，社会的包摂，人権・
正義・法の支配の尊重に依拠して，繁栄し，統合され，団結しているアフリカ
が，平和で紛争のない大陸の必要な前提条件である」と宣言している[3]。国連，
欧米，アフリカ諸国が，同じ自由民主主義の理念を共有していることは，国際
平和活動の領域で三者をさまざまな形で組み合わせるパートナーシップを形成
するうえで，必須の条件になっていると言ってよい。

　自由民主主義的価値規範をパートナーシップの規範的紐帯にすることが，活
動実施組織の調整のために非常に重要であるとして，しかしそれがどれほどの

人々に受け入れられるかは，また別の問題である。国際平和活動の舞台となる国には，自由民主主義的価値規範をイデオロギー的に受け入れない有力な政治勢力があるかもしれない。自由民主主義的価値規範から見て，現地社会の慣行に大きな問題があるので是正を求めざるを得ない場合に，文化的な軋轢が生まれるようなこともあるかもしれない。共通の価値規範を媒介にして結びつく人々がいれば，そこから必然的に排除される人々も生まれる。普遍的国際社会において，とくに冷戦終焉後の国際社会において，自由民主主義の価値規範の紐帯を持つことは，「共通の制度と規則」にそって行動して共鳴者を獲得するために，きわめて重要なことである。しかしひとたび国際社会と現地政治勢力や文化慣行が対立してしまうならば，安易な妥協は許されない状況が生まれる。国際的な価値規範と，それに対する対抗勢力という大きな図式の中で繰り広げられる価値規範の戦いの最前線に，国際平和活動は自らの立場を置かざるを得ないことになる。

　国際平和活動には，当事者の同意や，オーナーシップ（ownership）の尊重という重要原則もある。国際社会が標榜する自由民主主義的な価値規範を推進することによって，これらの原則の適用に障害が生まれるとすれば，それはいかなる国際平和活動にとっても大きなジレンマになる。現代の普遍的国際社会の国際平和活動は，そしてパートナーシップ国際平和活動は，このような規範的なジレンマに継続的に直面しながら活動している。

1　パートナーシップ国際平和活動の条件としての自由民主主義

自由主義的平和構築論の実践と議論

　21世紀の国際平和活動は，国家建設（state-building）と呼ばざるを得ない領域の活動を頻繁に行うようになった。これは国連 PKO では1999年に設立された東ティモールとコソボの PKO ミッションである UNTAET と UNMIK によって劇的に開始された。1990年代にもカンボジアで UNTAC が暫定統治をとったことがあったが，UNTAET と UNMIK と比較すれば限定的なものであった。1999年の二つの事例は，独立を準備している一つの領域を国連が全権を掌握して統治行為を行うものであった。この二つの事例において伝統的な国

連 PKO の「中立性」は意味を持たなくなり，国連は実態として「どのような国家を作るのか」という国家建設のビジョンを語らなければならなくなった。そこで国連憲章・国際人権法・国際人道法という国際法の中でも国内法整備と関係の深い法規範を基盤にして活動を行っていかざるを得ない状況が生まれた。現地社会の指導者を選出するにあたって民主的な手続きが重んじられたことも当然であった。

　同じ 1999 年に活動を開始したシエラレオネの UNAMSIL は，暫定統治という形はとらなかったが，凄惨な内戦からの回復を目指す大々的な戦後平和構築活動となったため，新たな国連 PKO 活動の実験場となった。DDR（武装解除・動員解除・再統合）や SSR（治安部門改革）といった新しい活動概念が導入されて確立されていったのは，UNAMSIL の活動などを通じてであった。すでにボスニア・ヘルツェゴビナとルワンダに関して，国連憲章第 7 章の強制措置の権限によって国連安全保障理事会が国際刑事裁判所（ICC）を設置して戦争犯罪の捜査を行っていたが，シエラエオネでは国連とシエラレオネ政府が特別協定を結ぶ形で SCSL（Special Court of Sierra Leone［シエラレオネ特別法廷］）という戦争犯罪法廷が首都フリータウンに設立された。人々に活動を知らしめるアウトリーチ部門も設置され，平和構築の一環としての戦争犯罪法廷という位置づけが明確になされた。これらの活動はいずれも最終的には当該国家の能力構築につなげられていく見通しで行われ，自由主義的価値規範にもとづく平和構築活動で新しい国家を作る試みと理解された。

　さらにより大規模に目指されたのは，アメリカによる 2001 年のアフガニスタン侵攻と 2003 年のイラク戦争の後の両国における国家建設だった。前者においては軍事介入の段階から多角的な国際的関与があり，タリバン政権崩壊後に，戦後復興を通じたアフガニスタンの国家再建のプロセスが大規模な国際的支援を伴って始まった。後者の場合には，事実上アメリカ単独のフセイン政権崩壊に至る軍事行動があった後，イラクの国家再建が難航する中で，国際的な支援が強く求められるようになった。これらの国家建設の過程において，自由で公正な選挙を通じた代表者の選出だけでなく，人権や法の支配にもとづいた諸制度の導入が試みられた。イスラム圏における自由民主主義的制度の大々的な導入は，国連等によるそれまでの国際平和活動でも経験したことがないもの

であった。

　当時のアメリカのブッシュ大統領は，第二次世界大戦後のドイツと日本にお
けるアメリカ主導の民主化の成功を参照すべき前例として繰り返し強調しなが
ら，民主化を通じた平和の追求を強調した[4]。当時は欧米の研究者の間で，国
家建設に対する関心だけでなく，第二次世界大戦後の自由主義的な秩序の構築
に対する関心が高まっていた時代でもあった。冷戦終焉後の国際秩序の再構築
という課題が，強く意識されていたからだろう。国際政治学者のジョン・アイ
ケンベリーは，第二次世界大戦後の世界において，覇権国のアメリカが力の行
使を抑制し，自由主義的な国際秩序の構築・維持に努めたことが，安定的な自
由主義的国際秩序の成功にとって大きな要素であったことを論じた[5]。

　そのしばらく前の時代から，国際政治学者のブルース・ラセットらが「デモ
クラティック・ピース（democratic peace）」の理論を主張していた。「デモ
クラティック・ピース」とは，「民主主義国家は互いに戦争をしない」というテー
ゼのことを指す。ラセットらの研究によれば，19世紀初頭の米英戦争を最
後に，一度も民主主義国家は互いに戦争をしていないことが歴史的に証明され
ているという[6]。「デモクラティック・ピース」理論の妥当性については，さま
ざまな議論がありうる。まずもって「民主主義国家」の定義が難しい。はたし
てまだ普通選挙が導入されていなかった19世紀前半のイギリスやアメリカが
本当に「民主主義国家」であったかどうかは，必ずしも簡単には判断できない。
しかも，主権国家の間の戦争にだけ限定すると，対象となる戦争の数が大幅に
減る。南北戦争（American Civil War）を内戦だという理由で統計から除外す
るのが正しいかどうかは判然としない。戦争の定義も難しい。アメリカ合衆国
とカナダは，長い国境線を共有していながら，「戦争」をしたことがないとさ
れるが，武力行使を伴う摩擦はあった。本当に政治体制が戦争不在の原因なの
かを特定するのも困難だ。冷戦時代に戦争を回避していたのは，自由主義陣営
の諸国だけでなく，共産主義陣営内においてもおおむねそうだった。イデオロ
ギーに効果があったのか，軍事同盟に効果があったのかは，測定不能な問いだ。
「デモクラティック・ピース」論が，「民主主義国家」と「非民主主義国家」の
間の戦争についてもいっさいふれないのも，大きな論点である。実は「デモク
ラティック・ピース」論は，「民主主義国家」が平和主義的であるということ

を，全く意味しない。仮に「民主主義国家」同士が戦争をしないとしても，「民主主義国家」は非民主主義国家とは容易に戦争を繰り返す。2003年イラク戦争が見せたのは，民主化を理由にして民主主義国家が非民主主義国家に不要と言える戦争を仕掛けることもある，という点だった。これは，「デモクラティック・ピース」論の「暗部」だとされる[7]。「デモクラティック・ピース」論とは，世界中が完全な「民主主義国家」で覆われたときに世界大の永続的な平和が訪れるかもしれないという一つの仮説である。しかしそれは世界の国家がすべて民主主義国家になるときまで，最終的には実証され得ない。それまでは無数の民主化を理由にした戦争が続くかもしれないし，民主化のための壮大な国家建設が繰り返されなければならないかもしれない。

　ローランド・パリス（Roland Paris）が2004年に公刊した『戦争の終わりで（At War's End）』は，「自由主義的平和構築」理論をめぐる体系的な研究として参照されるようになり，その後の議論に影響を与えた[8]。パリスは，冷戦終焉後の国連PKOが自由主義の価値観を活動の枠組みにして，民主化と市場経済を推進する役割を担ってきたことを分析した。1990年代におけるそれらの取り組みの多くは，拙速さのために失敗した。国際社会の考えと現地社会のニーズの間にはギャップがあり，それは拙速なやり方で埋められるものではなかった。ただパリス自身は，民主化と市場経済を導入する自由主義的な平和構築が根本的に間違っているわけではないとして，まず制度を作り，それから自由主義的な改革を進めるべきだと主張した。

　パリスの立場をまだ妥協的だと考えるのは，オリバー・リッチモンド（Oliver Richmond）らである。リッチモンドによれば，国際組織による平和構築の実践は自由民主主義の価値観に依拠している。リッチモンドは，自由主義的な平和構築は，現地社会の人々を，外国の介入者に依存させる結果をもたらすと主張した[9]。デビッド・ロバーツ（David W. Roberts）は，自由主義的平和構築は外部者による平和構築でしかなく，伝統的な紛争解決のメカニズムを破壊する効果を持ってしまうと警告した[10]。さらに悪いことに，外部介入者は，援助資金を持ってくるが，それはしばしば現地社会の悪意ある権力者たちなどに狙われて収奪されてしまったりする。そうすると外部介入は，現地社会の中の矛盾を悪化させる効果を持ってしまう。

　こうした学術的な議論は，学者の間での議論の盛り上がりが先行し，いささか状況を図式化しすぎている傾向はあるかもしれない。しかし国際社会の実施する平和構築活動が自由主義的価値観を基盤にしていることは否定できないし，それが現地社会にどう受け止められるかに不確定性があるのも確かだろう。ただし国際社会の側から見れば，伝統的な「中立性」を金科玉条とする国際平和活動の限界を 1990 年に思い知った後，譲れない価値規範は何なのかという問いと向き合い，現在の規範的枠組みの確立に至っている。単純にやわらいだ態度をとって妥協的に振る舞えば，それで平和構築が成功するというわけではない。介入する国際社会が信じる価値を持っていること自体は間違いではないだろう。問題は，それをどこまで，どのように活動に反映させながら，国際平和活動を行っていくか，という点だ。価値規範をどのように標榜し，どのように適用していくかは，国際平和活動の実施にあたってつねに必ず問い直されなければならない問題である。

2　自由主義的平和活動が抱える課題

イスラム地域での停滞

　自由主義的平和活動は，成功例を持っていないわけではない。上述のシエラレオネや東ティモールの事例は，成功例とみなされる場合が多い。これらの国々ですべての問題が解決されたわけではないのはいうまでもないが，きわめて厳しい状況から出発したことを考えれば，全体として良い方面につながる結果をもたらしたとは言えるだろう。これらの成功例では，国連主導の PKO ミッションが，人権や法の支配の理念にもとづく制度の改革を行い，国家機構の（再）構築を果たした。自由民主主義にもとづく国家建設を果たしたのだと言える[11]。だがその他の多くの事例では，同じアプローチで同じ程度の結果を導き出せているわけではない。ただし自由主義的なアプローチが直面した課題の深刻さには程度の違いがあり，一様に失敗をしているというわけでもない。事態はそれほど単純ではない。つねにジレンマがあり，課題を克服する努力も継続的になされている。

　構造的なジレンマが生み出している一つの課題は，自由主義的平和活動の性

格が，国際平和活動の地域的偏差に関わっているということだ。武力紛争が多発しているにもかかわらず，国際的な平和活動が低調になっているのは，中東や北アフリカだ。シリアやイエメンなどの武力紛争は深刻度が甚大すぎるということと，国連安全保障理事会の常任理事国同士の対立が大きいため決議が出ないことから，国際平和活動のミッションが展開する可能性が低い。だがもともと中東・北アフリカ（Middle East and North Africa: MENA）地域では，以前から大規模な国際平和活動が行われにくい傾向があり，パートナーシップ国際平和活動の事例も見られない。そこにイスラム圏では自由民主主義的価値規範にもとづいた国際平和活動が低調になるという傾向があることは否めない[12]。後述するサミュエル・ハンチントン（Samuel Huntington）の見解が正しく，イスラム圏においては自由民主主義的価値規範と齟齬をきたす度合いが強い文化があるとすれば，従来の方式の国際平和活動を行うことはイスラム圏では相対的に難しいという推察はできる。

権威主義体制の力の増大

　歴史的背景もあって国際平和活動の規範的枠組みが確立されてきているのだとすれば，国際社会全体の政治動向が自由主義的平和活動に与える影響を過小評価するわけにはいかない。中国の超大国化は，自由民主主義の広がりにも大きな影響を与えている。国際援助の業界では，主要なドナー国と言えば，欧米や日本などの自由民主主義国である。今でも国際機関向けの資金提供は，これらの自由民主主義国が主要な部分を占めている。しかし二国間援助においては，中国の存在感は圧倒的なものになってきている。いわゆる「一帯一路（Belt and Road Initiatives: BRI）」構想に従って，関係する諸国に巨額の投資を行ってきている。欧米の自由民主主義国は，援助にあたって人権や法の支配の基準に従った条件を課す傾向がある。中国からの援助にはそのような条件はない。中国 は OECD DAC（Organisation for Economic Co-operation and Development—Development Assistance Committee［経済協力開発機構・開発援助委員会]）にも加入していないため，従来では当然であった援助方法の枠組みにとらわれることがない。国際貿易においてアメリカなどが中国に対して巨額の赤字を抱えていることも，自由民主主義諸国の脆弱性につながっている。

　冷戦終焉後の共産主義諸国が崩壊した後の国際社会では，自由主義経済は，経済発展の唯一のモデルであるかのようにも考えられていた。しかし今や中国の経済成長の勢いは従来の自由民主主義諸国を圧倒するほどになっており，この傾向は 2020 年以降の新型コロナ危機で欧米諸国が軒並みマイナス成長に陥ったことによって拍車がかかった。冷戦後世界では初めて，自由主義諸国の経済体制の優越性が疑われ，中国式の権威主義的体制による経済成長政策の比較優位が大きな議論の対象になっている。トルコ，ルワンダ，エチオピアなど権威主義体制下で飛躍的な経済成長を遂げた国は多々出現している。こうした情勢を見て，ロシアのプーチン大統領は，自由主義は「時代遅れだ」と断じた[13]。冷戦終焉後の世界は一極体制になったと言われたが，現代では米中対立の構造を反映した分断が進んでいる。アメリカのバイデン政権関係者は，この対立構造を好んで自由主義諸国と権威主義諸国との間の対立と捉えている[14]。

　国際政治の全体動向として，こうした自由主義諸国と非自由主義諸国との間の対立の図式があるとすれば，自由主義的平和活動の行方にも影響が及ばないはずはない。自由主義が安定的な政治経済体制の発展にとって最善の方法ではないとしたら，国家建設の要素が関わる国際平和活動の内容も見直さざるを得ないはずである。現地社会が標榜する価値規範にそってイデオロギー的な選択が行われるのだとすれば，「一帯一路」構想と「自由で開かれたインド太平洋（Free and Open Indo-Pacific: FOIP）」構想が衝突する地域では，何が優れた政治経済思想なのかをめぐる現地社会の指導者層を含めた論争が発生してくるだろう。たとえばスリランカでは，中国からの大規模な援助によって内戦を勝ち抜いたマヒンダ・ラージャパクサ（Mahinda Rajapaksa）政権は，欧米諸国から戦争犯罪を糾弾された。そのような状況では，国際社会が主導する自由主義的な平和構築が実施される可能性は乏しくなる[15]。2017 年ロヒンギャ危機や2021 年クーデター後の制圧によって，ミャンマーでいかに混乱が広がり，軍政に非難が集まっても，中国の存在がある限り，やはり国際社会が主導する自由主義的な平和構築が実施される可能性は乏しい。中国の影響力が世界的に増大し続ける情勢では，こうした国際政治の全体動向が，国際平和活動の行方にも影響を及ぼしていく場合が増えていくだろう。

内戦適用の妥当性

　自由主義的平和活動の理論では，内戦を終結させるためには和平合意の締結が望ましいとされる。この考え方は，「ヨーロッパ国際社会」において，1648年のウェストファリアの講和以降，戦争が起こるたびに和平合意を締結して終結を図ってきたという歴史に深く根差している。戦争を終わりにできそうなタイミングを見計らって，紛争当事者が一堂に会する会議を開催し，そこで係争課題の処理の方法を話し合い，成立した合意をもって紛争当事者は戦後秩序の基盤としていく，というパターンは，「ヨーロッパ国際社会」において独特の習慣のようなものとして確立された。スペイン継承戦争後の1713年ユトレヒト条約，ナポレオン戦争後の1815年ウィーン条約，第一次世界大戦後の1919年ヴェルサイユ条約などを代表例として，和平合意が戦後の秩序を定める伝統が，ヨーロッパで培われた。戦争は和平合意によって終わる，戦後秩序は和平合意によって始まる，という考え方それ自体が，ヨーロッパ起源の発想方法なのである。

　しかしこのパターンは久しく内戦の後の戦後処理には用いられてこなかった。絶対主権の考え方が厳密だった時代には，国家内部の紛争当事者が集まって和平合意の内容を話し合うといった状況は，全く想定されなかったのである。紛争当事者の実体性や法的地位が不明瞭な場合が多い内戦の状況では，一般論として，会議を開いて問題を話し合っていくことに大きな困難が生まれやすいだろう。欧米諸国は，内戦の終結にあたっても和平合意を締結していくことが標準的で最も安定的な平和の作り方だという前提を強固に持っていると言えるが，その「ヨーロッパ国際社会」の歴史に根差した前提は，はたして現代の内戦の終結にあたっても適用できるのかは，実際には十分に証明されているとは言えない。

　欧米諸国や日本などがどのように自由民主主義国に生まれ変わっていったのかと言えば，戦争を契機にしている場合は少なくないのだが，内戦後の和平合意を経て自由民主主義国に生まれ変わった事例は少ない。アメリカは独立戦争を経て自由主義国を樹立した。イギリスやフランスは革命の成就をもって自由主義国になった。ドイツや日本などは国家間戦争で甚大な被害を受けた後に自由主義国に生まれ変わった。つまりこれらの国々は，国家間戦争後の国際的な

和平合意を媒介にして国家体制を作り直したか，そうでなければ，革命勢力の反革命勢力に対する勝利を通じて，長く続く安定した自由主義体制を作り出した。実は従来の自由民主主義諸国には，自国の歴史の中に，内戦後の和平合意で自由主義体制を構築した事例がないのである。内戦を和平合意で集結させるという方法の妥当性自体が，本来は論争点である[16]。この論争の行方は，自由主義的な平和活動の妥当性の度合いにも相当程度にかかっていると言える。

権力集中のパラドックス

　内戦を終結させる調停が入ると，権力分掌（power-sharing）の仕組みが導入されたりすることが多い。複数の紛争当事者に新政府に加わってもらうためである。だがこれも既存の自由民主主義国の歴史と照らし合わせてみるならば，実は事例がないことがわかる。たしかに現代では欧州諸国では比例代表制をとったりして，権力分掌モデルに近い政治機構の運営をしている場合が多い。しかし初期の国家建設の段階でそれをやったかどうかは，また別の問題になる。国家建設の段階では，一度は中央政府に権限を集中させるためのプロセスを経ている場合が多い。イギリスやフランスでは革命後の政府が権力集中型であったし，ドイツや日本では統一国家を建設した時期に中央集権化を経験している。アメリカのように連邦制をとる場合には事情が異なるが，それでも行政府は権力集中型で運営されてきている。

　内戦後の交渉による平和が成功し，制度化された権力分掌が導入されると，中央政府は権力集中の機会を失うことになる。しかし中央政府の政策実行能力が低いままでは，国家体制も脆弱化しやすい。また，国家としての正当性も引き続き疑われやすくなる。エドワード・ルトワック（Edward N. Luttwak）のように「戦争にチャンスを与えよ」と唱える意見が出てくるのも，根拠がないわけではない[17]。もちろん独立直後の南スーダンのように，中央集権的な仕組みでの国家建設を目指す際に，権力者が利益収奪の道具として国家機構を悪用したり，政府権力を握る支配的民族と被支配的民族の対立が悪化したりするという問題が発生することもある[18]。権力集中を通じた安定化を先に確立してから民主化を進めるべきだという「優先化（prioritization）」と，漸進的であっても安定化と民主化を相互補完的に進めていくべきだとする「漸進主義（gradualism）」の見方の対立は，一般論では解決できず，具体的な文脈の中で検討していかなければならないものである[19]。

　和平合意は，自由民主主義の平和構築の理論を適用する際に，非常に重要である。国家の再建にあたって必要なのは，自由主義理論に従えば，社会契約（social contract）である。内戦後の状況で，社会契約の代替として機能しうるのが，和平合意である。もし和平合意に国家が信奉すべき価値や原則，さらには民族構成を反映した政治権力の配分方法などが規定されれば，それは社会契約として，事実上の憲法典としての効力を持つかのように想定される。戦後復興に携わる政治家をはじめとする現地社会の有力者たちが決して変更してはいけない憲法的な規範的枠組みとして，和平合意は扱われる。その和平合意の権威は，平和構築のプロセスの中で実施される選挙によって担保され，その後の和平合意内容の実施過程を通じて，確立されていく。くわえて司法改革によって，和平合意に盛り込まれた人権規定などにそって司法判断を下すことができるようにしておく。これが自由主義的な平和構築のプロセスである[20]。

　しかしこのような憲法的機能を発揮することを求められる和平合意から出発するプロセスは，多分に中央集権的な国家の権威を必要とする。だからこそDDR や SSR といった国家機構の機能向上を目指す活動も，国家機構の機能強化につながるという期待とあわせて，実施されることになる。しかし権力分掌モデルのような形になった和平合意の枠組みは，実際には国家の機能強化を阻んでしまうかもしれない。ボスニア・ヘルツェゴビナを事実上二つに割ってしまったデイトン合意は，それから 25 年を経てもなお，この分断を克服する見込みを示せないでいる。

　あたかも権力を分散させることそれ自体が正しいかのように自由主義的な姿勢で和平合意を調停した後に，困難な平和構築のプロセスを開拓していくのに十分な実力を持った中央政府を作っていく作業は，大きな困難を抱えがちであり，控えめに言って構造的なジレンマを内包しているのである。

3　現地社会のオーナーシップが突きつける課題

外部支援によるオーナーシップ向上というパラドックス

　自由主義的価値規範にもとづく国際平和活動がさまざまなジレンマを引き起こす事情は，結局のところは，外部介入者は現地社会の平和にどう貢献できるか，という根源的な問いに関わっている。自由主義的平和活動が作り出すジレンマの多くは，自由主義ではない価値規範を導入する場合でも発生してくるだろう。外部者が介入するとき，必然的に摩擦の要素が生まれる。外部者が自分たちの価値規範を持っている場合，必然的に摩擦を起こす要素が増える。摩擦を回避するためには，徹底的して「中立性」を標榜し，現地社会の価値規範を尊重するしかない。だが，はたしてそのような態度で意味のある国際平和活動ができるだろうか。停戦監視に活動を特化させる地点にまで，国際平和活動のすそ野を狭めて戻さなければならないだろう。だがそれは国際平和活動を通じて国際の平和と安全の脅威を除去し，国際秩序を維持したい国際社会の要請とは食い違う。ジレンマである。

　このジレンマを克服する道筋を意識的に広げていくために，国際平和活動が尊重すべきと強調される原則が，「オーナーシップ」である。2008 年『キャプストン・ドクトリン』は，中央政府（national government）とコミュニティ（community）の双方のレベルで，現地社会が主導性を持つべきだという考え方を意味するオーナーシップを尊重すべきことを強調した。国家（national）オーナーシップと地方（local）オーナーシップは，どちらかが他方に優越しているということはない。両者の関係を理解し，両者をともに促進していけるかどうかは，国際平和活動の戦略の重要な支柱になる。『キャプストン・ドクトリン』によれば，「国家・地方のオーナーシップは和平プロセス履行の成功にとって重要である。国連平和維持活動の中核的活動を計画し，実行するにあたり，国家・地方のオーナーシップを促進し，現地社会の人々の間の信頼と協力を育むために，あらゆる努力が払われなければならない。国家・地方のオーナーシップに効果的にアプローチすることは，人々に感じられている活動の正当性を補強し，任務の履行を支援するだけでなく，平和維持活動が撤収した際の

現地社会の能力の持続可能性を確かにすることにも役立つ」[21]。

　このような国際平和活動の文脈におけるオーナーシップ原則の「戦略的」な重要性の理解は，国際平和活動が抱えるパラドックス（逆説）を物語る。国際的な介入が強まれば強まるほど，オーナーシップ原則を強調する必要性が高まる。介入が強まれば，介入が引き起こす摩擦をやわらげる必要性が強まるからだ。国連憲章第7章の強制措置の権限を行使する介入の場合であっても，このようなパラドックスがあてはまる。単に「中立性」を標榜するのではなく，より積極的に介入行動をとるからこそ，あえてオーナーシップ原則を強調しなければならなくなるのである。

　『キャプストン・ドクトリン』は述べる。「多元的国連PKOは，国家能力を支援し，必要であれば作り出す必要性に，導かれていなければならない。そして可能な限り，国家あるいは地方の能力を削ぐことを避けるべきである。多元的国連PKOは，短期的には，安全確保や公的秩序維持といった重要な国家機能を引き受ける義務を負う。しかしそれらの機能は，協議を経ながら，遂行されるべきである。国際的に認められた規範と基準を尊重しながら，責任を持って権限を十分に行使する国家レベルの関与者と制度の能力を，できるだけ早く回復することがつねに目的である」[22]。

　『キャプストン・ドクトリン』が唱えているのは，オーナーシップを高めるために介入的行動をとる，ということである。そうすれば介入はオーナーシップと矛盾しない。これは，非常にもっともな見解であり，理論的には全く正しい。しかし実践するのは難しいだろう。具体的な場面で，すばやく，オーナーシップを高めるように介入する方法を判断することは，決して簡単なことではない。多くの場合，オーナーシップを高めるように介入し，結果としてオーナーシップを阻害するほどに介入してしまう。だが混乱した紛争（後）の状況で，ただ単に介入さえしなければオーナーシップが高まるわけでもない。控えめな介入が，つねに必ず効果的なオーナーシップの向上につながるわけではないことも確かだろう。

　国際平和活動は非常に積極的な活動を行うようになったがゆえに，オーナーシップ原則を強調するようになり，結果として十分に満たされることのない恒常的なジレンマをオーナーシップ原則との間に抱え込むようになった[23]。たし

かに対象国の人々が自由民主主義的規範を積極的に受け入れる場合には，あるいはオーナーシップを求めるドナー諸国からの援助を強く欲している場合には，外部者の介入的な行動は，オーナーシップの向上を引き出すかもしれない。しかし自由民主主義的規範を受け入れない現地社会の人々にとっては，外部介入者は鼻持ちならない説教者か，自己反省のない偽善者でしかないだろう。そのような状況では，自由民主主義的価値規範に従って活動することは，反発を助長する結果をもたらすだけに終わるだろう。多くの現実の事例では，単純にどちらか一方だけが突出することはまれで，受容と反発は，現地社会の中で混在して複雑に現れてくる。しかしだからこそ，国際平和活動の従事者は，つねにその複雑さに立ち向かわなければならない状況にある。外部介入者が持つ価値規範が作り出すジレンマと格闘し続けるのが，現代世界の国際平和活動の従事者の宿命である[24]。

消極的・積極的なオーナーシップへのアプローチ

　介入とオーナーシップの関係について考えれば，いわば「消極的な（negative）」含意と「積極的な（positive）」含意とに区分けすることは可能だろう[25]。ここでオーナーシップへのアプローチの積極的な含意というべきものは，オーナーシップの向上を通じて現地社会の発展を構想し，それをもって平和活動の戦略としていく考え方である。たとえば平和構築委員会（PBC）が2005年に設立された際の安保理決議1645を見てみよう[26]。そこでは「現地の社会的オーナーシップとともに，われわれは平和構築活動の戦略を優先順位付けし，発展させる」という指針が書かれている。OECD DAC が主導する国際的な開発援助の枠組みを明らかにしたものとして知られる2005年「援助効果に関するパリ宣言」は，オーナーシップを特筆し，援助受入国が，ドナーや市民社会や民間セクターと協議しながら，リーダーシップを発揮して政策や戦略を構築して実施を調整することの重要性を強調している。そのときドナー国は，受入国のリーダーシップを尊重しつつ，能力強化を支援する，と謳う[27]。さらにOECD DAC は，「包括的オーナーシップ（inclusive ownership）」という概念を用いながら，内発的な政治プロセスの発展を促進するのがオーナーシップだという考え方を示す。政府が自己の立場を正当化するために用いるのが本当のオ

ーナーシップではなく，市民が政治や開発に参加することがオーナーシップの意味だ，という理解である。このとき，オーナーシップは，手段ではなく，目的そのものだとも主張される[28]。

　依然としてオーナーシップの理解には多様な要素が残るが，積極的な理解は，現地政府が決定権や責任を握るといった形式的な意味以上の広がりを持つ。オーナーシップ原則とは，外部介入者が，政府だけに限られない現地社会のさまざまな人々や組織の意思決定プロセスへの参加を促し，平和や開発を追求する現地社会の能力の向上を支援し，現地社会の人々とともに政策を決定して実施していくプロセスだと捉えられている。国際的な平和活動や開発援助と矛盾しないどころか，それらを充実させ発展させるのがオーナーシップ原則の尊重であると説明されているわけである。汚職・腐敗や専制の度合いが高い場合に，権力者におもねることをもってオーナーシップの尊重と言えるのかという恒常的なジレンマが生じるが，積極的な理解でのオーナーシップとは，そのジレンマを，すそ野の広いオーナーシップの発展につなげる統治機構の改革や民主化によって克服しようとする道筋だともいえる[29]。

　このオーナーシップの積極的な理解では，現地社会が国際社会の価値規範に反した行動をとらない限り，外部介入はオーナーシップを発展させるための能力構築を重視していく。ただし実際には，外部社会の価値規範と現地社会の価値規範が最初から完全に一致しているとは考えられないので，実際には両者を混合させて取り入れる調整が必要にはなってくる。したがって積極的な意味でのオーナーシップとは，現実には，現地社会と国際社会の価値規範・政策・人事などの調整の問題として立ち現れてくるだろう[30]。

　これに対してオーナーシップの消極的な理解は，もう少し差し迫った外部介入者側の事情による。それは外部介入者の「出口戦略（exit strategy）」の事情である。「出口戦略」は，1990年代に急激な国連 PKO の量的拡大が起こった際に，議論されるようになった。冷戦時代から継続している国連 PKO は，比較的小規模ではあるが，撤退のきっかけが見つからないまま数十年にわたって活動し続けている。エルサレムに展開する UNTSO（UN Truce Supervision Organization［国連休戦監視機構］）は 1948 年から，カシミールに展開する UNMO-GIP（UN Military Observer Group in India and Pakistan［国連インド・パキスタン

軍事監視団]）は 1949 年から，キプロスに展開する UNFICYP（UN Peacekeeping Force in Cyprus［国連キプロス平和維持軍]）は 1964 年から，ゴラン高原に展開する UNDOF は（UN Disengagement Observer Force［国連兵力引き離し監視隊]）は 1974 年から，レバノンに展開する UNIFIL（UN Interim Force in Lebanon［国連レバノン暫定駐留軍]）は 1978 年から，西サハラに展開する MINURSO（Mission de Nations unies pour l'Organisation d'un Référendum au Sahara Occidental［国連西サハラ住民投票ミッション]）も 1991 年から，数十年にわたって活動し続けている。1 万人規模の UNIFIL の例外を除き，これらは 100 名程度から 1000 人を超える程度の小規模なミッションである。しかしそれにしても全く活動を終了させるめどが立たないまま，駐留し続けている。このように解決の見込みなく長期に駐留し続ける伝統的な国連 PKO のあり方に対する疑問もあり，1990 年代に比較的規模の大きな国連 PKO が次々と設立されたとき，それらの活動をどのようにして終了させるかが問題になったわけである[31]。1992 年に設立され，93 年には活動を終了させたカンボジアに展開した UNTAC は，自由で公正な選挙の実施を通じた正当性の高い現地政府の樹立を「出口戦略」にしたものだったと言える。しかし UNTAC は逆にあまりに早く撤退しすぎたとの批判も浴びた。1997 年にフン・セン第二首相のクーデターが起こると，その批判はとくに高まった。

2000 年の『ブラヒミ・レポート』は，その象徴となる「教義上の変化」を唱えた。伝統的な国連 PKO において「入口戦略」あるいは国連 PKO の展開に至る決定は明快に存在したが，「伝統的な平和維持は，紛争の症状を扱って源泉を扱わず，出口戦略を持っていなかった」。なぜなら「停戦合意を耐久的で永続的な和平の解決へと発展させるための真剣で持続的な平和創造の努力」を伴っていなかったからである[32]。そこで『ブラヒミ・レポート』は，平和構築を，平和維持の「出口戦略」として位置づけた。国際組織や政府組織の援助によって進められる平和構築は，能力構築プロジェクトなどを通じて現地社会のオーナーシップを強化する。もし平和構築が成功すれば，国際的な平和維持部隊は平穏に撤収することができる。つまりオーナーシップの発展は，消極的な意味で，国際平和維持活動の「出口戦略」となる[33]。

現代の国際平和活動では，平和維持を主目的にしたミッションの中で，現地

政府職員らに対する能力構築の試みがなされる[34]。その他の開発援助機関など
も通じて，多方面で能力構築の試みがなされる。それらの試みは，国際平和活
動の「移行（transition）」戦略を目指すものだが，換言すれば，初期段階の大
規模な国際平和活動を撤収させるための措置でもある。『ブラヒミ・レポー
ト』のいう意味での「平和維持」と「平和構築」は，分業あるいは相互依存の
関係に置かれており，国際平和活動だけでなく，さまざまな援助機関の活動が
すべてその図式の中に置かれるようなものである。平和維持が成功すれば，平
和構築も成功しやすく，能力構築が成功すれば，平和活動も成功しやすい。こ
のような「移行」の諸段階をめぐる見取り図においては，オーナーシップは消
極的な意味で語られ，国際平和活動の「出口戦略」を可能にする手掛かりとし
てみなされる。

　なお「積極的」意味のオーナーシップと「消極的」意味のオーナーシップは，
決して矛盾するものではない。ただし立案や実施の段階で，微妙な視点の違い
をもたらす要素ではあるだろう。いずれにせよ，多様なオーナーシップの理解
は，形式的なオーナーシップの枠を越えて，より柔軟かつ創造的にオーナーシ
ップを取り入れていきたいという国際社会の側の要請の反映であるだろう。も
ちろんそれはオーナーシップを失うことなく，国際社会と協力をしていきたい
と考える現地社会，および地域組織の側の要請でもある。

　国際平和活動が価値規範の拘束を強めた背景には，「中立性」を重んじるあ
まり，撤退のタイミングさえ見出すことができない長期駐留を続ける伝統的国
連PKOの前例を踏襲しないようにする意図もあっただろう。そこで自由民主
主義的価値規範の強化と同時に，オーナーシップ原則の再解釈と重要視の機運
が起こった。しかし，自由民主主義的規範の拘束性が強い場合，「積極的」オ
ーナーシップの観点からは国際平和活動をより介入的に見せ，摩擦が起こる度
合いは増すだろう。他方，「消極的」オーナーシップの観点からは現地社会の
主導的組織と国際組織との間の協力を前提にした「移行」の困難を作り出すか
もしれない。自由民主主義的な国際平和活動は，伝統的国連PKOの失敗を踏
まえた大きな改善策の一環であるが，当然ながら万能ではない。それでも成功
するか，別の方面での失敗に至ってしまうかは，国際平和活動のオーナーシッ
プ原則との関係による，とも言える。

オーナーシップの重層構造

　パートナーシップ国際平和活動においてオーナーシップは，さらに重層的な構造を持つ。本来オーナーシップの問題は，基本的には，外部介入者と被介入国との関係の非対称性から生まれる。ただし，すでに見たように，現地社会の中にも政府と非政府の関係者がいるため，実際にはさらに複雑な様相があるのは確かである。さらには介入者側にも多様な組織が複雑に関わっている。平和維持を主な活動領域とする組織と，平和構築を主な活動領域とする組織があるだけでも，介入者側の組織分布は複合的である。パートナーシップ国際平和活動の場合には，ここに国連関係機関の組織的関与と，地域組織の組織的関与が，複合的に関わってくることになる。地域組織は，当該国の人々ほどではないとしても，完全な外部機関よりは地域情勢に詳しく，当事者性も持っている中間層として現れる[35]。こうして異なる性格を持つ組織が，異なる役割を持って，国際平和活動に関わってくるということが起こりうる。そうなるとオーナーシップ原則の適用もさらにいっそう，複雑な様相を呈してくる。

　注意すべきなのは，地域組織の関与が，しばしばオーナーシップの一つの発現としても捉えられることがある点である。アフリカの紛争問題にアフリカ人自身が取り組む平和活動がオーナーシップの観点から正当化されるべきだとすれば，アフリカの地域組織のアフリカにおける活動はオーナーシップの発現だということになる。つまりこの場合の地域組織は，当該国家に対する外部介入者でもあるが，アフリカの平和の当事者でもある，というわけである。これによってオーナーシップを確保する次元が，当該国家と地域組織にまたがる二重の階層になる。もちろん現地社会が体現するオーナーシップと地域組織が体現するオーナーシップでは意味するものの内実が異なると指摘することはできるが[36]，現地社会にも多様な様相のオーナーシップがあるとすれば，国家レベルと地域組織のレベルのオーナーシップがあるということは，あながち的外れなことではない。

　もともと近年の国際平和活動では，国連PKOの場合ですら，アフリカのミッションにおいてアフリカ諸国の要員が多数を占めるといった現象が起こっていた。かつて「中立性」を重んじる伝統的な国連PKOには周辺国の参加を嫌う傾向があった。しかしPKOミッションの数と質の拡大に伴い，周辺国の参

加を受け入れることが不可避となった。周辺国は，当該国に利害関心を持っているために中立性の点では留保がありうるかもしれないが[37]，大きな貢献をする準備もあるかもしれない。たとえば，国連PKO要員提供数で，長い間一位を争っていたバングラデシュとパキスタンを抜いて，2016年にエチオピアが一位になった。そのときエチオピアの提供要員のほとんどは，スーダンのUNAMIDとUNISFA，そして南スーダンのUNMISSの三つのミッションに派遣されていた。つまりエチオピアは国連PKO要員提供数一位を誇っているときでも，部隊派遣は二つの隣国に対して行っていただけだった。エチオピアはさらにAUミッションにも部隊派遣していたが，それはもう一つの隣国であるソマリアのAMISOMに対してであった。エチオピアという地域大国が，隣国三つに対してだけ部隊派遣をしていた状況は，「中立性」を金科玉条にするのであれば，望ましくない状況だっただろう。しかし地域的なオーナーシップの観点から言えば，エチオピアの貢献があったからこそ，東アフリカに大規模ミッションを数多く展開することができた。

　この東アフリカのミッションに対するエチオピアの貢献を正当化するには，もちろんエチオピア軍が「公平性」などの国連PKOの原則をよく尊重する軍隊であることが大前提になる。しかしさらに加えて，東アフリカの平和に貢献するエチオピアの善意に対するより積極的な評価もあってしかるべきだろう。東アフリカの平和に強い関心を持つからこそ，東アフリカの国が多大な貢献をする。その構図自体は，地域的なオーナーシップの発現として評価すべきことではあるだろう。国連PKOにおいてすら，今や地域的なオーナーシップの尊重と言ってもよい考え方が浸透してきている。「アフリカの問題に対するアフリカの解決方法」という頻繁に語られるスローガンは，アフリカという地域に属する人々によるアフリカ平和への努力が尊重されるべきだ，という考え方の存在を示している。

　『キャプストン・ドクトリン』は，国家のオーナーシップと地方のオーナーシップを分けたうえで，両者の調和を図るように国際平和活動が努力をしなければならないと語っていた。ところが現実には，さらに地域のオーナーシップがありうるのである。地方レベルと国家レベルを分けてオーナーシップを整理するのであれば，さらに地域のオーナーシップを視野に入れて，よりいっそう

重層的な仕組みの中で，複合的なオーナーシップを構想していくべきなのである。

　こうした重層的なオーナーシップの構造を見るならば，「補完性（subsidiarity）」の概念が重要になってくる。「補完性」原則は，まずヨーロッパ統合のプロセスにおいて導入された。それがアフリカにも影響を与えた。準地域レベルの位相を導入して，より重層的な仕組みを作り出したのはアフリカ諸国である38。たとえばアフリカにおいては，AU の APSA が，地域（大陸）レベルで平和と安全の問題に大きな権限を持つ。つぎに準地域のレベルにおいて，準地域組織としての地域的経済共同体（RECs）や地域的メカニズム（Regional Mechanisms）と呼ばれる制度が存在している39。この二つのレベルでの複数の組織の活動を調整するための原則的な考え方として，「補完性（subsidiarity）」及び「相補性と比較優位（complementarity and comparative advantage）」の原則が参照される40。「補完性」原則は，紛争により近いところにいる者のほうが，よりよく平和を達成していくことができる，という考え方に依拠している。したがって地方レベルで平和が達成できるのであればそれが望ましく，つぎに国家レベルが望ましい。だが，これらのレベルでの活動だけでは平和の達成が難しいのであれば，つぎに（準）地域レベルでの介入が要請される。補完性原則は，重層的なオーナーシップの構造を受け入れたうえで，異なる位相の活動を段階的に正当化していく考え方であり，アフリカにおけるパートナーシップ国際平和活動の調整に深く関わる考え方であろう41。なお AU の PSC（平和安全理事会）によれば，補完性原則の適用には三つの主要な要素がある。意思決定メカニズム，負担共有，分業の三つである42。これら三つの論点に応じて，補完性原則に従って，国家，準地域組織，そして地域組織の努力が求められていくことになる43。

　このような複合的な仕組みにそって，パートナーシップ国際平和活動におけるオーナーシップ原則が適用される。こうなるとオーナーシップの問題は，調整の問題でもあるということもできるだろう。複数の組織が，複数のレベルで，それぞれのオーナーシップの発揮を求めるからである。補完性という原則も調整のための共通規範である。そのほかにも，一定の価値規範の共有が重層的なオーナーシップの位相の間で共有されていれば，調整は容易になる。

　結局のところ，重層的なオーナーシップが共通の価値規範を踏まえた調整を
必要とする限りにおいて，オーナーシップは自由民主主義のような普遍性のあ
る価値規範を必要とする。自由民主主義の価値規範とオーナーシップ原則は，
時に鋭い緊張関係を持ちながら，しかし相互に調整原理として働くことによっ
て，パートナーシップ国際平和活動を作り出していくのである。これはある種
のパラドックスではある。しかしオーナーシップと国際平和活動がつねに単純
に対立しているわけでもない以上，認めなければならないパラドックスである。
パートナーシップ国際平和活動の複雑で重層的なパターンを理解するためには，
国際平和活動に対して複雑で重層的にオーナーシップ原則が適用されることを
理解しておかなければならない。

NATO と EU の拡大戦略

　地域組織のオーナーシップの問題意識の点から，パートナーシップ国際平和
活動が活発に行われているヨーロッパとアフリカの現状を見ておこう。冷戦終
焉後の国際安全保障環境の激変を象徴する大事件は，NATO の東方拡大であ
った。冷戦時代に NATO と対峙する東側陣営の軍事同盟として WTO が存在
したが，2004 年までに，旧ソ連（を構成していてソ連崩壊後に独立した旧ソ連共
和国群）を除いて，すべての旧 WTO 加盟国は NATO 加盟国になってしまっ
た。冷戦終焉直前に旧ソ連から独立したバルト三国も NATO に加盟しており，
NATO は，ロシアというヨーロッパ域外勢力と言ってもよい存在と対峙し，
その間にいくつかの旧ソ連構成諸国の緩衝地帯（ベラルーシ，ウクライナ，モル
ドバ）を置くだけで，ヨーロッパ全域を包含する普遍性の高い地域的な集団安
全保障機構となった。なおウクライナなどと同じような位置づけで，ロシアと
接する旧ソ連構成諸国が緩衝地帯としての NATO 加盟国（トルコ）とも隣接
している地域にコーカサス地方（ジョージア，アルメニア，アゼルバイジャン）
がある。1990 年代のチェチェン紛争から 2020 年のナゴルノ・カラバフ紛争に
至るまで多くの火種を抱えており，領土問題はもちろん，アブハジアや南オセ
チアの独立問題などの解決が果たされていない地域である。ちなみに旧ソ連か
ら独立した中央アジア諸国（カザフスタン，トルクメニスタン，ウズベキスタン，
タジキスタン，キルギス）と隣接するアフガニスタンには，NATO は 21 世紀に

なってから軍事展開し続けた。中央アジア諸国は比較的安定しているが，イスラム過激主義の台頭を独裁政権が抑え込んでいるという不安定な構図は続いている。ヨーロッパにおける NATO の存在が圧倒的なので，その外周部分でロシアによって挟まれている地域が，かえって不安定化する傾向を見てとることはできる。

　旧ユーゴスラビア連邦共和国は，WTO に加盟していなかった共産主義国であった。その旧ユーゴスラビア連邦共和国が冷戦終焉に伴って崩壊した後，スロベニア，クロアチア，モンテネグロ，北マケドニアは，NATO への加盟を果たした。残るは紛争に関わる領土・民族問題を抱えるセルビアとボスニア・ヘルツェゴビナだが，アルバニアが NATO 加盟を果たした後のコソボとあわせて，困難な課題が残っているため加盟の現実的予定を定められる段階にはない。しかし，それでもすべてのバルカン半島諸国を NATO に吸収する形での紛争処理の方向性が模索されてきている。

　重要なのは，ボスニア・ヘルツェゴビナやコソボなど，NATO 及び EU が深く関わる形で紛争後の国際平和活動が行われた地域で，紛争解決の方向性を示す目標として NATO・EU への加盟が謳われてきていることである。加盟の条件として両国に課されている人権問題の改善などは，いずれにせよ自由主義的平和構築の枠組みにそって扱われるはずの案件である。つまり一般論として自由主義的平和構築の活動と言える政策の成就が，ヨーロッパにおいては，NATO・EU への加盟の条件として，語られているということである。こうした動きの背景には，ヨーロッパの問題にはヨーロッパの地域組織が深く関与すべき特別な事情があり，それを踏まえた国際平和活動の実施形態や将来の見通しを立てていくのは妥当なことだという認識がある。この認識は，当該国の人々や地域組織の構成諸国の間にあるだけではない。国連などの地域外の組織の関係者によっても共有されている。その認識によって，国連はヨーロッパの事柄はヨーロッパの地域組織に主要な対応を任せ，自らはアフリカに傾注するといった事実上の役割分担の考えが生まれているのである。

　この地域組織の特別な役割という認識こそが，本章がここまで地域的なオーナーシップの問題と呼んできたものにほかならない。ボスニア・ヘルツェゴビナやコソボのように，自国内及び隣国との間に複雑な民族構成を抱えている国

の場合，安定的な国家運営につなげるアイデンティティを確立するのは簡単な
ことではない。多民族共生という謳い文句は，国家機構のみならず，国家の存
在そのものが脆弱な状態では，現実的には機能しにくい。そこで地域的安全保
障や政治調整を手掛けている地域組織が関与し，国家の枠を超えた広域アイデ
ンティティや安全保障の傘を提供することで，平和構築への道筋を作っていく
という政策的方向性が渇望されることになる。その際に必要となったのが，ボ
スニア・ヘルツェゴビナもコソボも最終的にはヨーロッパの家の中で安定を確
立するという政策的見取り図であり，地域組織には特別な役割があるという感
覚であり，いわば地域的なオーナーシップであった。国家レベルにおけるオー
ナーシップに期待した取り組みだけでは正当性の不足や統治能力の脆弱性とい
った問題が残る場合には，地域的なオーナーシップと呼ぶべきもので補完して
いくという考え方が，そこにある。地域組織が，当該国家の正当性を担保し，
統治能力の向上も支援する，という見取り図である[44]。

　いうまでもなく，ここで注意しなければならないのは，仮に地域組織の域内
では正当性が高まった感覚が生まれ，国家の安定性も確保される道筋が立って
いくとしても，域外の国家のすべてが全く同じ感覚を持つとは限らない，とい
うことである。NATO や EU に敵対的な姿勢をとる諸国は，地域的なオーナ
ーシップを，少なくとも NATO 構成諸国と同じようには認めない。はたして
セルビアは，あるいはウクライナは，ヨーロッパの地域的なオーナーシップが
カバーする領域の一部なのか，といったさらなる問いを出すならば，新たな紛
争を助長しかねない深刻な争いすら発生しかねない。地域的なオーナーシップ
は，平和構築の広域視点アプローチとして魅力があるのと同時に，広域の紛争
の構図を招きかねないジレンマがあると言えるだろう。

アフリカの平和ファシリティー

　アフリカにおいても地域的なオーナーシップと呼べる認識が強く存在してい
ることは，本書でもここまでに何度かふれてきた点である。地域（大陸）レベ
ルでは，統一的なアフリカ全体のアイデンティティは強く，それが AU の
APSA の設定などにも関わっているということができる。さらにアフリカに
特徴的なのは，準地域の感覚が非常に強いことだ。そこに準地域組織の制度的

枠組みも重なってくる。とくにナイジェリアを中心とする ECOWAS の西アフリカや，南アフリカを中心とする SADC の南部アフリカは，準地域のアイデンティティが強い。複数の地域大国が存在しているため複雑な域内政治の構図があるとはいえ，東アフリカも準地域のアイデンティティが明確な例だとは言える。

　外部ドナーが，国家レベルではなく，地域・準地域レベルで，平和と安全のためのアフリカの努力を支援する場合も，多々ある。AMISOM に対する国連や EU の支援は，パートナーシップ国際平和活動を象徴するミッション単位の支援である。オーナーシップの促進という観点からは，より一般的な文脈で外部ドナーが（準）地域的な平和と安全の領域におけるアフリカのオーナーシップを促進している事例が興味深い。

　たとえばアフリカ平和ファシリティー（African Peace Facility: APF）は，そのような地域間協力の一例である[45]。APF はアフリカ諸国からの要請によって 2004 年に，平和と安全の領域における AU 及び準地域組織の努力を支援する目的で設置された仕組みで，資金は EU 諸国が提供している。主に平和活動，能力構築，早期対応の三つの支援分野があるとされる。まず具体的な支援の対象とされているのは，アフリカの（準）地域組織が関わる平和活動である。AMISOM などに対して資金提供の支援が提供されてきた。また，能力構築の分野の支援として，EU は，APSA に関する活動の立案・管理能力を高めるための支援を行っている。早期対応の分野の支援としては，迅速な調停活動，調査ミッション，平和活動展開前の立案機能の補強を可能にするための資金提供がなされている。このようにして APF は，これまでに 14 の平和活動ミッションと 18 カ国への支援を行ってきている。

　EU はアフリカ全体を平和と安全のための活動に取り組む地域と位置づけ，地域組織・準地域組織の単位でのオーナーシップの発展を支援している。こうした協力関係が可能なのは，それぞれが明確なアイデンティティを持った二つの地域の間に，歴史的な紐帯だけでなく，価値規範の共有の感覚もあるからだろう。共同で人権や法の支配を推進しているという感覚がなければ，協力関係は難しい。しかし他方において，EU が資金提供をして AU が実施にあたるという協力関係では，あたかもアフリカがヨーロッパの代理人のような関係に陥

ってしまう。アフリカはヨーロッパの支援の不安定性を不満に感じるし，ヨーロッパはアフリカが自立していかないことを不満に感じる。また，理念的な面も含めた大局的な観点からの地域間協力が進んでいけばいくほど，国家レベル，市民社会レベル，生活共同体レベルのニーズは，地域的なニーズからは乖離していく傾向を見せるかもしれない。さらには自由民主主義に反発する勢力が，アフリカの地域的・準地域的な平和と安全の取り組みに背を向けて，敵対的な行動をとっていく構図を強めてしまうかもしれない。いたちごっこのような状況のジレンマは，払拭されていない。

4　結　論

　本章では，価値規範の面に着目しながら，パートナーシップ国際平和活動に関わるジレンマの構図を描き出した。冷戦終焉後の世界では，国際社会が標榜する価値規範が自由民主主義に収斂していく現象が起こり，国際平和活動も実態としてそれを反映させる傾向を見せた。異なる組織の間にも価値観の共有があるという感覚が，複数の組織が共通の目的のために協力していく仕組みをとるパートナーシップ国際平和活動の前提となっている。価値規範の要素は，冷戦終焉後世界におけるパートナーシップ国際平和活動の隆盛に大きく関わる点だと言える。

　しかし国際平和活動が，明確に一つの価値規範体系に依拠しているとすれば，それは少なくとも伝統的な「中立性」原則の放棄を決定づける現象である。それによってより積極的な活動を行うことが可能になるのと同時に，反発を受ける可能性も高まる。活動の成功の見込みが強くなる場合もあれば，かえって複雑な事態に足をとられてしまう場面も増えてしまいかねない。

　こうしたジレンマは，国際平和活動が本質的に持っている介入の要素と，オーナーシップ原則との間のジレンマとして定式化することができる。そのため国際社会の側では，オーナーシップ原則の多角的な再解釈の試みもなされてきた。単に現地社会の政治指導者が決定権を握るという形式的な意味でのオーナーシップではなく，国際平和活動と一体的に運用できる原則としてのオーナーシップの理解を模索してきた。そこで能力構築としてのオーナーシップの理解

や，平和活動の段階的移行の要素としてのオーナーシップの理解が広められてきた。

さらにパートナーシップ国際平和活動の文脈で重要なのは，地域的なオーナーシップの理解である。国家の中にも，政府だけでなく市民社会や民間企業等を含む広範なオーナーシップの理解がありうる。国家の外側にも，国家を越えた地域的なレベルでのオーナーシップを概念化することは可能であり，実際のところ地域的なオーナーシップの存在を前提にしているとみなすべき実践は，ヨーロッパやアフリカで観察できる。地域的なオーナーシップの介在を認めるのであれば，パートナーシップ国際平和活動は，介入とオーナーシップが重層的に複雑に錯綜する仕組みを持った活動だということになる。そこには柔軟性を活かしてパートナーシップを創造していくことができる利点もあれば，複雑で錯綜したオーナーシップの性格のために混乱が生じてしまう危険もあるだろう。

自由民主主義の価値規範の一元性が保障しているパートナーシップ国際平和活動には，その事情がもたらす可能性とともに，脆弱性が内包されている。このジレンマは，体系的な理論では克服することができない。変転する国際情勢の中で，個々の事例に応じて，具体的に設定される政策の実践を経て，活動の結果が生み出されていくだろう。

注

1　篠田英朗『平和構築入門——その思想と方法を問いなおす』（ちくま新書，2013年），参照。公式文書にどの程度自由主義的価値規範が入っているかについては，たとえば，Madhav Joshi, Sung Young Lee and Roger Mac Ginty, "Just How Liberal Is the Liberal Peace?", *International Peacekeeping*, vol. 21, no. 3, 2014.

2　See Solomon Ayele Dersso, "Defending Constitutional Rule as a Peacemaking Enterprise: The Case of the AU's Ban of Unconstitutional Changes of Government", *International Peacekeeping*, vol. 24, no. 4, 2017.

3　原文は AU "recognizes that a prosperous, integrated and united Africa, based on good governance, democracy, social inclusion and respect for human rights, justice and the rule of law are the necessary pre-conditions for a peaceful and conflict-free

Continent". Communique of the 883rd meeting of the African Union Peace and Security Council at Ministerial level, Interdependence between peace, security: 'towards a collective engagement for action and development' 27 September 2019, ⟨https://reliefweb.int/sites/reliefweb.int/files/resources/psc.883.comm_.interdependence.peace_.security.dev_.27.09.2019.pdf⟩.

4　篠田英朗『国際社会の秩序（シリーズ国際関係論 1）』（東京大学出版会，2004 年）。140, 156 頁，篠田英朗「アメリカ『帝国』」とリベラル・デモクラシー――『ホッブズ的世界』と『歴史の終わり』」『現代思想』（2003 年 5 月号），参照。ただし，筆者自身は，2003 年 1 月に 1999 年コソボ紛争，2001 年アフガニスタン侵攻のときとは異なるため，イラク戦争には反対だ，と書いた。それはブッシュの議論があまりに拙劣だったからにほかならない。篠田英朗「対イラク戦争の諸問題」『創文』450 号（2003 年 2 月），46-50 頁。

5　See G. John Ikenberry, *After Victory: Institutions, Strategic Restraint, and the Rebuilding of Order After Major Wars* (Princeton University Press, 2000). See also Adrian Pabst, *Liberal World Order and its Critics: Civilizational States and Cultural Commonwealths* (Routledge, 2019).

6　Bruce Russett, *Grasping the Democratic Peace: Principles for a Post-Cold War World* (Princeton University Press, 1993).

7　Anna Geis, Lothar Brock, and Herald Müller (eds.), *Democratic Wars: Looking at the Dark Side of Democratic Peace* (Palgrave Macmillan, 2006).

8　Roland Paris, *At War's End: Building Peace After Civil Conflict* (Cambridge University Press, 2004). See also Fernando Cavalcante, *Peacebuilding in the United Nations: Coming into Life* (Palgrave Macmillan, 2019).

9　Edward Newman, Roland Paris, and Oliver P. Richmond (eds.), *New Perspectives on Liberal Peacebuilding* (United Nations University Press, 2009); Oliver P. Richmond, *Liberal Peace Transitions: Between Statebuilding and Peacebuilding* (Edinburgh University Press, 2011); Oliver Richmond, *A Post-Liberal Peace* (Routledge, 2012).

10　David W. Roberts, *Liberal Peacebuilding and Global Governance: Beyond the Metropolis* (Routledge, 2011); and David Roberts (ed.), *Liberal Peacebuilding and the Locus of Legitimacy* (Routledge, 2015).

11　See Hideaki Shinoda, "The Sierra Leonean Model of Peacebuilding? The Principle of Local Society's Ownership and Liberal Democracy in Africa", *IPSHU English Research Report Series No. 27: Peacebuilding and the Ownership of Local Society in Sierra Leone*, edited by Hideaki Shinoda, Hiroshima University, 2012.

12　See, for instance, Christopher K. Lamont, "Contested Governance: Understanding

Justice Interventions in Post-Qadhafi Libya", *Journal of Intervention and Statebuilding*, vol. 10, no. 3, 2016.

13 BBC News, 'Putin: Russian President says Liberalism "Obsolete"', 28 June 2019 〈https://www.bbc.com/news/world-europe-48795764〉.

14 See, for instance, Interim National Security Strategic Guidance, March 2021. 篠田英朗「『バイデン・ドクトリン』とは何か？　中国の脅威を前に，もはや超大国間『競争』は避けられない」『現代ビジネス』2021 年 7 月 8 日配信〈https://gendai.ismedia.jp/articles/-/84883〉。

15 See Hideaki Shinoda, "The Sri Lankan Model of Peacebuilding? The Principle of Local Society's Ownership and the Validity of Developmental Authoritarianism", *IP-SHU English Research Report Series No. 26: Peacebuilding and the Ownership of Local Society in Sri Lanka*, edited by Hideaki Shinoda (Hiroshima University, 2012); and Hideaki Shinoda, "Politics of Peace Processes in Sri Lanka: Reconsidered from Domestic, International and Regional Perspectives", *IPSHU English Research Report Series No. 25: Peacebuilding in South Asia* (Hiroshima University, 2011).

16 See also Roy Licklider, "The Consequences of Negotiated Settlements in Civil Wars, 1945-1993", *American Political Science Review*, vol. 89, no. 3, 1995. もちろん和平合意を経由せず，戦争の勝者が平和構築を主導したほうが容易に成功する，と言えるわけではない。たとえば，Giulia Picclolino, "Peacebuilding and Statebuilding in Post-2011 Côte D'Ivoire: A Victor's Peace?", *African Affairs*, vol. 117, no. 468, 2018.

17 See Edward N. Luttwak, "Give War a Chance", *Foreign Affairs*, Jul/Aug 1999, vol. 78, no. 4.

18 See, for instance, Alex de Waal, "When Kleptocracy Becomes Insolvent: Brute Causes of the Civil War in South Sudan", *African Affairs*, vol. 113, no. 452, 2014; Daniel Akech Thiong, "How the Politics of Fear Generated Chaos in South Sudan", *African Affairs*, vol. 17, no. 469.

19 Karina Mross, "First Peace, then Democracy? Evaluating Strategies of International Support at Critical Junctures after Civil War", *International Peacekeeping*, vol. 26, no. 2, 2019.

20 篠田英朗『平和構築と法の支配──国際平和活動の理論的・機能的分析』（創文社，2003 年）。

21 UNDPKO/DFS (UN Department of Peacekeeping Operations and Department of Field Support), *United Nations Peacekeeping Operations: Principles and Guidelines* 〈http://www.peacekeepingbestpractices.unlb.org/Pbps/Library/Capstone_Doctrine_ENG.pdf〉, p. 39.

22 *Ibid.*, pp. 39-40.

23　篠田英朗「国家建設の戦略的指針としてのオーナーシップ原則」藤重博美・上杉勇司・古澤嘉朗編『ハイブリッドな国家建設——自由主義と現地重視の狭間で』（ナカニシヤ出版，2019年），Hideaki Shinoda, "Local Ownership as a Strategic Guideline for Peacebuilding", in Sung Yong Lee and Alpaslan Özerdem (eds.), *Local Ownership in International Peacebuilding: Key Theoretical and Practical Issues* (Routledge, 2015). Hideaki Shinoda, "Sources and Trends of Peace and Conflict Studies: An Examination of the Framework of Peacebuilding and Strategic Relevance of Ownership", 『東京外国語大学論集』89巻，2014年，Hideaki Shinoda, "The Principle of Local Ownership as a Bridge between International and Domestic Actors in Peacebuilding", *IPSHU English Research Report Series No.29: Indigenous Methods of Peacebuilding in Africa*, edited by Bertha Z. Osei-Hwedie, Treasa Galvin and Hideaki Shinoda, Hiroshima University, 2012; Hideaki Shinoda, "The Sierra Leonean Model of Peacebuilding? The Principle of Local Society's Ownership and Liberal Democracy in Africa", *IPSHU English Research Report Series No. 27: Peacebuilding and the Ownership of Local Society in Sierra Leone*, edited by Hideaki Shinoda, Hiroshima University, 2012; Hideaki Shinoda, "The Sri Lankan Model of Peacebuilding? The Principle of Local Society's Ownership and the Validity of Developmental Authoritarianism", *IPSHU English Research Report Series No. 26: Peacebuilding and the Ownership of Local Society in Sri Lanka,* edited by Hideaki Shinoda, Hiroshima University, 2012; 篠田英朗「平和構築における現地社会のオーナーシップと国家建設のジレンマ——シエラレオネとスリランカの事例を中心にして」『広島平和科学』33号，2011年，篠田英朗「平和構築における現地社会オーナーシップ原則の歴史的・理論的・政策的再検討」『広島平和科学』32号，2010年，篠田英朗「平和構築における現地社会のオーナーシップの意義」『広島平和科学』31号，2009年，参照。

24　Lise Philipsen, "When Liberal Peacebuilding Fails: Paradoxes of Implementing Ownership and Accountability in the Integrated Approach", *Journal of Intervention and Statebuilding*, vol. 8, no. 1, 2014.; Filip Ejdus "Local Ownership as International Governmentality: Evidence from the EU Mission in the Horn of Africa", *Contemporary Security Policy*, 2017.

25　「消極的」と「積極的」の区分け方法については，アイザイア・バーリンの「二つの自由」の概念区分を参考にした。See Isaiah Berlin, "Two Concepts of Liberty" in Berlin, *Four Essays on Liberty* (Oxford University Press, 1992).

26　UN Document S/RES/1645, 20 December 2005. 篠田英朗「国連平和構築委員会の設立——新しい国際社会像をめぐる葛藤」『国際法外交雑誌』105巻4号，2007年，参照。See also "Report of Secretary-General on Peacebuilding in the Immediate Aftermath of Conflict", A/64/866-S/2010/386, 16 July 2009.

27　OECD DAC, "The Paris Declaration on Aid Effectiveness and the Accra Agenda for Action", p. 3 at 〈https://www.oecd.org/dac/effectiveness/34428351.pdf〉.

28　"Strengthening Ownership and Accountability: A Synthesis of Key Findings and Messages produced for the Busan High Level Forum on Aid Effectiveness (HLF-4): The Cluster A―Ownership and Accountability―of the Working Party on Aid Effectiveness (WP-EFF) at 〈https://www.oecd.org/dac/effectiveness/49655107.pdf〉. オーナーシップという語は使わないが，類似した考え方の「脆弱国家」への適用について，"Principles for Good International Engagement in Fragile States & Situations" 〈https://www.oecd.org/dac/conflict-fragility-resilience/docs/38368714.pdf〉を参照。

29　たとえば国際社会の大々的な支援で独立した南スーダンにおいて富と権力を独占したのは一握りの政治エリートであった。Clemence Pinaud, "South Sudan: Civil War, Predation and the Making of a Military Aristocracy", *African Affairs*, vol. 113, no. 451, 2014.

30　たとえばシエラレオネにおいて，外部介入を契機とした司法改革によって法の支配の確立を目指すような場合に，あるいは国連安保理決議1325にもとづく女性のエンパワーメントを促進する際に，どこまで，どのように，現地社会の伝統的な制度を取り入れ，文化や政治情勢を考慮するかが課題になった。Mohamed Sesay, "Informal Institutional Change and the Place of Traditional Justice in Sierra Leone's Post-war Reconstruction", *African Affairs*, vol. 118, no. 470, 2018; and Caitlin Ryan and Helen Basini, "UNSC Resolution 1325 National Action Plans in Liberia and Sierra Leone: An Analysis of Gendered Power Relations in Hybrid Peacebuilding", *Journal of Intervention and Statebuilding*, vol. 11, no. 2, 2017. 自由主義的平和構築と現地オーナーシップの混合調整の問題を多角的に考察したものとして，藤重博美・上杉勇司・古澤嘉朗『ハイブリッドな国家建設――自由主義と現地重視の狭間で』(ナカニシヤ出版, 2019年) 参照。

31　Richard Caplan (ed.), *Exit Strategies and State Building* (Oxford University Press, 2012).

32　United Nations, *Report of the Panel on United Nations Peace Operations* (Brahimi Report), UN Document A/55/305-S/2000/809, 21 August 2000, available at 〈http://www.un.org/peace/reports/peace_operations/〉, para. 17.

33　平和構築を平和維持の出口戦略とみなすことを「組織的な偽善 (organized hypocrisy)」と呼ぶのは, Gisela Hirschmann, "Peacebuilding in UN Peacekeeping Exit Strategies: Organized Hypocrisy and Institutional Reform", *International Peacekeeping*, vol. 19, no. 2, 2012.

34　See Hikaru Yamashita, *Evolving Patterns of Peacekeeping: International Cooperation at Work* (Lynne Rienner, 2017). See also Hikaru Yamashita, "Peacekeeping Cooperation between the United Nations and Regional Organisations", *Review of International Studies*, vol. 38, 2012.

35　地域組織が不完全であれグローバル安全保障の空白部分を埋めるという見方は，Chester A. Crocker, Fen Osler Hampson and Pamela Aall, "A Global Security Vacuum Half-filled: Regional Organizations, Hybrid Groups and Security Management", *International Peacekeeping*, vol. 21, no. 1, 2014.

36　地域組織の介入が被介入国で好意的に受け止められることはむしろまれであるかもしれない。たとえば，Antonia Witt and Simone Schnabel, "Taking Intervention Politics Seriously: Media Debates and the Contestation of African Regional Interventions 'from Below'", *Journal of Intervention and Statebuilding*, vol. 14, no. 2, 2020.

37　周辺国の国益と国際平和活動の要請との間の葛藤の事例研究としては，Peter Albrecht and Signe Cold-Ravnkide, "National Interests as Friction: Peacekeeping in Somalia and Mali", *Journal of Intervention and Statebuilding*, vol. 14, no. 2, 2020.

38　Olufemi Amao, *African Union Law: The Emergence of a Sui Generis Legal Order* (Routledge, 2018).

39　See Communique of the 883rd meeting of the African Union Peace and Security Council at Ministerial level, 27 September 2019.

40　See Article VI, African Union, *Memorandum of Understanding on Cooperation in the Area of Peace and Security between the African Union, the Regional Economic Communities and the Coordinating Mechanisms of the Regional Standby Brigades of Eastern Africa and Northern Africa*, 2008 〈https://issafrica.s3.amazonaws.com/site/uploads/AUMOURECSJUN08.PDF〉.

41　'The Principle of Subsidiarity: The Example of ECCAS in the Central African Crisis', ECCAS and CMI 〈http://cmi.fi/wp-content/uploads/2017/03/Principle_of_Subsidiarity_ECCAS_CMI_English.pdf#search=%27subsidiarity+african+union%27〉, p. 6.

42　AU PSC (African Union Peace and Security Council), 'Report of the Chairperson of the Commission on the Partnership between the African Union and the United Nations on Peace and Security: Towards Greater Strategic and Political Coherence,' at the 307th meeting of the PSC, Addis Ababa, 9 January 2012; AU PSC, 'Communique', 307th meeting of the PSC, Addis Ababa, 9 January 2012.

43　複雑なアフリカの地域組織・準地域組織の関わり合いに着目したものとして，Ulf Engel, "Peace-building through Space-making: The Spatializing Effects of the African Union's Peace and Security Policies", *Journal of Intervention and Statebuilding*, vol. 14, no. 2, 2020.

44　Anna Ohanyan, *Networked Regionalism as Conflict Management* (Stanford University Press, 2015).

45 "The African Peace Facility", at 〈https://africa-eu-partnership.org/en/success-sto
ries/african-peace-facility〉.

第6章

国際安全保障とパートナーシップ国際平和活動のジレンマ

　本章では，国際安全保障の観点から，パートナーシップ国際平和活動が抱えるジレンマを検討する。第一に，「対テロ戦争」に起因する構造的なジレンマについて分析を試みる。つぎに，米中の超大国間の対立やロシアと欧米の対立などが国際平和活動に及ぼす影響について，「地政学的な対立」の理論の観点からの整理を試みる。最後に，パートナーシップ国際平和活動は重層的な安全保障システムを前提にして実施されているため，地域的な事情によって左右される度合いが強い。そこで重層構造が「地域的な偏差」を見せるジレンマについて検討する。

　国際平和活動は，国際社会による国際の平和と安全の維持のための努力の一環として行われる。そのため国際平和活動は，時々の時代の国際安全保障の構造的性格に大きく影響される。現代世界の「対テロ戦争」や「地政学的対立」や「地域的偏差」の構図は，不可避的に国際平和活動に影響を及ぼし，深刻なジレンマを引き起こす。ある意味でパートナーシップ国際平和活動こそが，そのような国際社会の構造的なジレンマに呼応しながら国際平和活動を実施していくための方策である。しかしパートナーシップ国際平和活動を通じたジレンマの回避にも限界がある。本章では，その構図を，順を追ってみていくことにする。

1　「対テロ戦争」の影響

対テロ戦争の開始

　21世紀は，2001年9月11日のアメリカの首都ワシントンDCとニューヨークにおける「9・11テロ事件」によって幕開けした時代だ。2977人が死亡，2万5000人以上が負傷し，数多くの人々が長期にわたる健康被害を受けることになった事件の後，アメリカはアフガニスタンに潜むテロ組織・アル＝カイダと，その庇護者であるアフガニスタンの国土の9割を実効支配していたタリバン政権に対する軍事攻撃を行い，短期間で同政権を崩壊させた。アフガニスタンで新国家を樹立する包括的な国際活動の主翼を担いながら，アメリカは2003年にイラクに対する軍事進攻を行い，サダム・フセイン政権を崩壊に追い込んだ。アメリカはアフガニスタンと並行してイラクで国家建設活動を始めることになったのだが，およそ「9・11」の前には想像することも難しかったアメリカによる中東の大国の軍事占領という事態に対しては，大きな反発が広がった。アメリカがアフガニスタンに10万人，イラクに18万5000人といった巨大な規模の兵力を駐留させ続ける事態は，両国における無数のテロ攻撃を誘発させることになった。駐イラク米軍は，果てしないVBIED/IEDによる自爆攻撃や遠隔操作攻撃及び市街地のゲリラ攻撃などに悩まされ，4500人以上の殉職者を出すことになる。アメリカ以外のイギリスを中心とする多国籍軍からも300人以上の犠牲者が出た[1]。民間人の犠牲者数は20万人前後と算定されている[2]。当初は落ち着きを見せているかのようだったアフガニスタン情勢も次第に悪化し，やはり日常的なテロ攻撃が米兵を襲うようになり，現在までに2400人以上の殉職者が出ている。その他，イギリスなどのNATO構成諸国を中心に1000人以上の殉職者が出ている。もちろん民間人の死者はそれをはるかに上回り，少なくとも4万人以上であると言われる[3]。

　アメリカは2009年にバラク・オバマが大統領が就任すると両国からの米軍の撤収を準備し始め，2011年にイラクから，2014年には9800人程度の兵力を残してアフガニスタンから撤収した。ところがその後，イラクとシリアに支配地を確保したイスラム国が台頭したことによって，米軍はこの地域での作戦行

動を再開せざるをえなくなった。アフガニスタンでもイスラム国系の ISIS-K
（ISIS Khorasan Province［イスラム国コラサン州］）が台頭し，一時期はタリバン
も圧倒した。ロシアやイランも警戒する動きに出るなか，イスラム国の勢力は，
2017 年末までにほぼ消滅したが，イラクやシリアにおける混乱は続き，アフ
ガニスタンではタリバンの勢力が再拡大した。アメリカのジョー・バイデン政
権は，2021 年 9 月までのアメリカの完全撤収を発表したが，カブールのアフ
ガニスタン政府の行政能力が非常に乏しいという現実があり，日常生活で紛争
解決を図ったりして住民からの信頼を得ているタリバンの勢力は，衰えそうに
ない[4]。

　「対テロ戦争」は，イスラム国の台頭と衰退によっても示されているように，
米軍の撤収以後もさまざまな形で広がりを見せ続けていくことになる。イラク
やアフガニスタンにおけるテロ攻撃や戦争が終結していないだけではない。イ
ラクでシーア派の勢力が台頭したことに触発されて，宗派対立が中東全域に及
び，イランとサウジアラビアを中心とする勢力争いがシリアやイエメンの戦争
にも影を落とした。世界各地から，過激派の思想に魅了されたか騙された人々
が中東に駆け付けた。イスラム国勢力の最盛期であった 2015 年には，約 2 万
人がイスラム国のネットワークを通じて，中東・北アフリカ諸国やロシアや欧
州諸国から，イラクやシリアに来たという[5]。

　その後に中東で領域的な根城を失ったアル＝カイダやイスラム国は，実態を
持つ武装勢力としては事実上消滅したが，その目に見えないネットワークある
いはフランチャイズ・ブランドはかえって広域に拡散した。イスラム国の名称
はナイジェリアの ISWAP（イスラム国・西アフリカ州）からフィリピンの
ISEA（Islamic State East Asia［イスラム国・東アジア]）（アブ・サヤフ・グルー
プ［ASG］の一部，マウテ・グループ，バンサモロ・イスラム自由戦士［BIFF］の
一部，アンサール・ヒラーファ・フィリピン［AKP］などから構成されていると
れる）などによって用いられている。欧州諸国では，「ローン・ウルフ」と呼
ばれるような個人共鳴者によるテロ事件も頻発している。世界各地のテロ組織
がどこまで本当にイスラム国やアル＝カイダとのつながりを持っているのかは
不明だ。それぞれのテロ組織は，土着の事情に応じた土着の性格を持ってい
る[6]。ただ，それにしてもある種の広域テロ活動の運動が，ゆるやかな思想的

共鳴を持ち合いながら展開する国際的なテロリズムの構図の存在は否定できない。

　結果としてアフリカからアジアに至る広い地域で，テロ組織特有の方法を用いた攻撃が見られるようになった[7]。VBIED/IED を多用する攻撃は，その代表である。駐留米軍だけでなく，国連や地域組織の平和活動部隊に対しても，VBIED/IED による攻撃は相次いでいる。非対称戦争で相手に効果的に損害を与えるために，オバマ政権時代からアメリカはドローン（UAV［無人航空機］）を用いた標的攻撃を多用するようになった。敵対勢力の要人を狙い撃ちする標的攻撃は，国家による暗殺だとみなされるため，軍隊によっては遂行できない。そのため CIA が頻繁に標的を定めた攻撃を行うようになった[8]。ドローンは，南アジア，中東，アフリカの「対テロ戦争」の主戦場の地域において，広範に用いられた[9]。

　テロ組織対策は，もともとは警察機構が扱う領域の問題だったが，軍事活動の一部ともされ，そこに諜報部門も関わるようになった。こうした「対テロ戦争」の時代に特有の状況において，軍事活動，警察活動，諜報活動などの異なる部署による異なる活動の境界線は曖昧になっていった。

　EU のアトラス・ネットワーク（Atlas Network）には，加盟国の軍隊や警察機構などが共に参加している。国際平和活動では，マリの MINUSMA において軍事部門に設置されている U2 と呼ばれる部署がドローン［UAV（無人航空機）］などを駆使した諜報活動も行っている[10]。なお U2 は軍司令官の指揮下で「戦術・作戦（tactical and operational）レベル」で働いて情報を提供する。MINUSMA だけでなく他の国連 PKO ミッションにも存在している JMAC（Joint Mission Analysis Center［共同ミッション分析センター］）は，文民部門にある情報分析機能である。なお MINUSMA には，ASIFU（All Sources Information Fusion Unit［全情報源融合ユニット］）と呼ばれる機能もあり，オランダ，デンマーク，エストニア，フィンランド，ドイツ，ノルウェー，スウェーデンという欧州諸国が派遣した要員によって運営されている。これは戦略的レベルで政策的判断を行うための助言を国連事務総長特別代表に提供するため，U2 と重複なく運営されているとされる。U2 や ASIFU は，NATO 構成諸国を基本とした欧米諸国から派遣された軍人によって運営されている点が特徴的である。

この措置によって，MINUSMA に複数の欧州諸国が部隊派遣を行う近年では
珍しい流れが生まれたという指摘もある[11]。本書のパートナーシップ国際平和
活動の観点から言えば，MINUSMA という国連 PKO の中で，欧州諸国の貢
献によって成立している諜報部門のパートナーシップ活動がある，という捉え
方もできるだろう。

対テロ戦争と武力紛争のつながり

　2000 年代には，拡大充実する国際平和活動にあわせて，武力紛争の数が減
少しているように見えた。そのため，少しずつ国際平和活動の成果が出ている
という楽観的な見方があった。しかし 2010 年代になって様相は一変した。武
力紛争数も紛争の犠牲者数も，拡大し続けたからである。2015〜16 年には，
武力紛争数も犠牲者数も，冷戦終焉直後の数を超えた。2000 年代と 2010 年代
の武力紛争数と犠牲者数の反転は，劇的なものであった。その節目であった
2010 年末から 2011 年にかけて起こったのは，北アフリカから中東に広がった
「アラブの春」と呼ばれた政治変動の波であった。チュニジアで始まった独裁
主義体制に対する大衆の反抗運動は，瞬く間に数多くのアラブ諸国に広がった。
その中で，シリア，イエメン，リビアといった国々では激しい内戦が勃発した。
これらの国々では政府軍及び反政府軍の武装の度合いが高かっただけでなく，
外国軍の介入やテロ組織の国際的ネットワークへの反応なども大きかったため，
数十万人の犠牲者を出す甚大な被害を出す事態となった。
　この「アラブの春」の余波は，周辺地域にも及んだ。その典型が，アフリカ
の角と呼ばれる東アフリカ地域であり，サヘル地域である。リビアの政変は，
マリなどの近隣国への武器や武装勢力の流入という形で直接的な影響を与えた。
さらにブルキナファソ，ニジェール，ナイジェリアにつながる不安定化地域で
は，テロ組織のみならず，違法取引犯罪組織のネットワークが北アフリカから
伸びている[12]。西アフリカでは，アル＝カイダ系の JNIM とイスラム国系の
ISWAP や ISGS がしのぎを削っているが，いずれも広域違法取引に携わって
いるとされ，犯罪組織とのネットワーク化も進んでいる。近年ナイジェリアで
頻発している学校生徒を大量に誘拐したうえで身代金を要求する犯罪の実行犯
は，ボコ・ハラムからのある種の委託を受けて行っている場合もあるとされて

図32　イスラム過激派組織のネットワーク系列図

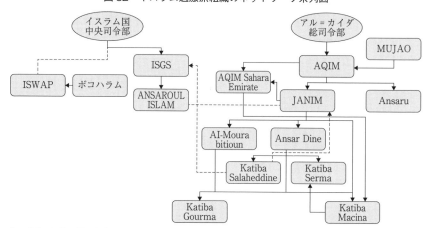

注：実線は同盟関係，点線は断続的連携関係。
出典：Clionadh Raleigh, Héni Nsaibia and Caitriona Dowd, "The Sahel Crisis since 2012", *African Affairs*, vol. 120, no. 478, 2020, p. 139.

いる[13]。

　2017年以降は，天然ガスの開発も進んでいるモザンビーク北部でテロ組織の活動が激しくなり，大きな問題となっている。モザンビーク北部のテロ組織は，現地で「アル・シャバブ」と呼ばれているが，実際にはソマリアのアル・シャバブとは無関係だとされる。「アンサル・アル・スンナ（Ansar al-Sunna）」と呼ばれることもある。アメリカのバイデン政権は，2021年3月に，この組織を「モザンビークのイスラム国（ISIS-Mozambique）」と呼んだうえで，テロ組織として認定した。アメリカは同時に，もともとADF（Allied Democratic Forces［民主連合軍］）と呼ばれていたコンゴ民主共和国東部の武装組織を，「コンゴ民主共和国のイスラム国（ISIS-DRC）」として，テロ組織認定した[14]。両者を「イスラム国中央アフリカ州（Islamic State Central Africa Provice: IS-CAP）」と呼ぶこともある。より広域の「対テロ戦争」の中に位置づけて対抗する姿勢の表明と言えるが，アフリカのテロ組織の展開が，中東とは異なる独特の事情で急速に進んでいることには，疑いがない。

　今日の世界では，アフリカ（のサヘル）から中東を経て，南アジアに広がる帯状の地域が，紛争多発ベルト地帯である。より広い意味では，このベルト地

図33　イスラム国系組織とアル＝カイダ系組織のアフリカにおける活動地域（2017年3月）

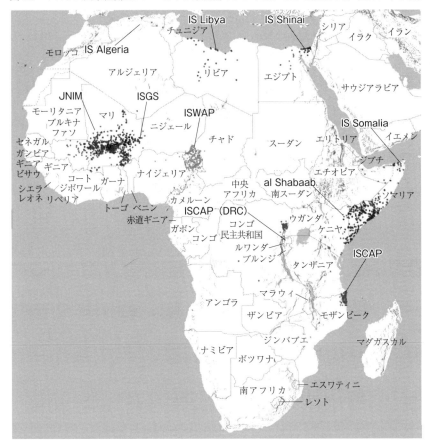

出典：Jacob Zenn "ISIS in Africa: The Caliphate's Next Frontier", Newlines Institute for Strategy and Policy, May 26, 2020, （https://newlinesinstitute.org/isis/isis-in-africa-the-caliphates-next-frontier/）をもとに作成。

帯は，コーカサス地域や，東南アジアも含むと考えることができる。とくにフィリピンのミンダナオではイスラム国とのネットワークを持つテロ組織の登場が注目を集めたこともある。タイやミャンマーでは，政府軍とイスラム系少数民族の武装組織との内戦が起こっている。2017年以降に100万人規模とも言われた難民流出につながったミャンマーのロヒンギャ虐殺問題の背景に，

「対テロ戦争」の時代におけるイスラム主義への世界的な警戒の流れがあったことは否めない。なお南アジアでは，アフガニスタンやパキスタンにおいてテロ組織の活動が活発であるだけでなく，インド，バングラデシュ，スリランカ，ネパールなどにおいてイスラム教徒と仏教徒などの人々の間のコミュナル紛争が頻発し，そこに政府が過剰介入するという事件が多発している。このように紛争多発ベルト地帯では，各地域の個別の事情を持つ武力紛争が，「対テロ戦争」の構図とも重なり合いながら，複雑に広がっている。

国際平和活動への攻撃の高まり

　近年の国際平和活動では，殉職者数の多さが問題になっている。それも敵性攻撃による殉職者数が多いのが大きな懸念の対象になっている。伝統的な国連PKOでは，維持すべき平和がないところに平和維持ミッションは展開しない，というのが原則的な理解であった。しかし今日では，そのような伝統的な理解は，仮に完全に放棄されたわけではないとしても，ほぼ形骸化している。紛争当事者双方による和平合意がないところに展開している大規模な平和維持ミッションの実例が常態化しているからである。予算額・要員数においてすべての国連PKOの半分以上を占める「ビック・フォー」，つまりマリのMINUSMAと中央アフリカ共和国のMINUSCA，そしてコンゴ民主共和国のMONUSCOと南スーダンのUNMISSは，実態として和平合意のないところで，あるいは少なくとも欠落した時期においても，活動を続けている。それでも国連PKOは自ら積極的に攻撃を仕掛けることまではしない。それに対してソマリアのAMISOMやその他の（準）地域組織が行っている平和活動は，自ら戦闘行為を行う形で，進められている。これらのミッションにおける殉職者は，戦闘行為の巻き添えというよりも，ミッションそれ自体がIEDや地雷などを含めた形態での攻撃を受けた結果として発生している。

　2017年に発表されて大きな話題を呼んだ『クルーズ・レポート』を見てみよう。これは国連PKOにおける要員の安全の問題を改善するために設定された独立委員会の委員長（ドス・サントス・クルーズ中将）の名をとった通称を持つ報告書のことである[15]。『クルーズ・レポート』はまず，2013年から2017年の間に，国連PKOで195人の要員が暴力行為によって殺害されたことにつ

いてふれ，それはどの時期の5年間と比べてみても，一番多かったと述べた。1948年以降の国連PKOの殉職者数943名の中で20.6%を占める多さであった。とくに2017年は1994年以降で最悪の殉職者数を出した[16]。こうした殺害行為による殉職者の増加は，2011年から始まり，2013年にいっそう顕著になった。この増加傾向のほとんどは，UNAMID, UNMISS, MINUSMA, MINUSCA のアフリカに展開する大規模ミッションにおいて引き起こされていた。殉職者の9割以上が軍事要員で，移動中またはキャンプにいる間に攻撃された。MINUSMA においてはとくに VBIED/IED による攻撃が多く，それ以外のミッションでは小型武器（銃や RPG［対戦車擲弾］等）による攻撃がほとんどであった[17]。

　『クルーズ・レポート』は，こうした殉職者数増加の背景に，国連がもはや中立的存在だとはみなされなくなった現状があると指摘した。しかも国連PKO は，武装集団，テロ組織，組織犯罪集団，路上ギャング，政治犯罪集団など，さまざまな勢力に直面している。こうした現実に直面し，国連PKO はもはや憲章第6章の枠に捕われていないはずなのに，いまだに武器使用をためらう傾向がある，と『クルーズ・レポート』は指摘した。そこで脅威を認識して必要であれば武器使用も辞さないように心理的態度を変え，脅威に対抗する能力と説明責任を兼ね備えるべきことを提唱した。さらに諜報活動や救護活動の充実など多岐にわたる改善点を指摘した。

　ここでは『クルーズ・レポート』が扱った具体的な論点の一つ一つを見ていくことはできないが，重要なのは，国連PKO がかつてない程度に攻撃を受けているという現象に対して，『クルーズ・レポート』が，「中立性」原則の放棄が背景にあると指摘しつつ，対抗策としてはより積極的に軍事要員自身による要員防御策をとることしかないと主張した点である。万が一，国連PKO の防御策に限界があるならば，「無効化あるいは除去（neutralize or eliminate）」する作戦は，国連のパートナー組織に行ってもらうしかないだろう。『クルーズ・レポート』が集めた大きな注目は，大枠では以前から共有されていた状況認識が，具体的な施策の項目を伴って，よりはっきりと強調された点にあった。

　結局のところ，もはや必ずしもつねに中立的ではない国連PKO は，「対テロ戦争（Global War on Terror）」の構造の中で，自分自身を，パートナー組織

とともに，守っていかなければならない。21世紀の国際政治の動向を性格づけている一つの構造的要因である「対テロ戦争」は，アフリカを中心とする国際平和活動の展開地域でも大きな影響を与えている。今日の国際社会では，いわゆるテロリスト組織は，国際機関の公式文書等では「暴力的極端主義（violent extremist）集団」と呼ばれながら，さまざまな場面で問題化されている[18]。それが平和と安全に関わる活動だけでなく，開発援助や人道援助の場面にも大きな影響を与えていることはいうまでもない。テロ組織の活動は，中東を起源とするものが多いが，サヘル地域を中心とするアフリカにおける広がりも深刻である[19]。「対テロ戦争」の余波は，パートナーシップ国際平和活動にも，構造的な衝撃を与えているわけである。

中立性と公平性のジレンマ

　冷戦時代の国連PKOは「中立性」を至上命題としていたが，すでに見たように，それは冷戦時代の二極対立の構造が，国連に「中立性」を標榜する組織としての存在意義を与えていたからであった。21世紀になり，国際平和活動は，明確に「中立性」原則ではなく「公平性」を原則として掲げるようになった。国連憲章，国際人権法，国際人道法という個人の尊厳に関わる国際法規の中核原則に反する行為が行われている現実に直面したら，中立性の維持ではなく，国際規模の原則に忠実な行動をとるべきだ，という認識が共通理解となった。この今日の国際平和活動の原則的な考え方にそうように，国連安全保障理事会は，主要なテロ組織を，国際の平和と安全の脅威だと認定している。国連安保理が脅威だと認定している組織は，国際平和活動にとっての脅威であり，中立的に接することができない相手だということになる。国際平和活動は，テロ組織に対して武力攻撃を仕掛けることはないとしても，国際の平和と安全の脅威だと認定して中立的ではない立場をとる。だがもしそうだとすれば，基本的な構図としては，国際平和活動も「対テロ戦争」の国際社会の共同の努力の一環に加わっていくことになる。

　ここに「対テロ戦争」の時代に構造的につきまとうジレンマが生まれる。「対テロ戦争」に参加してテロ組織と戦うことは，国際平和活動の第一義的な目的ではない。国連PKOの目的は，テロ組織と対峙するための活動を行うこ

とではない。しかし平和と安全の問題を扱う活動をしている限り，「対テロ戦争」の構図から完全に無関係でいることは不可能である[20]。国際平和活動もその一環である国際社会全体による国際の平和と安全の維持のためには，国際の平和と安全の脅威に対処しなければならない。テロ組織に対して安易に妥協することは許されない。

　「中立性」原則を乗り越えて「公平性」の原則を標榜する国際平和活動にとって，「対テロ戦争」の構図は，非常にやっかいである。不必要な程度にまでテロ組織に対峙することによって自らを危険にさらすことは避けたい。あるいは和平の観点から，テロ組織と完全に没交渉の状態のままでいることは望ましくないかもしれない。しかし国連安保理によってテロ組織指定を受けているような集団と安易に中立的な立場から関係を持つことはできない。

　有力国の態度によって受ける影響もある。マリや中央アフリカ共和国などでは，国連安保理でペンホルダー（担当）国になっているフランスが，テロ組織に対して軍事行動を辞さない厳しい態度をとっている。国連や周辺国もその影響を受けざるを得ない。そのためテロ組織と目されている集団との和平交渉はタブーとなっている。政策的な裁量の幅が，特定国の政策的立場で狭められている格好である。

　パートナーシップ国際平和活動においては，国連がより穏健な活動を行い，軍事力の展開を伴う活動を地域組織などに委ねる傾向がある。「中立性」から「公平性」へと原則の転換を遂げたとしても，なお国連は193の加盟国を持つ国際組織として，強い行動をとりにくい性格を持っている。そこでテロ組織掃討作戦などの任務は地域組織が担う，というのが，アフガニスタン，ソマリア，マリなどの各地のパートナーシップ平和活動の実例において顕著に確認できる傾向である。だがこのような組織分化に応じた区分けは，高度に理論的なものであり，テロ組織の側から十分に理解される保証はもちろんない。地域組織の活動の影響は，パートナーである国連の平和活動ミッションに及び，国連システムに属する国連の人道・開発援助組織にも及び，さらには国連と協調して活動するNGOなどの人道援助組織にも及ぶ。ICRC（International Committee of the Red Cross［赤十字国際委員会］）などの人道援助活動にあたる組織は，中立性原則を厳密に捉えているため，パートナーシップ国際平和活動から及んでく

る影響を，困惑を持って受け止めざるを得ない[21]。現実に，人道援助組織の要員がテロ組織による攻撃に遭遇する事件は継続的に発生している[22]。

　国連 PKO を中心とする国際平和活動が，伝統的な「中立性」重視だけの立場に戻っていくことは考えにくい。だが「公平性」重視の道は，「対テロ戦争」の時代にはとくに，非常に険しい。はたして国際平和活動の側に，険しい道を進む準備があるかどうかは，つねに問い直していかなければならない。本来は自由主義的な平和構築にそった原則的な考え方として「公平性」が尊重されるはずだったのだが，「対テロ戦争」の時代には，次第に価値規範面が減退し，テロ対策だけが前面に出るという現象も起こってくる[23]。残念ながらこのジレンマは，対テロ戦争の構図そのものが消滅していくまで，国際平和活動に付きまとい続けていくだろう。

国際的内戦のジレンマ

　このように国連が自ら直接的な対抗措置をとることはないとしても，国連そのものや当該国政府を含む国際社会全体ではテロ組織に対応しなければならないという状況から，パートナーシップ国際平和活動の仕組みが生まれる。つまり国際社会全体では行わなければならないが，国連は行わない行動については，国連以外の組織が行う，という仕組みがとられる。軍事的にテロ組織と対峙する役割を（準）地域組織が担い，国連はそれに側面支援を提供して協力する，という仕組みである。AMISOM, G5-Sahel, FIB, RPF, AU-RCI-LRA, MNJTFなどの（準）地域組織または地域的なイニシアチブに対して，国連は共同で軍事行動を行うわけではないが，実態としては水面下で協力的な活動や態度をとらざるを得ない面もある。そのため，結局テロ組織は，国連もまた同じ国際社会の側の敵対的な勢力だとみなして攻撃を仕掛けてくるかもしれない。この国際平和活動の側のドクトリンの変化に伴う「対テロ戦争」の時代のジレンマは，簡単には解消できない構造的な問題である。

　すでに見たように，現代世界の武力紛争のほとんどは「内戦」だが，多くの場合に，そこに「国際的」な要素が関わっている。その状況の背景には，「対テロ戦争」の構図がある。政府に対して国内の反政府勢力が武力攻撃を仕掛けている「内戦」の構図があるとして，その反政府勢力は「国際的な」テロ組織

ネットワークに属し，国外からの支援を受けていたり，国境を越えた違法取引で利益を得ていたりするかもしれない[24]。国際平和活動の実施者側も，国連でなければ（準）地域組織または地域的イニシアチブを通じて，「内戦」に「国際的な」性格を持たせる。テロ組織の側も，国際平和活動の側も，国際的な文脈における「対テロ戦争」の構図を十分に把握している。そのため現代世界の「内戦」は，国際的な「対テロ戦争」と結びついていかざるを得ない。本来であれば，内戦には内戦としての紛争を解決させる手立てがあっていい。しかし内戦の紛争解決のアプローチに，国際的な「対テロ戦争」の構図が持ち込まれるならば，適用が非常に困難になる。内戦の紛争解決を目指すのか，国際的な対テロ戦争を戦い抜くのかは，大きな構造的な問題だが，どちらにも決めきれないのは深刻なジレンマである。

文明の衝突のジレンマ

「対テロ戦争」の構図が持ち込まれると，イスラム主義をどう扱うか，という問題にどうしても直面することになる。現実の問題として，現代のテロ組織にはイスラム主義を掲げている集団が多いからである。そうしたテロ組織は，欧米的な価値観を嫌っている。国際平和活動の側は，どうしても自由民主主義の価値規範を基盤にした態度をとりがちであるため，イデオロギー的な対立構造にはまりこみやすい。そうすると対立構造を避けるために，従来の国際平和活動のやり方をとることを自重したり，本来は国連がやるべき仕事を他の組織に回してしまったりするような傾向が生まれる。

　冷戦終焉直後に，フランシス・フクヤマ（Francis Fukuyama）が「歴史の終わり」という考え方を表明して，注目を集めた。イデオロギー闘争の終焉としての冷戦の終焉は，理念をめぐる人間の闘争という大きな意味での「歴史」の終焉である，というテーゼを，フクヤマは提示した[25]。フクヤマのアンチ・テーゼとして頻繁に位置づけられたのが，サミュエル・ハンチントンの「文明の衝突」であった[26]。ハンチントンによれば，イデオロギー闘争が終わった後には，アイデンティティをめぐる闘争が激化する。その「文明の衝突」は，旧来の「西欧」「イスラム」「儒教」などの大きな文明圏のアイデンティティに人々が立ち戻っていく方向性で進展していく。ハンチントンの「文明の衝突」の予

見が正しければ，歴史が終わったかのような状態は訪れない。フクヤマの「歴史の終わり」とハンチントンの「文明の衝突」の対抗関係は，「対テロ戦争」の時代には不気味な含意を持つ。自由民主主義を基調とする国際平和活動が成功し，「文明の衝突」の要素も減っていく場合には，「対テロ戦争」は歴史の大きな流れには影響を与えない局所的な騒乱を起こしただけの出来事として抑え込まれていくだろう。しかし国際平和活動が失敗し，あるいはアイデンティティをめぐる闘争が激化していくならば，「対テロ戦争」は国際社会を大きく分断する対立構造にそった巨大な騒乱として展開していくことになる[27]。「対テロ戦争」を「文明の衝突」として読み替える大きな物語は，国際社会の側では何としても避けていきたい。しかし避けようとするあまり萎縮し続けるのであれば，結局国際平和活動は不十分なものになり，より失敗しやすくなる。これは「文明の衝突」の物語にからめとられたジレンマである。

　パートナーシップ国際平和活動は，「文明の衝突」のイメージを避けるために有用なものとして見出されがちである。国連が普遍主義を掲げて介入するよりも，地域組織や周辺国が介入したほうが，現地社会の反発をやわらげることができるのではないか，という考え方を持つのは自然である。そのため国連PKOの内部でも周辺国が派遣した要員が多数を占めるような傾向が生まれた。国連PKOの要員派遣提供国は，2021年1月現在で1位がバングラデシュだが，2位がルワンダ，3位がエチオピアとなっており，4位以下は，ネパール，インド，パキスタン，エジプト，インドネシア，中国，ガーナと続く[28]。バングラデシュ，パキスタン，エジプト，インドネシアがイスラム国で，アフリカの外からイスラム国の貢献を得ているような形である。マリに展開するG5-Sahelを構成するブルキナファソ，チャド，モーリタニア，ニジェールといった周辺国は，マリそれ自体を含めて，イスラム国ではある。これらの国々は，MINUSMAの中にも入って貢献したりもしている。ただフランス軍と共同行動をとっているとなると，どうしても欧米の影響下にあるフランス語圏諸国だと見られる傾向も強くなる。なおアル・シャバブ掃討作戦を行うソマリアのAMISOMの主力部隊提供国はエチオピア，ケニア，ウガンダといった非イスラム国である。東アフリカでは複雑な民族的分布による対立が顕著だが，アル・シャバブのイスラム主義に根差した広域ネットワークがもたらしている対

立構造を軽視することもできない[29]。北アフリカのリビアにおける NATO の軍事介入のように，図式的な「文明の衝突」の構図にあてはまってしまう欧米の地域組織の行動の事例もあった。このように考えると，「文明の衝突」の構図を避ける仕組みとしてのパートナーシップ国際平和活動の有用性は，非常に微妙だと言えよう[30]。

　イスラム主義を掲げるテロ組織と対峙せざるを得ない「対テロ戦争」の構図を「文明の衝突」に発展させてしまわないような配慮を働かせるとしても，現状では，国際平和活動をイスラム諸国だけに任せるということまでは行われていない。もともとイスラム圏の地域組織は，国際平和活動に必ずしも熱心ではない。国際平和活動の規模を維持したり，実効性を高めようとするならば，非イスラム圏諸国の貢献が不可欠になる。しかし「文明の衝突」の構図を意識するのであれば，できればイスラム圏諸国からの貢献を前面に出したい。今のところ，これらの配慮を踏まえた構成で国際平和活動は運営されているのだが，イスラム圏諸国からのさらなる目に見える貢献を確保することは，一つの課題ではある。

2　地政学的対立の影響

　国際安全保障の観点から，もう一つ別の国際平和活動に対するジレンマを指摘しておきたい。近年の国際社会では，二つの超大国である米中の対立の構図が鮮明になってきている。そこに欧米諸国とロシアの対立も関わってきている。この傾向もまた，パートナーシップ国際平和活動の行方に影響を及ぼす。「地政学の復活」とも描写される近年の国際政治の傾向について整理を試みてから，そのパートナーシップ国際平和活動に対する影響について見てみたい。

大陸国家 vs. 海洋国家

　ウクライナで危機が勃発し，ロシアがクリミアを併合してしまった時期などには，「地政学の復活」などといったことが語られた[31]。大国がしのぎを削る権力政治の様相が復活してきたという議論である。実際のところ，ハルフォード・マッキンダー（Halford Mackinder）の地政学理論を見てみると，今日の武

力紛争の状況との関わりで，示唆深いものがある[32]。すでにマッキンダーは，古典的な地政学の観点から，今日の紛争多発地帯の歴史的なつながりについて示唆を提示していたと言えないことはないからである。

　マッキンダーがユーラシア大陸の中央部を指して作った「ハートランド（中心地帯）」と呼ぶ地域には，ロシアだけでなく，現在の中央アジア諸国やアフガニスタンが含まれていた。「ハートランド」とは，海上交通路が乏しい大陸の深奥部としての性格を持つ地域である。このユーラシア大陸の「ハートランド」に対して，「アラビア」をはさんで存在しているとされたのが，アフリカ大陸のサハラ砂漠の南側の「南のハートランド」である。なぜならサハラ以南の河川は，外洋と切り離されており，「二つのハートランドは，緯度の非常な違いにもかかわらず，驚くほど似た特徴を備えている」。「ハートランドとアラビアとサハラの三者が一帯となって，船乗りの人びとにとっては接触が不可能な，非常に幅の広い湾曲したベルトを構成している」。海洋交通路から切り離された大陸の深奥地において，古くから人々は騎馬やラクダなどの動物の動力を用いて，移動をしてきた。そのとき「アラビアの砂漠をとりかこむステップは，北から南のハートランドに行くための通過地帯の役割をはたして」きた[33]。

　今日のアフガニスタンからサヘルにかけて広がる武力紛争多発ベルトは，このマッキンダーがいう「船乗りの人びとにとっては接触が不可能な，非常に幅の広い湾曲したベルト」と重なって広がっている。このベルト地帯の人々は，独得の歴史的なつながりによって結ばれている。同時に，このベルト地帯は，ヨーロッパやアジア，あるいはさらなる外的世界から広がる秩序に，容易には吸収されない。このベルト地帯にそって展開してきたのが，21世紀の「対テロ戦争」である。中東の不安定化によって流出したイスラム過激主義の影響が，海や砂漠を越えて，アフリカのサヘル地域や南アジアを揺り動かした。

　このように地政学の理論的視座から今日の世界を見てみると，紛争多発地帯と大国との関係も地政学的に見ることができるようになる。まずロシアは，間接的な形でシリアやアフガニスタンの紛争に関わる。また，近接地域であるジョージア（コーカサス地方），及びウクライナなどで，より目立った紛争との関わりを見せてきた。1990年代にロシア政府が激しく戦ったチェチェン紛争も，ロシア領域内とはいえ，コーカサス地方で発生した紛争であった。ロシアを中

図34　マッキンダー地政学の見取り図

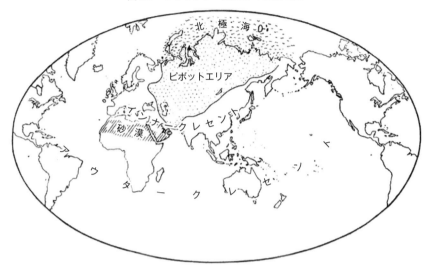

北　極　海

ピボットエリア

砂漠

インナー・クレセント

ア

ウ

タ

ー

ク

レ

セ

ン

ト

出典：H. J. Mackinder, "The Geographical Pivot of History", *Geographical Journal*, vol. 23, No. 4, 1904.

心にユーラシア大陸の動きを捉える視点は，マッキンダーによって，最も劇的に説明されていた。マッキンダーは，歴史の「回転軸」を，ほとんどがロシアの領土と重なるユーラシア大陸の中央部の「ハートランド」に見出した[34]。

　マッキンダーは，大陸の外側に位置する国家を「海洋国家（シー・パワー）」，大陸中央部にあるのが「陸上国家（ランド・パワー）」だと規定した。この地理的制約を受けた二つの大きな勢力の間のせめぎあいこそが，「グレート・ゲーム」を形成してきた。マッキンダーはハートランドの「陸上国家」は歴史法則的に膨張主義をとるという洞察を提示し，もともとは外洋に向かって勢力圏を拡大させる「海洋国家」群は，「陸上国家」の拡張に対抗して抑え込む政策をとっていかざるを得ないという洞察も示した。ロシアの膨張主義に対抗する海洋国家群は，「アウター・クレセント（外側の反円弧）」と呼ばれる地域に存在する。これは，イギリス，日本，アメリカ，カナダ，オーストラリアなどで構成される海上交通路に開かれている地域である（図34参照）。なおマッキンダーは，半島部分を，「橋頭堡」（Bridge Head）と呼んで重要視した。海洋国家群は，橋頭堡と基地を押さえて，陸上国家群を牽制しようとする。そのため，

図35　スパイクマン地政学の見取り図

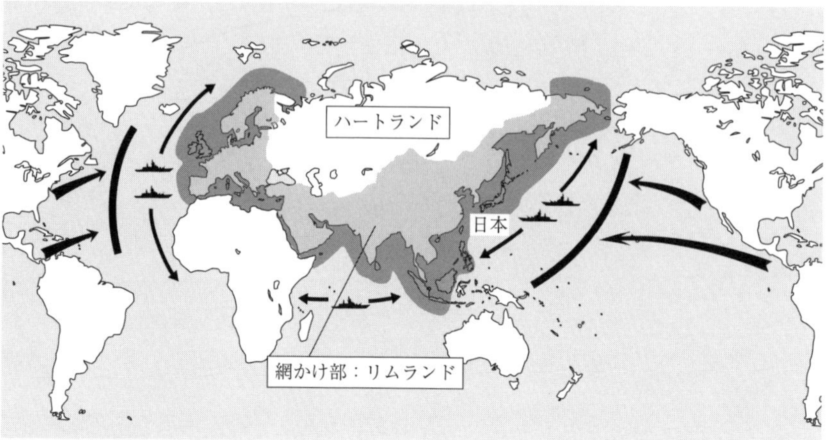

出典：ニコラス・スパイクマン（奥山真司訳）『平和の地政学——アメリカの大戦略の原点』（芙蓉書房出版，2008年），120頁。

半島周辺では激しいせめぎあいが生まれる。

　第二次世界大戦中のアメリカでマッキンダー理論を修正する地政学の理論を展開したニコラス・スパイクマン（Nicholas Spykman）は，ユーラシア大陸の外周部分を「リムランド」と呼び，世界島の運命は，「リムランド」の趨勢で決まると洞察した[35]。実際のところ，冷戦の勃発以降にアメリカが行った大規模な軍事介入地域は，朝鮮半島，ベトナム，アフガニスタン，イラクと，すべて「リムランド」に属する地域であった（図35参照）。

　現代世界で甚大な武力紛争が継続しているアフガニスタンからシリアにかけての地域は，中東で「リムランド」を構成している地域である。そこからサハラ砂漠の北側と南側に，さらに紛争地帯が広がっている。この一帯は，コーカサス地方に足掛かりを確保したロシアが，さらに南下して影響力を拡張する地域である。

　アメリカが中東におけるプレゼンスを低下させるたびに，ロシアは影響力の拡張を狙ってきた。典型例が，アメリカをはじめとする西側諸国が敵対視しているシリアのアサド政権に対する肩入れであろう。また，アメリカが中東から距離をとれば，イランをはじめとするシーア派系の勢力はロシアとの距離を縮

める。アフガニスタンでは，アシュラフ・ガニ（Ashraf Ghani）政権がアメリ
カとの関係を重視しながらサウジアラビアとも接近する一方で，ロシアはタリ
バンとの距離を縮めた。ロシアは，「対テロ戦争」の混乱の広がりの中で，ア
フリカのサヘルにも進出し始めている。この地政学理論から見るとほとんどパ
ターン化された動きは，ある程度は中国にもあてはまる。

一帯一路とインド太平洋

　20 世紀初めに地政学的視点について論じ始めた頃のマッキンダーは，ロシ
アの膨張主義について警戒していた。しかし第一次世界大戦が起こった時点で
は，本来は陸上国家と海洋国家の中間に位置するドイツを，海洋国家連合が封
じ込めるべき対象と考えるようになっていた。今日の世界でも，地政学的な動
きは，アメリカと中国の二つの超大国の間の駆け引きで主に規定される。なお
スパイクマンの修正概念を用いれば，中国は，地政学上の「両生類（amphib-
ia）」に分類される地理的環境にある。中国は，大陸に圧倒的な存在感を持っ
て存在している一方で，遠大な大洋に通ずる沿岸部を持っている。中国は，歴
史上，大陸中央部からの勢力による侵略と，海洋での海賊等も含めた勢力によ
る浸食の双方に，悩まされてきた。

　そこで中国が追求する戦略は，「一帯一路」の概念によって説明される。「一
帯一路」とは，中国を起点として，アジア〜中東〜アフリカ東岸〜ヨーロッパ
を，陸路の「一帯」とし，海路も「一路」で結び，経済協力関係を構築すると
いう戦略である。「一帯一路」構想は，（中国影響圏の）複数の帯をユーラシア
大陸の沿岸路にそって伸ばすだけでなく，大陸沿岸部にも中国から伸びる海洋
交通路を確立することを目指している。中国は，「両生類」として勢力を拡張
させようとしている（図 36 参照）。

　これに対して海洋国家連合は，「自由で開かれたインド太平洋（Free and
Open Indo-Pacific: FOIP）」の構想で対抗している。アメリカが「インド太平
洋」地域における安全保障政策において重要な協力関係相手として特筆するの
は，「日本，オーストラリア，インド」である。太平洋の主要な海洋国家と，
インド洋をにらむ橋頭保の国家が，中国を包囲する形でネットワークを形成す
るという図式である（図 37 参照）。リムランド（スパイクマン），あるいはイン

図36　中国の一帯一路の見取り図

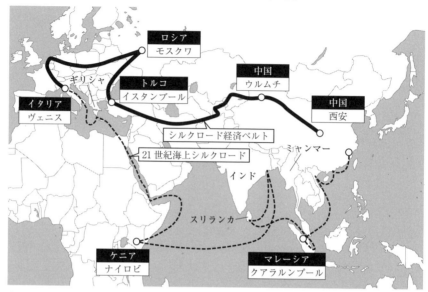

出典：美根慶樹「"陸と海のシルクロード" 中国の「一帯一路」構想とは？」『The Page』2015年5月11日配信
〈https://thepage.jp/detail/20150511-00000006-wordleaf〉。

ナー・クレセント（マッキンダー）の帰趨をめぐり，アメリカが主導する海洋国家群の「自由で開かれたインド太平洋」は，中国の「一帯一路」とにらみ合う。

　「一帯一路」は，ユーラシア大陸の外周部分を帯状に伝って，中国の影響力を高めていこうとする点で，伝統的なロシアの南下政策のパターンとは異なる。ロシアのように大洋を求めて南下しているのではない。中国は資源の安定的な確保や市場へのアクセスを狙って，「リムランド」にそって影響力を広げていこうとしている。そこで一帯一路は，海洋国家群の「自由で開かれたインド太平洋」戦略と，点上においてではなく，平行線を描きながら，対峙しつつ，紛争多発ベルト地帯に切り込んでいくことになる。

　中国は資源確保の観点からアフリカに強い関心を持つ。それが中国がアフリカにおける国連PKOに部隊派遣をする背景にあると言われる。現在までのところ，強く国際平和活動の動きに反対したり，自国の好むやり方に誘導しよう

図37　FOIP の見取り図

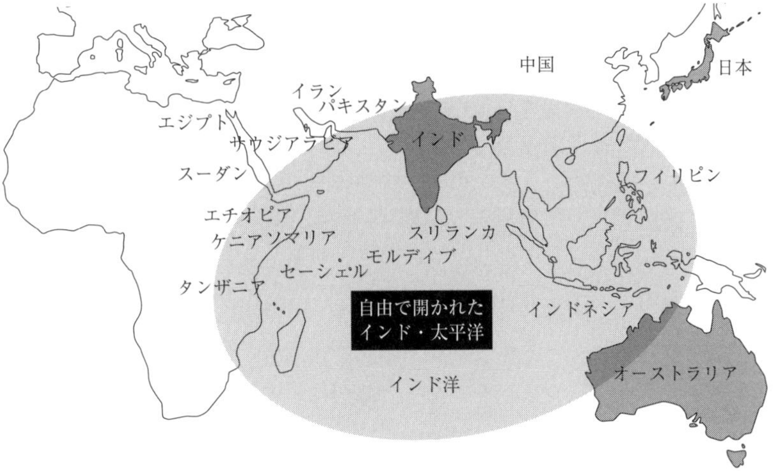

出典：David Brewstera "'Free and Open Indo-Pacifi' and What It Means for Australia", The Interpreter, Published 7 Mar 2018, 〈https://www.lowyinstitute.org/the-interpreter/free-and-open-indo-pacific-and-what-it-means-australia〉

とする動きまでは見せていない。しかし実際には，水面下でロシアとともに人事に反対したりするなど，欧米主導の国際平和活動の運営に留保を迫る行動をしばしばとってきていることも確かである[36]。逆にアジアで国際平和活動が低調である背景に中国の存在があると指摘することはできるだろう。中国は，アジアで唯一の国連安保理常任理事国として，アジアの案件には強い影響力を行使できる立場にある。冷戦終焉後の時代において，アジアには国際平和活動はあまり展開しないようになった。1992 年のカンボジアの UNTAC や 1999 年の東ティモールの UNTAET のような例外はあるが，前者は冷戦期の紛争の処理で，後者は脱植民地化の色彩が強く，他の地域で見られたパターンの国際平和活動は全くアジアで設立されていない。中国が国際組織を通じた関与ではなく二国間援助で関与を進めたいと考えてるとすれば，アフリカで見られるような国際組織による国際平和活動への力学は，アジアでは働かない。中国の超大国としての台頭と地政学的配慮は，パートナーシップ国際平和活動の地域的偏りに影響を及ぼしていると言えるだろう。

地政学理論とパートナーシップ国際平和活動

　マッキンダー理論の海洋国家群が，アメリカを中心とする自由主義諸国の同盟網と重なり合うことはいうまでもない。これに対抗するのが，大陸国家や両生類であるロシアや中国である。前者の海洋国家連合が自由民主主義的傾向の強い国際平和活動を推進する勢力であるとすると，中国やロシアはこれに対抗する勢力である。実際のところ，中東で国連が目立った活動を進めることができないのは，中国やロシアが国連安保理で拒否権を頻繁に発動するようになってきているからでもある。本書の視点で言えば，海洋国家連合がパートナーシップ国際平和活動も推進してきている一方で[37]，中国は国連 PKO への要員派遣数は非常に多いが，パートナーシップ国際平和活動には必ずしも熱心ではない。パートナーシップにつながるアフリカ諸国に対する能力構築支援に熱心だという様子もない。

　ここ数年の間，国連本部の平和活動局（DPO）はフランス人の局長（Under-Secretary-General: USG）で，政務平和構築局（DPPA）はアメリカ人の局長というパターンが続いている。そのことからも政策決定事項では米・仏・英を中心とする欧米系の諸国の関与が強い傾向が生まれていることがわかる。このような状況は，国際社会全体で国際平和活動を推進していくべきだという立場からは，必ずしも望ましくないだろう。しかし地政学的な事情は国際政治の構造的要因で発生しているものなので，人事上の操作等の表面的な措置で改善が図れるかは不明である。フランスが，単独介入と EU での関与を通じて，むしろ実力以上にアフリカのフランス語圏地域に肩入れしているのは事実であり，フランス政府の意向に，相当程度にアフリカのフランス語圏地域の国際平和活動の方向性が影響されている。しかし，単純にその役割を誰かが肩代わりすることはなく，フランスの関与がなくても地域の平和が保てるという見通しがあるわけでもない。パートナーシップ国際平和活動の代替として，国連がすべてを統括する国際平和活動を拡大させることができる見込みがあるわけではない。地政学的緊張関係の現実を見れば，推進力をなくせば，むしろ逆に国連が関与する国際平和活動が霧散していく方向のほうが自然と言わざるを得ない。

　2020 年に発生したナゴルノ・カラバフ紛争が 11 月の合意で停戦を果たした後，ロシアとトルコが「平和維持部隊」を派遣することになった。ロシアは

1960 名の兵員を派遣し，係争地である「ラチン回廊」にそって監視地点を設定した[38]。いうまでもなく，歴史的にロシアはアルメニアに政治的に近く，トルコがアゼルバイジャンに近い。そこでロシアはトルコと覚書を取り交わし，2021 年 1 月に共同監視センター（Russian-Turkish Joint Monitoring Centre: RT-JMC）をアゼルバイジャン領内に設置した。ロシアとトルコの双方からの 60 名の兵員が UAV を駆使した停戦監視にあたっている。これらの活動に，国連や地域組織の関与はほとんどない。OSCE にはミンスク・グループという枠組みが 1992 年に設置されている。ロシアとともにアメリカとフランスが共同議長となり，アルメニアとアゼルバイジャンの間のナゴルノ・カラバフ紛争の平和的解決を促進する役割を与えられている。だがミンスク・グループは役割を果たすことができず，結局は紛争当事者それぞれの後ろ盾であるロシアとトルコが調停にあたる形をとらざるをえなくなっている。

　ロシアは，ジョージアからの分離独立を目指す勢力を支援しているが，それにそって南オセチアとアブハジアでも「平和維持軍」を展開させてきている。南オセチアでは 1991 年に分離独立戦争が起こった。92 年にソチ合意によって停戦がなされると，南オセチアは事実上の独立地域とジョージア政府統治地域とに分割されることになった。そしてジョージア，ロシア，北オセチア，南オセチアが共同統治委員会（Joint Control Commission for Georgian–Ossetian Conflict Resolution: JCC）を形成すると，JCC の派遣という形で平和維持部隊が展開することになった。しかし JCC 展開中のロシア軍とジョージア軍が 2008 年に交戦状態に入った後，ジョージア軍は撤退し，JCC は解散となった。そしてロシアは南オセチアを独立国として承認することとなった。

　アブハジアも同じような岐路を辿った。アブハジアでも分離独立運動が起こってから 1993 年に停戦になると，UNOMIG（UN Observer Mission in Georgia [国連グルジア監視団]）が展開し，停戦監視にあたることになった。しかし紛争再燃によって任務は状況観察に変更となった。その後，1994 年にジョージアとアブハジア勢力との間で締結されたモスクワ合意の履行監視のために，名目的には CIS（Commonwealth of Independent States [独立国家共同体]）の部隊とされるロシア軍 3000 名の兵士が，派遣された。ロシアはアブハジア側に加担する態度をとり，2005 年にはアブハジア住民の 8 割にロシア発行パスポー

トを付与して保護対象にしていることを認めた。そしてロシアは，2008 年に
ジョージアと交戦状態に入った後，一方的にアブハジアを独立国家として認め
てしまった。ロシア軍の平和維持部隊としての名目的な活動も終了となり，ア
ブハジア駐留軍となった。

　これらのロシアの名目的な「平和維持軍」の展開は，ロシアが自国の影響圏
の拡大を図っただけの措置と扱われることが多い。結局はロシアが南オセチア
とアブハジアの独立を既成事実化するために軍隊を派遣した形になったからで
ある。地政学の理論がいう大陸国家の南下政策そのものであったというわけで
ある。単独介入の形になり，地域組織の関与を図ることすら全くできなかった，
と指摘することもできるだろう。さらにはより実質的な問題として，公平性の
確保の度合いが低い，という点を指摘することもできるだろう。パートナーシ
ップ国際平和活動は，「中立性」原則を相対化し，「公平性」原則を強調するこ
とによって，周辺国や利害関心国の関与を排除しない枠組みで発達してきた。
しかし，南オセチアやアブハジアの事例において，ロシアは実質的に紛争の対
立構造の一方を担う紛争当事者の一つであり，国際法の諸原則に従って客観的
に公平に行動することができない立場にあったと言える。「公平性」が確保で
きるかは，パートナーシップ国際平和活動の範疇に含めることができる国際平
和活動と，そうではない恣意的な介入とを区別する基準になる。

　ただし，そのような識別基準には主観性の要素が大きく，相対的な違いしか
明らかにしない，と主張することは可能だろう。パートナーシップ国際平和活
動が国際平和活動の形態の幅を大きく広げた現象であったことは確かだが，そ
の分，自国の利益追求だけを目的にした単独介入と国際平和活動を区分けする
ことがより困難になったというジレンマが発生していることは，否定できない。

3　地域的偏差のジレンマ

実効性のある地域組織の欠落

　すでに論じてきたように，パートナーシップ国際平和活動は，重層的な安全
保障システムを前提にしたものであった。国連憲章第 7 章は普遍的な集団安全
保障の論理として発動される。個別的自衛権は個々の国家が発動する。集団的

自衛権は複数の国家が集合的に発動する。地域組織の形態をとって発動するかもしれない。さまざまな階層で複数のアクターが国際の平和と安全に貢献する活動を行うならば，安全保障の活動は，重層的な仕組みをとることになる。ところが実際には，地域ごとに準備されている安全保障のメカニズムは異なるので，どのような重層性を持ってパートナーシップ国際平和活動を行うかは，地域ごとに異なるパターンを見せることになる。すでに見てきたとおり，パートナーシップ国際平和活動が活発なのは，ヨーロッパとアフリカである。逆に言えば，それ以外の地域では，パートナーシップ国際平和活動は非常に低調である。この地域間の偏差の度合いは甚大であり，パートナーシップ国際平和活動が全体像をつかみにくいものになっている大きな構造的要因となっている。

パートナーシップ国際平和活動は，つねに実施されなければならないものではなく，必要性に応じて形成されるものである。武力紛争が起こっていない地域では，必要性そのものが存在していないと言える。したがってそのような地域でパートナーシップ国際平和活動の実例が見られなくても，問題にはならないだろう。問題になるのは，必要性が存在しているのに，地域的な安全保障体制に不備があるため，対応がとられないような状況である。

安全保障体制に不備がある場合とは，地域的な対応がとられないような場合だ。端的に地域組織がなく，それを補う地域的な安全保障のメカニズムがない場合には，必要と思われるパートナーシップ国際平和活動の仕組みそのものが欠落していることになる。

日本が位置している北東アジアを例にとろう。この地域は，地域組織と言えるものが全く存在しておらず，21世紀の世界ではむしろまれな地域組織不在の地域である。国連軍が展開した朝鮮戦争が休戦中のままであるにもかかわらず北朝鮮が核開発していることや，台湾の帰属問題が解決されていないことなど，大事件になりうる潜在的な不安定要因は多々ある。かつては北朝鮮問題をめぐる6カ国協議体制が模索された時期などもあったが，結果を出さないまま自然消滅のような形になっている。ただし実際には武力紛争は起こっていないので，国際組織を駆使した国際平和活動の必要性は直近では存在していない。

なお中国が事実上の盟主と言ってよいSCOの動きは，国際政治全体の観点から見ても，大きな着目点の一つではある[39]。SCOは，ソ連の崩壊に伴って

弱体化したロシアと国力を急速に拡大させていた中国が協力関係を模索する過程で作ったプラットフォームだったが，2017年のインドとパキスタンの正式加盟によって，加盟国の総人口が30億人を超え，面積と人口では世界最大の地域組織となった。これは加盟国数が8カ国のSCOが，ユーラシア大陸の5分の3の人口を含んでいることを意味する。モンゴルやイランが将来加盟する可能性があるとされており，南アジアから中東を貫いてトルコに至るまでのユーラシア大陸の外周を覆う一大国際組織に発展していく潜在性を持つ。中国の一帯一路構想にもそったユーラシア大陸ネットワークとして進展していくSCOの国際政治上の重要性は計りしれず，地政学的構図には大きな影響が及んでいくだろう。ただし，SCOが国際平和活動を行う実施主体の組織に脱皮していく可能性は乏しいと言える。

　東南アジアではASEANが長期にわたって加盟国間の信頼醸成を果たしてきたことでは実績のある国際組織として存在しているが[40]，国際平和活動を行う体制はとっていない。各国の外交努力を束ねていくような機能であれば，ASEANは担っていけるだろう。しかし2021年2月にミャンマーで起こったクーデターの後の騒乱に対してASEANが目立った行動をとることができなかったように，近年の加盟国数の増加の結果，ASEAN諸国の間で結束した意見をまとめることは以前よりもさらに困難になっている。ASEANは冷戦中に反共陣営の地域組織として生まれたが，冷戦終焉後に加入した大陸側の諸国は，地政学的情勢のために中国に近い動きをとる傾向が顕著になっている。今後も組織内が二極分化の長期傾向を見せ続けるのは避けられないだろう。

　南アジア諸国は，スリランカ，ネパール，バングラデシュ，インド，パキスタン，アフガニスタンと，紛争を経験してきている国々ばかりだが，SAARCには[41]，国際平和活動に乗り出すような準備はない。カシミール紛争には国連PKOが介入しているが，南アジアの紛争には国連はほとんど紛争解決のための介入は行えていない。アフガニスタンは2007年にSAARCに加盟したので，アフガニスタンは大々的な国際平和活動が展開する南アジアの例外となった。だがそのアフガニスタンにおいても，SAARCの存在感は乏しいと言わざるを得ない。

　複数の甚大な戦争が発生しているにもかかわらず対応ができていないのは，

中東諸国である。この地域では数々の地域組織が存在しているにもかかわらず、紛争解決のために国際平和活動を行う準備がある組織はまだ存在していない。中東から北アフリカにかけての地域の諸国が加入しているアラブ連盟（League of Arab States）は[42]、かつては紛争調停などを積極的に行っていたが、近年は内部対立も激しく、国際平和活動と呼べる活動を行えていない[43]。OIC（Organisation of Islamic Cooperation［イスラム協力機構］）は57の加盟国を持つ巨大国際組織だが、実効性のある活動を行う準備はない。GCC諸国は[44]、イランからの支援を受けてイエメン北部を拠点にするフーシー派に対する空爆を繰り返しているが、これは戦争の当事者としての行動とみなすべきで、紛争解決を目的にした国際平和活動とみなすことはできない。

　これらの地域では実効性のある地域組織がないのでパートナーシップ国際平和活動を行う仕組みがないのだが、その代替として国連PKOが近年になって新たに展開しているわけでもない。冷戦時代からの長期に渡る停戦監視を目的にした国連PKOであれば、UNMOGIPがカシミールに展開し、中東にUNTSO, UNDOF, UNIFILが展開している。停戦監視であれば、国連が提供することができる。だが、それ以上の機能を持つ国際平和活動は、中東から南アジアにかけての地域では、提供されていない。国連特別政治ミッション（SPM）も、東アジアには（現地職員を含めて）職員わずか5名のミャンマー特使の事務所があるだけである。ただし中東には九つのSPMが展開しており、アフガニスタン、シリア、イエメン、イラクなど主要な国を網羅している。中東では、国連が、なんとか政治分析や和平に向けた調停は行っているが、それ以上の活動はできていない、という状態である。

地域覇権国の突出

　地域組織は存在しているが、覇権国が突出しており、その特定国の行動に影響されやすい状態で活動する場合がある。たとえばOASである[45]。OASは、1890年に発足した米州国際共和国連合（International Union of American Republics）と、1910年に発足した汎米連合（Pan American Union）という前身組織の歴史を持つが、アメリカ合衆国が「モンロー・ドクトリン」と呼んでいた西半球世界の地域秩序に深く関わる。すでに見たように、南北米大陸の諸国は、

1919 年の国際連盟の設立以前の 19 世紀から，西半球世界にある種の地域的な集団安全保障の空間を作っていたと言える。OAS は，冷戦期には反共主義の諸国の地域組織としての性格を持ち，たとえば 1965 年にアメリカ合衆国の単独介入の後にドミニカ共和国に平和維持部隊（Inter-American Peace Force: IAPF）を展開させた歴史を持つ。その際にも実態としては IAPF の兵力のほとんどはアメリカ合衆国によって提供されていた。近年ではハイチの国連 PKO である MINUSTAH（Mission des nations unies pour la stabilization en Haïti［国連ハイチ安定化ミッション］）に中南米諸国の多くが貢献をした実績がある。OAS あるいはその他の地域的な取り組みとして国際平和活動を行う見込みは，現時点では乏しい[46]。だが必要性が生じた場合には，再開する可能性がないわけではないかもしれない。

　オセアニアの PIF は，ソロモン諸島などで平和維持ミッションを展開させた実績を持つ。PIF では，オーストラリアが，またはニュージーランドとあわせた 2 カ国が，地域的な覇権国である。地域的な覇権国の貢献があれば，PIF は機能的な国際平和活動の枠組みとして機能することが実績として示されている。ただし活動範囲が島嶼国と限られているため，頻繁に国際平和活動を行うわけではない。

地域組織の併存

　ヨーロッパとアフリカは，本書が論じてきたように，パートナーシップ国際平和活動が大々的に行われてきた地域である。これらの地域に特徴的なのは，地域内にも複数の国際平和活動を行う組織があり，併存していることだ。ヨーロッパであれば，軍事行動は NATO が主担当になるが，文民を派遣する治安部門を含む法の支配関連の活動であれば EU が主担当になる。地域組織間ですでに機能分化型のパートナーシップが存在しているのである。

　アフリカでは，大陸内の地域区分の考え方が強い。そのため地域組織と準地域組織が併存している仕組みが強調される。ただし実際には，単純に体系化できるような実情ではない。たとえば東アフリカでは，準地域組織の活動が必ずしも活発ではない，あるいは複数の準地域組織が乱立している様子もあるので，AU が直接的に行動する傾向が強くなっている。南部アフリカの SADC は南

アフリカ共和国の地域的覇権に裏付けられ，また西アフリカの ECOWAS はナイジェリアの地域的覇権に裏付けられており，必ずしも AU を必要とすることなく国際平和活動を行う。APSA の体系にかかわらず，実態としては AU といくつかの有力な準地域組織が併存し，それに応じて AU と準地域組織間の役割分担が図られているわけである。

　結局のところ，地域内諸国が国際平和活動を行う準備がある地域では，自然に複数の地域組織が活動実績を増やしていく。活発な地域内諸国が，複数の地域組織を選択肢としながら，国際平和活動を行っていくからである。そのような準備がない地域では，パートナーシップ国際平和活動は試みられることもない。

　こうして国際平和活動を行う準備のある地域では，活発にパートナーシップ国際平和活動が行われていく。その一方で，国際平和活動を行う準備がない地域では，パートナーシップ国際平和活動は全く行われない。あえて言えば，中間的な位置づけを与えることができる地域はある。だがそれにしても，停滞していた地域が突然に活発に国際平和活動を行い始める，といったことは，基本的には起こらない。地域的な国際平和活動の活発さは，所与の条件によって決まってくるので，頻繁に変化したりはしない。

　こうしてパートナーシップ国際平和活動の活発さに，地域的な偏差が生じた。そして，その偏差は非常に顕著である。紛争に国際平和活動で対応することができていない地域があることを考えると，この地域的な偏差は，決して望ましいことではない。だが結局は，条件がそろわなければ国際平和活動は進展していかないジレンマが存在するので，状況はなかなか改善されないのである。

4　結　　論

　本章では，国際安全保障の観点から見た際のパートナーシップ国際平和活動の諸問題を分析することを試みた。まず「対テロ戦争」の構図がもたらす武力行使や中立性などをめぐるさまざまなジレンマについて検討を行った。つぎに「地政学的対立」の構図がもたらす大国間対立がもたらす影響について分析を行った。さらにパートナーシップ国際平和活動の「地域的偏差」の様相につい

て整理して把握することを試みた。こうした分析を通じて，パートナーシップ国際平和活動がさまざまな問題を抱えており，必ずしも全面的かつ急速に発展していくと予測されているわけでもないことを，本章は示唆した。

　むしろ今後もパートナーシップ国際平和活動は，状況に応じて展開していくだろう。そもそも「対テロ戦争」や「地政学的対立」や「地域的偏差」の状況は，変転し続けている。その変化する現実の環境の中で，パートナーシップ国際平和活動の様態だけは不変だということは，あり得ない。国際安全保障の観点から見ても，パートナーシップ国際平和活動は，強固に確立された仕組みであるというよりは，個別的な政策的行動の積み重ねの上に生まれ，進展していくものなのである。

注

1　延近充「共同研究『イラク戦争を考える』」ウェブサイト「イラク戦争における米軍および有志連合軍の死傷者」〈https://web.econ.keio.ac.jp/staff/nobu/iraq/casualty.htm〉を参照。

2　同ウェブサイト「第3図『大規模戦闘終結宣言』以降の民間人の死者　月別の推移」〈https://web.econ.keio.ac.jp/staff/nobu/iraq/casualty.htm〉を参照。

3　同ウェブサイト「アフガニスタン戦争における犠牲者数」〈https://web.econ.keio.ac.jp/staff/nobu/iraq/casualty_A.htm〉を参照。

4　Florian Weigand, "Afghanistan's Taliban—Legitimate Jihadists or Coercive Extremists?", *Journal of Intervention and Statebuilding*, vo. 11, no. 3, 2017.

5　ICSR (International Centre for the Study of Radicalisation) website 〈https://icsr.info/〉.

6　Caitriona Dowd and Clionadh Raleigh, "Briefing: The Myth of Global Islamic Terrorism and Local Conflict in Mali and the Sahel", *African Affairs*, vol. 112, no. 448, 2013.

7　See, for instance, Riku Flanagan (ed.), *Understanding the War on Terror: Perspectives, Challenges and Issues* (Nova Science Publishers, 2019); Phil Gurski, *An End to the War on Terrorism* (Rowman and Littlefield, 2018); Scott Nicholas Romaniuk and Stewart Tristan Webb, *Insurgency and Counterinsurgency in Modern War* (CRC Press, 2016); Gershon Shafir, Everard Meade, and William J. Aceves (eds.), *Lessons and Legacies of the War on Terror* (Routledge, 2013); and Ben Barry,

Harsh Lessons: Iraq, Afghanistan and the Changing Character of War（Routledge, 2017）.

8　Martin Senn and Jodok Troy（eds.）, *The Transformation of Targeted Killing and International Order*（Routledge, 2019）.

9　「標的殺害」の導入の経緯については，ロネン・バーグマン（小谷賢監訳）『イスラエル諜報機関暗殺作戦全史（下）』（早川書房，2020年）が興味深い。

10　匿名の MINUSMA 職員に対する聞き取り調査（バマコ，2020年1月）。

11　Niels van Willigen, “A Dutch Return to UN Peacekeeping?” *International Peace-keeping*, vol. 23, no. 5, pp. 714–716.

12　他地域で使われている「組織犯罪」の概念を，犯罪が国家機構の脆弱性や汚職と結びついたりしているアフリカの文脈でそのまま用いることはできないと指摘するのは，Stephen Ellis and Mark Shaw, “Does Organized Crime Exist in Africa?”, *African Affairs*, vol. 114, no. 457, 2015.

13　篠田英朗「犯罪組織化した西アフリカ『武装テロ組織』」『フォーサイト』2020年12月23日配信〈https://www.fsight.jp/articles/-/47620〉。

14　US Department of State, “Foreign Terrorist Organizations”,〈https://www.state.gov/foreign-terrorist-organizations/〉. 篠田英朗「アフリカ政策が示すバイデン政権『価値観外交』『対テロ戦争』の現実的バランス」『フォーサイト』2021年4月8日配信〈https://www.fsight.jp/articles/-/47848〉。背景となったモザンビークの実情は，José Jaime Macuane, Lars Buur and Celso Marcos Monjane, “Power, Conflict and Natural Resources: The Mozambican Crisis Revisited”, *African Affairs*, vol. 117, no. 468, 2017.

15　“Improving Security of United Nations Peacekeepers: We Need to Change the Way We are Doing Business”,（Cruz Report）〈https://peacekeeping.un.org/en/improving-security-of-united-nations-peacekeepers-independent-report〉. 先行的な研究として，Lisa Sharland, “Counter-IED Technology in UN Peacekeeping: Expanding Capability and Mitigating Risks, *International Peacekeeping*, vol. 22, no. 5, 2015. また，『クルーズ・レポート』の内容が日本にどのような影響を与えるかについては，Emma Hutchinson and Adam Day, “Is the Cruz Report the End of Peacekeeping for Japan?”, *The Japan Times*, June 12, 2018.

16　2017年の国連 PKO 殉職者134人に対して，2018年は96人，2019年は88人と減少傾向にあったが，2020年は120人と増加した。

17　*Cruz Report*, pp. 4–9. ただし任務の拡大に伴って文民職員の危険も増していることも事実だ。とくに現地職員に焦点をあてた論考として，Tanja R. Müller, “Protection of Civilians Mandates and ‘Collateral Damage’ of UN Peacekeeping Missions: Histories of Refugees from Darfur”, *International Peacekeeping*, vol. 27, no. 5, 2020.

18　代表的なテロ組織は，アル＝カイダやイスラム国だが，近年は両者のネットワーク
に緩やかに結びつく集団の過激な活動が各地で目立っている。日本語での世界の主要
なテロ組織の一覧としては，公安調査庁ウェブサイト「国際テロリズム要覧 2020」
「国際テロ組織 世界のテロ組織などの概要・動向」が便利である〈http://www.moj.
go.jp/psia/ITH/organizations/index.html〉。入門書としては，小林良樹『テロリズム
とは何か──〈恐怖〉を読み解くリテラシー』（慶應義塾大学出版会，2020 年）を参
照。

19　See Samory Rashid, *The Islamist Challenge and Africa* (Lexington Books, 2018).

20　平和維持とテロ対策の近接が文民の保護の任務の達成を妨げると論じるのは，Lou-
ise Wiuff Moe, "The Dark Side of Institutional Collaboration: How Peacekeep-
ing-Counterterrrorism Convergences Weaken the Protection of Civilians in Mali",
International Peacekeeping, vol. 28, no. 1, 2021.

21　Jérémie Labbé and Arthur Boutellis, "Peace Operations by Proxy: Implications
for Humanitarian Action of UN Peacekeeping Partnerships with Non-UN Security
Forces", *International Review of the Red Cross*, vol. 95, no. 891/892, 2013.

22　See United Nations, "Report of the Secretary-General: Safety and Security of Hu-
manitarian Personnel and Protection of United Nations Personnel, UN Document,
A/75/246, 21 September 2020. 人道援助関係者に対する殺害・傷害・誘拐事件は
2019 年だけで 483 件発生した。Abby Stoddard, Paul Harvey, Monica Czwarno, and
Meriah-Jo Breckenridge, "Aid Worker Security Report 2020: Contending with
Threats to Humanitarian Health Workers in the Age of Epidemics", Humanitarian
Outcome, August 2020, revised January 2021〈https://www.humanitarianoutcomes
.org/sites/default/files/publications/awsr2020_0_0.pdf〉, p. 3.

23　国際平和活動における自由主義的な平和構築の傾向は，テロ対策活動の要請によっ
て後退していると論じるのは，John Karlsrud "From Liberal Peacebuilding to Stabi-
lization and Counterterrorism", *International Peacekeeping*, vol. 26, no. 1, 2019.

24　See, for instance, Shashi Jayakumar, *Terrorism, Radicalization and Countering
Violent Extremism: Practical Considerations and Concerns* (Palgrave Macmillan,
2019).

25　Francis Fukuyama, *The End of History and the Last Man* (Penguin, 1993).

26　Samuel Huntington, *The Clash of Civilizations and the Remaking of the World Or-
der* (Simon & Schuster, 1996).

27　See, for instance, Luiz Alberto Moniz Bandeira, *The World Disorder: US Hege-
mony, Proxy Wars, Terrorism and Humanitarian Catastrophes* (Springer, 2017).

28　UN website, "Troop and Police Contributors", "Summary of Troops Contributing
Countries by Ranking: Police, UN Military Experts on Mission, Staff Officers and

Troops", 〈https://peacekeeping.un.org/en/troop-and-police-contributors〉.

29　See, for instance, David M. Anderson and Jacob McKnight, "Kenya at War: Al-Shabaab and its Enemies in Eastern Africa", *African Affairs*, vol. 114, no. 454, 2014.

30　See, for instance, Elizabeth Schmidt, *Foreign Intervention in Africa after the Cold War* (Ohio University Press, 2018); Robert J. Griffiths, *U.S. Security Cooperation with Africa: Political and Policy Challenges* (Routledge, 2016); Horace G. Campbell, *NATO's Failure in Libya: Lessons for Africa* (Africa Institute for South Africa, 2012).

31　Walter Russell Mead, "The Return of Geopolitics: The Revenge of the Revisionist Powers", *Foreign Affairs*, vol. 93, no. 3, 2014; and John Ikenberry, 'The Illusion of Geopolitics: The Enduring Power of the Liberal Order,' *Foreign Affairs*, vol. 93, no. 3, 2014. 2017 年のランド研究所の報告書は「規則に依拠した秩序（rule-based order）はアメリカの利益に合致すると論じつつ，地政学的な勢力均衡と反グローバリズムの挑戦などを反映した，貿易自由化と民主主義の促進を重要な構成要素とする「自由主義的秩序の自然の限界（the natural limits of key elements of the liberal order）を論じていた。Michael J. Mazarr, et al., *Measuring the Health of the Liberal International Order* (Rand Corporation, 2017). See also Bruce Jones, Thomas Wright, Jeremy Shapiro, and Robert Keane, *The State of the International Order* (Brookings Institution [Policy Paper no. 33], February 25, 2014).

32　Halford Mackinder, *Democratic Ideals and Reality/The Geographical Pivot of History* (Origami Books, 2018).

33　H・J・マッキンダー（曽村保信訳）『マッキンダーの地政学──デモクラシーの理想と現実』（原書房，2008 年），88-100 頁。

34　H・J・マッキンダー「地理学から見た歴史の回転軸」マッキンダー『マッキンダーの地政学』，所収。

35　ニコラス・スパイクマン（奥山真司訳）『平和の地政学──アメリカ世界戦略の原点』（芙蓉書房出版，2008 年）。

36　2021 年 1 月に活動を開始した UNITAMS（UN Integrated Transition Assistance Mission in Sudan）は，2020 年 7 月の安保理決議で設立が決まっていたが，ロシアと中国の反対で，事務総長特別代表の人選が難航した。See, for instance, Daniel Forti, "Walking a Tightrope: The Transition from UNAMID to UNITAMS in Sudan", International Peace Institute, February 2021, p. 9.

37　国連安保理における国際平和活動関係の決議のスポンサーは，ほとんどの場合に，アメリカ，イギリス，フランスである。See Carla Monteleone and Kseniya Oksamytna, "Liberal Institutionalism", in Kseniya Oksamytna and John Karlsrud (eds.), *United Nations Peace Operations and International Relations Theory* (Manchester University Press, 2020), pp. 57-64.

38　Vladimir Socor, "Russia's 'Peacekeeping' Operation in Karabakh: Foundation of a Russian Protectorate (Part Two)", Eurasia Daily Monitor, vol. 17, Issue 176, December 10, 2020, 〈https://jamestown.org/program/russias-peacekeeping-operation -in-karabakh-foundation-of-a-russian-protectorate-part-two/〉.

39　2001 年設立。前身の「上海ファイブ」は 1996 年に設定。SCI の現在の加盟国は 8 カ国（中華人民共和国，ロシア，カザフスタン，キルギス，タジキスタン，ウズベキスタン，インド，パキスタンの 8 カ国）。

40　1967 年設立。加盟国は 10 カ国（ブルネイ，カンボジア，インドネシア，ラオス，マレーシア，ミャンマー，フィリピン，シンガポール，タイ，ベトナム）。

41　1985 年設立。加盟国は 7 カ国（インド，パキスタン，バングラデシュ，スリランカ，ネパール，ブータン，モルディブ，アフガニスタン）。

42　1945 年設立。加盟国は 22 カ国（エジプト，シリア，イラク，ヨルダン，レバノン，サウジアラビア，イエメン，リビア，スーダン，モロッコ，チュニジア，クウェート，アルジェリア，アラブ首長国連邦，バーレーン，カタール，オマーン，モーリタニア，ソマリア，パレスチナ，ジブチ，コモロ）。

43　現在の UNIFIL につながるレバノンへの平和維持部隊の展開を行った歴史もあり，アラブ連盟には国際的平和活動を行う潜在力があると論じるのは，Matthias Vanhullebusch, "The Arab League and Military Operations: Prospects and Challenges in Syria", *International Peacekeeping*, vol. 22, no. 2, 2015.

44　1981 年設立。加盟国は 6 カ国（アラブ首長国連邦，バーレーン，クウェート，オマーン，カタール，サウジアラビア）。

45　1951 年発足。南北アメリカとカリブ海の全独立国 35 カ国を加盟国とする。

46　See, for instance, Nicole Jenne, "Peacekeeping, Latin America and UN Charter's Chapter VIII: Past Initiatives and Future Prospect", International Peacekeeping, vol. 26, no. 3, 2019.

結　論

変動する国際社会の中のパートナーシップ
国際平和活動

　本書は，全7章を序論と3部の構成に分けて，「パートナーシップ国際平和活動」について分析を試みてきた。まず序論では，概念整理や背景説明を行うとともに，問題の位相を見定める作業を行った。第1部の二つの章で，パートナーシップ国際平和活動の実例を紹介した。第1章では，1990年代の萌芽期のヨーロッパ（バルカン半島）と（西）アフリカにおけるパートナーシップ国際平和活動の事例を辿った。第2章では，21世紀になってからのパートナーシップ国際平和活動の展開を事例ごとに確認していった。同時に，「ハイブリッド型」「時系列（引き継ぎ）型」「機能分化（役割分担）型」の三つの類型に分けて，事例ごとに個別的な事情や組み合わせを持つパートナーシップ国際平和活動を大枠のパターンで整理することを試みた。

　第2部の二つの章では，パートナーシップ国際平和活動の背景になっている事情を大局的な視野から分析することを試みた。第3章では，制度的・規範的な観点からの分析を行った。国際平和活動の諸原則の変質，国際法の枠組み，重層的な国際安全保障システムの観点からの検討を行った。第4章では，国際社会の歴史の観点から分析を行った。ヘドリー・ブルの国際社会に関する議論を参照しながら，現代の普遍的国際社会の中でパートナーシップ国際平和活動が生まれていることを確認し，入れ子構造の重層的な国際社会の捉え方や，地域的偏差を持つ武力紛争への対応の仕方について見ていった。

　第3部の二つの章では，パートナーシップ国際平和活動が直面している問題群を明らかにしていった。第5章は，自由民主主義的な価値規範を基盤とする

パートナーシップ国際平和活動が，不可避的に直面する規範構造上のジレンマを論じた。まず自由主義的平和構築論をめぐる学術界での議論を整理し，中立性から公平性に転換した国際平和活動が受け止めるべき規範構造上の諸問題を明らかにした。とくにパートナーシップ国際平和活動が，重層的なオーナーシップの問題と複雑に関わっていくことを指摘した。第6章は，国際安全保障の観点から，パートナーシップ国際平和活動が抱えるジレンマについて確認した。とくに「対テロ戦争」，「地政学的対立」，「地域的偏差」の三つに焦点をあてて，議論を行った。

　これらの議論を踏まえた上で，あらためて序論の冒頭で設定した，「なぜ今，パートナーシップ国際平和活動なのか」という問いに立ち返ってみよう。本書の議論を，この問いの観点から整理し直すとすれば，次のようになるだろう。

　第一に，パートナーシップ国際平和活動は，現代の普遍的国際社会の規範的・制度的構造に合致したものであり，国際安全保障の体制とも一致している。それは決して新しい時代に偶然に生まれたものではなく，国際社会の全体構造からの逸脱のようなものではない。新奇な性格を持っているように見えるのは，冷戦時代に前提となっていた事柄の制約を受けなくなったためであるが，普遍的国際社会の基本構造から捉え直してみれば，冷戦時代のほうが逸脱だった。パートナーシップ国際平和活動が行われる今日のほうが，より原則的な枠組みに従っているということは可能である。したがって，この観点から「なぜ今，パートナーシップ国際平和活動なのか」という問いに答えるならば，普遍的国際社会の時代だから，とくに冷戦が終焉したらから，ということになる。

　第二に，パートナーシップ国際平和活動は，内部に規範制度の重層性と地域的多様性を持つ現代の普遍的国際社会において発展している。それは，「国内的類推」から導かれるような世界国家を志向するタイプの国際社会であれば発展するはずのないものだ。しかし現実の国際社会は，独特の重層性と多様性を持っている。そのためにパートナーシップ国際平和活動が進展するのである。個別的自衛権・集団的自衛権・集団安全保障の制度に裏付けられた国際安全保障体制の重層性は，価値規範の普遍性と矛盾することなく存在している。また地域組織・準地域組織の状況が地域ごとに異なることを所与の条件として，パートナーシップ国際平和活動は展開しているため，必然的に地域的な偏差を生

み出す。しかしそれは基盤としている規範的・制度的枠組みの普遍性と矛盾しているわけではない。したがって，この観点から「なぜ今，パートナーシップ国際平和活動なのか」という問いに答えるならば，現実の国際安全保障体制を踏まえ，地域ごとの異なる実情も考慮すると，パートナーシップ国際平和活動が最も妥当と思われるから，ということになる。

　第三に，パートナーシップ国際平和活動は，現代の国際社会の実情を反映した諸問題に対処して，それらを克服していかなければならない。パートナーシップ国際平和活動が実際の国際社会の事情に根差したものだとすれば，その国際社会に内在する諸問題と正面から向き合わなければならない。規範構造の面でいえば，国際社会の主流が標榜する自由民主主義的価値規範が直面する現地社会のオーナーシップの確保などの問題は，パートナーシップ国際平和活動につねに関わってくる。また「対テロ戦争」をはじめとする現実世界で人々を悩ませている深刻な諸問題をしっかり認識して，適切な対応方法を示していかなければならない。したがって，この観点から「なぜ今，パートナーシップ国際平和活動なのか」という問いに答えるならば，現代国際社会の実態に即したやり方で，直面している深刻な問題に取り組むために発展してきたのが，パートナーシップ国際平和活動だから，ということになる。

　最後にあらためて未来に向けた問いを考えてみよう。はたしてパートナーシップ国際平和活動の傾向は，今後も続いていくのだろうか。関心をかき立てられるところである。しかし本書の探求だけでは，答えることは簡単ではない。なぜなら本書は，パートナーシップ国際平和活動を成り立たせている国際社会の諸条件を明らかにしただけにすぎないからだ。しかしそれでも本書の議論の基本的な性格を踏まえるならば，具体的な形態はつねに柔軟に変化していくとしても，国際社会の状況が大きく変転するのでなければ，パートナーシップ国際平和活動の傾向が今後も残存し続けていくだろう，と考えることは，きわめて自然ではある。本書で明らかにした現代国際社会の傾向が今後も残り続け，あるいはいっそう顕著になっていくのであれば，パートナーシップ国際平和活動の現象もまた，残り続け，あるいはいっそう顕著になっていくだろう。

　本書は，そのことが無条件で素晴らしいことだと主張するものではなかった。パートナーシップ国際平和活動は特有の構造的ジレンマを抱えており，それら

は容易には解決できないからだ。しかし改善策の模索も，現状の適切な認識があって初めて意味のあるものとなる。本書は，少なくともそうした努力の過程において生み出されたものであった。

あとがき

　1991年に大学を卒業して大学院に入ってから，30年になる。大学3年の後半になるまでは，さまざまな職業の可能性を考えるための模索をしていた。だが，学部ゼミでの活動が，一番自分の将来の可能性を示唆しているものであるような気がした。そこで学者になるために大学院に進学することにした。不埒な私を受け入れてくださった学部・修士課程の指導教員あった藤原保信先生には，大きな恩義を感じている。

　まだ専門分野を見定めることができないなか，NGO「難民を助ける会」の国内ボランティアの活動を始めた。大学院に入る直前に湾岸戦争が勃発し，「難民を助ける会」からイラン領内のクルド難民支援活動に従事するために派遣をしてもらった。「難民を助ける会」には，短期補強要員として，イランに二回，ジブチに二回（ソマリア難民支援事業），カンボジアに一回派遣をしてもらった。そして1993年には，PKO協力法にもとづいて，日本政府に，UNTAC（国連カンボジア暫定統治機構）の投票所責任者としての派遣をしてもらった。そうした経験を通じて，学術的にも国際平和活動を専門的な研究対象としていく気持ちが定まっていった。本書の公刊にあたり，当時にお世話になった方々に，あらためて御礼を申し上げたい。

　1993年秋から住んだロンドンでは，母国に戻れなくなったイラクやボスニア・ヘルツェゴビナからの留学生と交流することができた。また後に国連やEUで働くことになる多くの友人にも恵まれた。同時にイギリスで発展したという自由主義や立憲主義の政治思想や，イギリス学派の国際関係学に深く関心を持つことにもなった。私の人生の恩人である，LSE（ロンドン・スクール・オブ・エコノミクス・アンド・ポリティカル・サイエンス）時代の指導教員であったマーク・ホフマン先生をはじめとする方々が作り出していた学術的な環境がすばらしかったことも言うまでもない。本書を執筆し，あらためてLSEでの留

学が，自分の学術活動の基盤となっていることを実感する。数多くの刺激を与えてくれた人々だけでなく，最初の奨学金を提供してくださった伊藤国際教育交流財団の方々など，数多くの方々に感謝の気持ちを表明したい。

1999年に広島大学平和科学研究センターで初めての常勤職をいただいた。同センターの助手時代の研究が，その後の私の学術研究の方向性を決定づけた。自由で恵まれた研究環境を私のために確保し続けてくれた，当時センター長であった松尾雅嗣先生は，私の人生の恩人の一人にほかならない。松尾先生がいなかったら，今日の私は存在していない。歳を重ねるごとに，感謝はつのる。

これまでさまざまな研究者の方々と交流してきた。あまりに多くの方々にお世話になってきたため，全員の名前を書くことができない。公平な形で何人かのお名前を挙げることも難しいが，広島大学時代から共同研究会を通じて国際平和活動について議論する場を与えてくださった先生方，広い視野から国際政治を捉え直す共同研究会の機会を提供してくださった先生方，国際法学者の方々との共同研究会の機会を提供してくださった先生方，アフリカ地域研究者の方々との共同研究会の機会を提供してくださった先生方には，とくに本書の執筆に大きな貢献をしていただいている。深く御礼を申し上げる。

2007年から実施者として関与している外務省委託平和構築・開発におけるグローバル人材育成事業を通じては，数多くのさまざまな国籍の国際機関の（元）職員の実務者の方々と交流することができ，また未来の可能性に満ち満ちた将来の国際機関の専門家の若手の方々と接することができた。研究調査で出会うことができた国際機関の職員の方々も含めて，すばらしい出会いがたくさんあった。深く感謝している。国際平和活動の研究書としては当然のことではあるが，国際機関の実務家の方々との交流なくしては，本書の執筆はありえなかった。

言うまでもないことだが，さまざまな媒体の編集者の方々との交流も，貴重なものだ。勁草書房の上原正信さんと仕事をさせていただくのは，『「国家主権」という思想』に続いて2冊目となった。上原さんの丁寧で要領を得た支援がなければ，本書を公刊することはできなかった。ありがたいことである。

最後になるが，研究者になるまでの人生は実家の家族と，研究者になってからの人生は自分自身で作った家族と過ごした人生でもある。私の家族への愛着

は無尽蔵だ。

　私の人生を豊かにしてくれたすべての方々に，本書を捧げる。

索　引

篠田 英朗（しのだ ひであき）

1968年，神奈川県生まれ。早稲田大学政治経済学部を卒業。
ロンドン大学ロンドン・スクール・オブ・エコノミクス・アン
ド・ポリティカル・サイエンス（LSE）博士課程修了，Ph. D.
（国際関係学）を取得。広島大学准教授，ケンブリッジ大学客
員研究員などを経て，
現在：東京外国語大学大学院総合国際学研究院教授（国際関係
　　　論）。
主著：『平和構築と法の支配──国際平和活動の理論的・機能
　　　的分析』（創文社，大佛次郎論壇賞受賞），『国際社会の
　　　秩序』（東京大学出版会），『「国家主権」という思想──
　　　国際立憲主義への軌跡』（勁草書房，サントリー学芸賞
　　　受賞），『国際紛争を読み解く五つの視座──現代世界の
　　　「戦争の構造」』（講談社），『集団的自衛権の思想史──
　　　憲法九条と日米安保（風行社，読売・吉野作造賞受賞），
　　　『紛争解決ってなんだろう』（ちくまプリマー新書）など
　　　多数。

パートナーシップ国際平和活動
　変動する国際社会と紛争解決

2021年8月20日　第1版第1刷発行

　　　著　者　篠　田　英　朗

　　　発行者　井　村　寿　人

　　発行所　株式会社　勁　草　書　房

112-0005 東京都文京区水道 2-1-1　振替 00150-2-175253
（編集）電話 03-3815-5277／FAX 03-3814-6968
（営業）電話 03-3814-6861／FAX 03-3814-6854
三秀舎・松岳社

©SHINODA Hideaki　2021

ISBN978-4-326-30304-5　　Printed in Japan

———— 勁草書房の本 ————

「国家主権」という思想
国際立憲主義への軌跡

篠田英朗

批判，侮蔑，無視，再解釈……あらゆる挑戦
を受けてきた「国家主権」の起源と展開を追
い，現在のすがたを照らし出す。　　3630 円

スタンレー・ホフマン国際政治論集

中本義彦 編訳

国際関係論の泰斗の代表的論文をついに邦
訳！　現代世界を鋭く洞察する論考の数々。
碩学の知性を余すことなく伝える。　5170 円

国際政治の理論

ケネス・ウォルツ　河野勝・岡垣知子 訳

国際関係論におけるネオリアリズムの金字塔。
政治家や国家体制ではなく無政府状態とパワ
ー分布に戦争原因を求める。　　　4180 円

世界政治
進歩と限界

ジェームズ・メイヨール　田所昌幸 訳

私たちは，どれだけ「進歩」したのだろうか？
歴史と思想の素養に裏打ちされた，英国学派
による国際政治への知恵。　　　　2750 円

表示価格は 2021 年 8 月現在。
消費税 10% 込み。